Katrin Berger

Hallertau

Wandern für die Seele

20 Wohlfühlwege

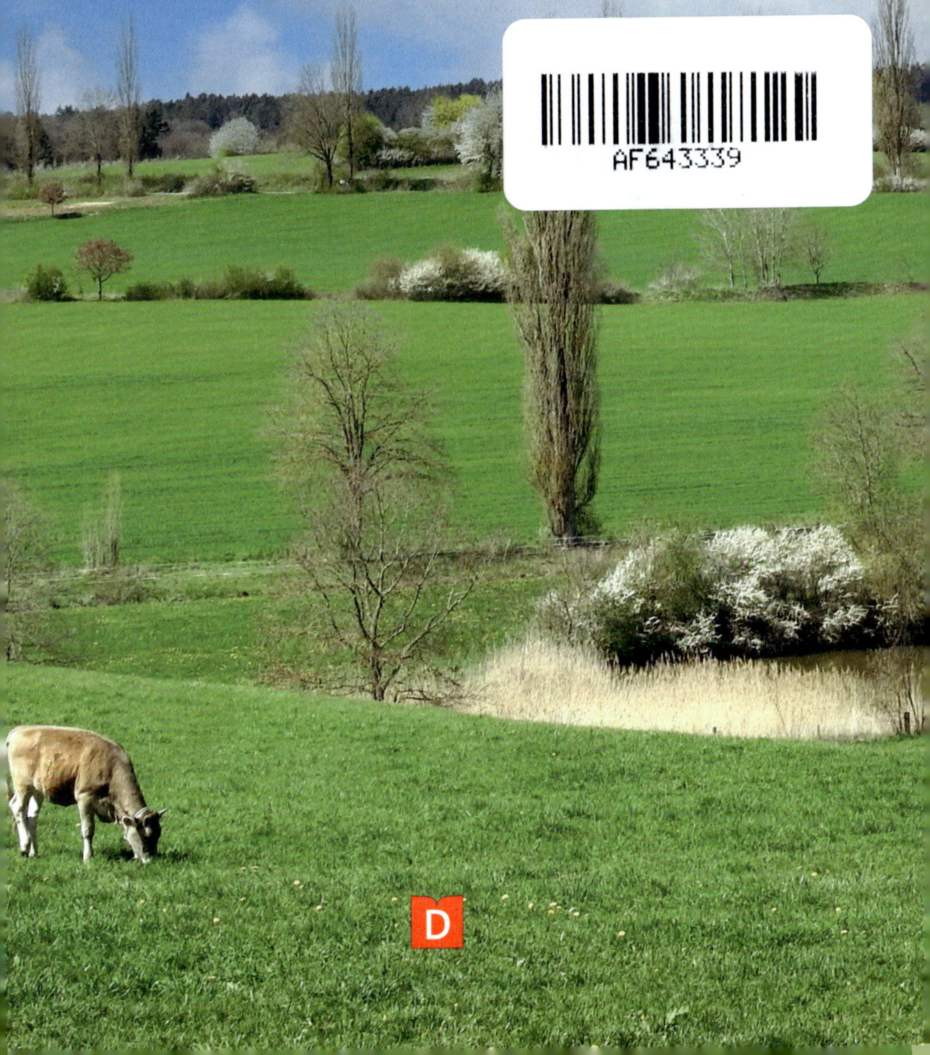

Alle Touren auf einen Blick

AUSZEITEN

WEITBLICKE

GENUSS

ENTSCHLEUNIGUNG

ERFRISCHUNG

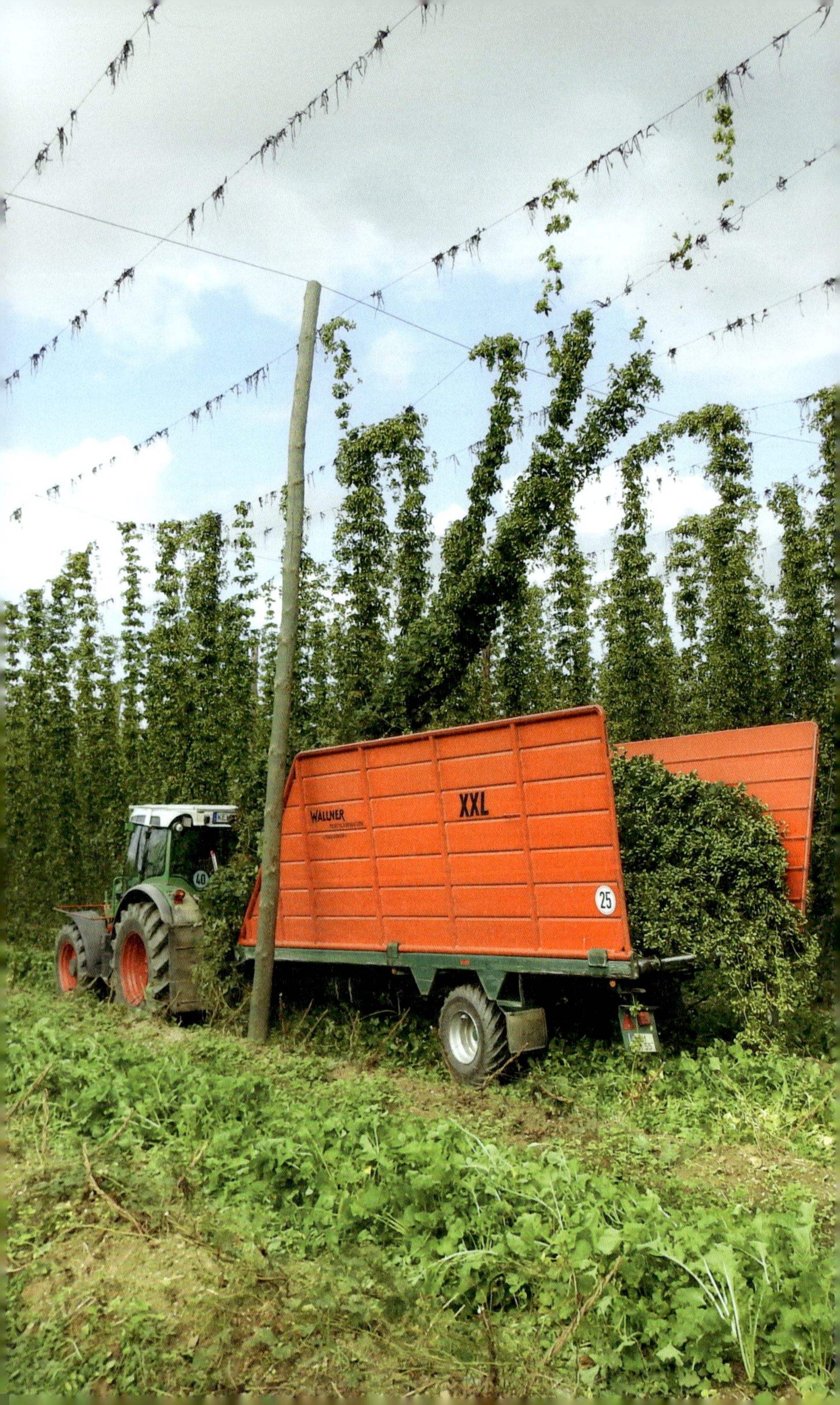
WALLNER
XXL
40
25

Liebe Seelenwandernde,

willkommen in der Hallertau, dem größten zusammenhängenden Hopfenanbaugebiet der Welt. In Bayern nennen wir diese Gegend auch liebevoll unsere Holledau. Kaum zu glauben: Jedes dritte Bier, das irgendwo auf der Welt getrunken wird, ist mit dem **grünen Gold** dieser Gegend gewürzt. An hohen Stangen ranken sich die Triebe im Frühjahr empor, bevor sie sich im August mit den duftenden, aromatischen Dolden schmücken. Wer nun eine eintönige Monokulturlandschaft erwartet, wird über die Vielfältigkeit und den **Liebreiz der Region** überrascht und begeistert sein. Die sanften Hügel, auf denen sich der Hopfen bis zu 7 Meter in den Himmel erhebt, werden von ausgedehnten Wäldern, naturbelassenen Mooren, geheimnisvoll schimmernden Seen und im Norden sogar von der faszinierenden Juralandschaft mit ihren Trockenrasen durchbrochen. Das Wandern ist immer abwechslungsreich, genussvoll und inspirierend. Hier ist die Welt noch ursprünglich – ein **echter Geheimtipp.**

NATUR
KULTUR
GENUSS
TOUR
GPS-Tracks zum Download

Und wenn wir dann an Wegkreuzen, Wallfahrtskirchen und üppigen Feldern vorbeigewandert sind, warten Biergärten, in denen wir uns mit einem frischen Hopfengetränk und einer typisch bayerischen Brotzeit stärken können. Herz, was willst du mehr?

Genussvolle Stunden beim Wandern und Entdecken wünscht

Katrin Berger

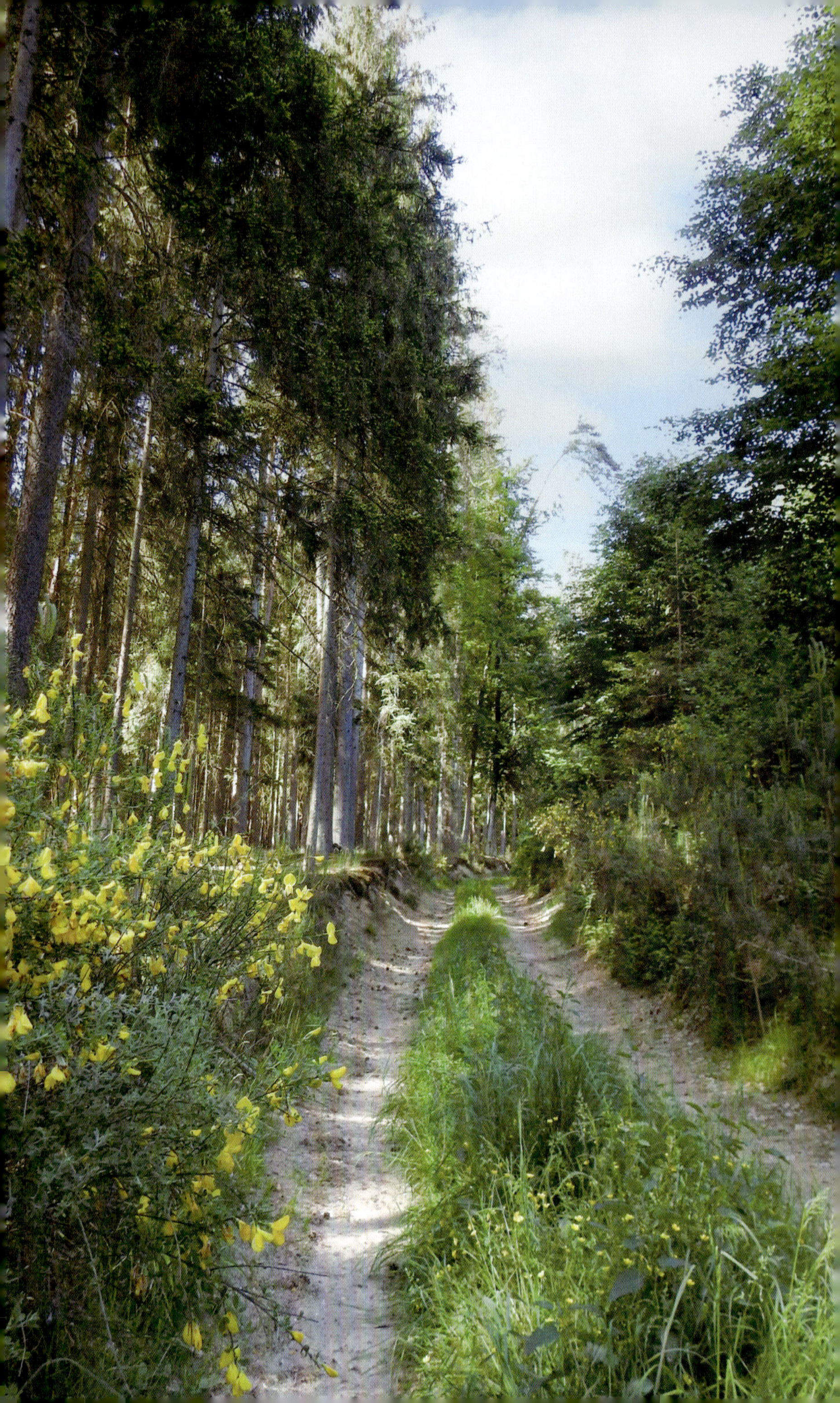

Wanderdünen

Waldbaden im Dürnbucher Forst

Der japanische Ausdruck *Shinrin Yoku* bedeutet: in der Atmosphäre des Waldes baden. In Japan ist das ein fester Bestandteil der Gesundheitsvorsorge – und die Wirksamkeit ist nachgewiesen, wird doch der Blutdruck gesenkt und Stresshormone werden abgebaut.

Um das am eigenen Leib zu erfahren, lassen wir unser Auto kurz vor der Forstmoosgraben-Lichtung zwischen **Moosham** und **Aiglsbach** bei der Abzweigung zum **Waldfried** (nach der langen Schotterstraße) stehen. Wie wir beim Besuch des Freibads zuerst die Dusche aufsuchen, so erfrischen uns vor dem Waldspaziergang zunächst die herrlichen Wiesen um den Forstmoosbach, während wir die über einen halben Kilometer breite Lichtung durchqueren. Je nach Jahreszeit zeigt sich die weite Ebene in immer unterschiedlichen Farben – mal frühlingsbunt, mal in sattem Sommergrün und im Winter weiß verschneit.

Am Waldrand auf der anderen Seite erwartet uns an einer Picknickgelegenheit ein **Feldkreuz,** dessen kleine Madonnenfigur mit vielen Rosenkränzen geschmückt ist. Hier biegen wir nach links und nehmen den Schotterweg am Waldrand entlang. Schon bald entdecken wir links im Hintergrund eine Baumgruppe inmitten der Gräser am Forstmoosgrabenufer. In ihrem Schatten lagert eine bunte Herde ➊ **schottischer Hochlandrinder.** Da fühlen wir uns – mitten in Bayern – beinahe wie in der Puszta. Besonders entzücken uns die kleinen Kälbchen, die wie kuschelige Teddybären aussehen und fröhlich über die Weide tollen.

*Das **Niedermoor,** das einst den Forstmoosbach umgab, hat durch Entwässerungsmaßnahmen seine Ursprünglichkeit verloren. Heute versucht man, durch extensive Beweidung und Wasserrückhaltung seltene Pflanzen und Tiere, die hier noch vorkommen, zu schützen.*

Kilometer: 7,7
Höhenmeter: 50
Stunden: 2,5
RUNDWEG

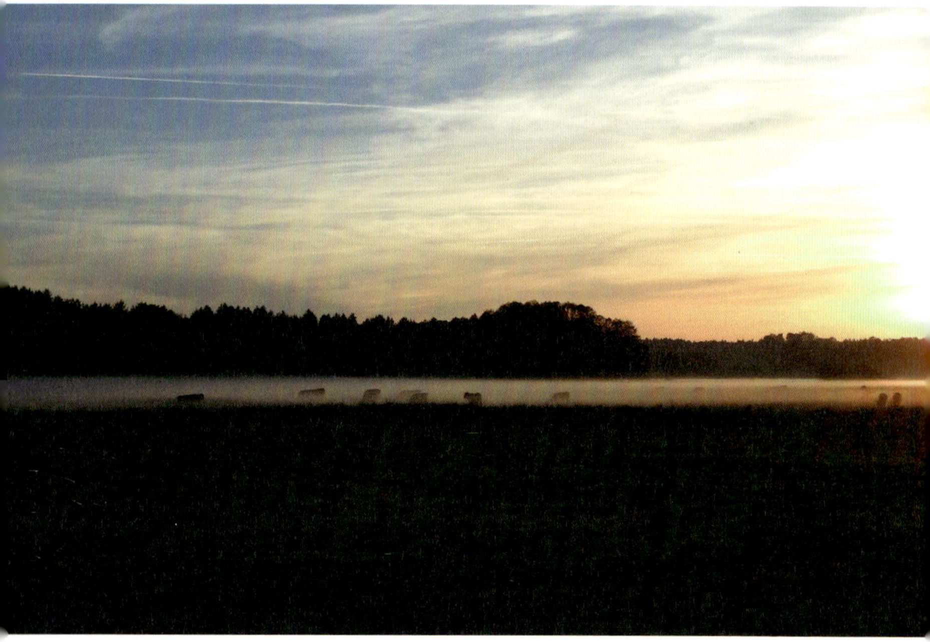

Diese zähe Rasse der ***schottischen Hochlandrinder*** *lebt hier beinahe wild. Die Tiere sind durch ihr dickes, zotteliges Fell gut gegen die Unbilden des Wetters geschützt und brauchen keinen Stall. Die Kühe bringen sogar ihre Kälber ohne Hilfe direkt auf der Weide zur Welt.*

Nachdem wir etwa 1,5 Kilometer immer leicht bergab gegangen sind, durchbricht ein kleines Nadelgehölz die Viehweiden zu unserer Linken. Kurz darauf biegen wir nach rechts in den Wald auf den Fichtennadelweg ein. Sofort bemerken wir, wie sich das Klima spürbar ändert: Draußen über den Wiesen lag flirrend die Hitze, hier im Wald ist es kühler und etwas feucht – und die Vögel singen sich gegenseitig ihre Melodien zu. Der Mensch streift in den Wäldern seine Jahre ab wie die Schlange ihre Haut, heißt es. Das ist Anti-Aging der feinsten Sorte!

Nach guten 100 Metern quert ein Waldweg unseren Pfad, in den wir nach rechts schwenken. Links von uns erhebt sich bald der markante **2 Jägerberg.** An der kurz darauffolgenden Gabelung halten wir uns rechts. Der harzige Duft von frischem Holz betört unsere Nase und dort, wo der Untergrund feucht ist, sprießt frisches Grün bis auf den Weg. Alte Baumstümpfe muten mit ihren Mooshauben wie Wohnstätten von Zwergen und Trollen an. Die Baumstämme mit ihren unterschiedlichen Rindenmustern laden uns zu meditativen Studien ein: hier die glatten grauen Buchenstämme, die uns an Elefantenbeine erinnern, dort die rötlichen Schuppen einer Kiefer. Ein fleißiges Eichhörnchen huscht durchs Unterholz, um sich seine Wintervorräte anzulegen. Mit einer Buchecker im Maul klettert es behände einen Stamm empor und keckert uns munter zu.

Nach 1 Kilometer mündet unser Waldpfad in einen Schotterweg, in den

Für die Seele

Zwischen Dünen baden wir im Dürnbucher Forst – ein Kraftort für Geist und Seele.

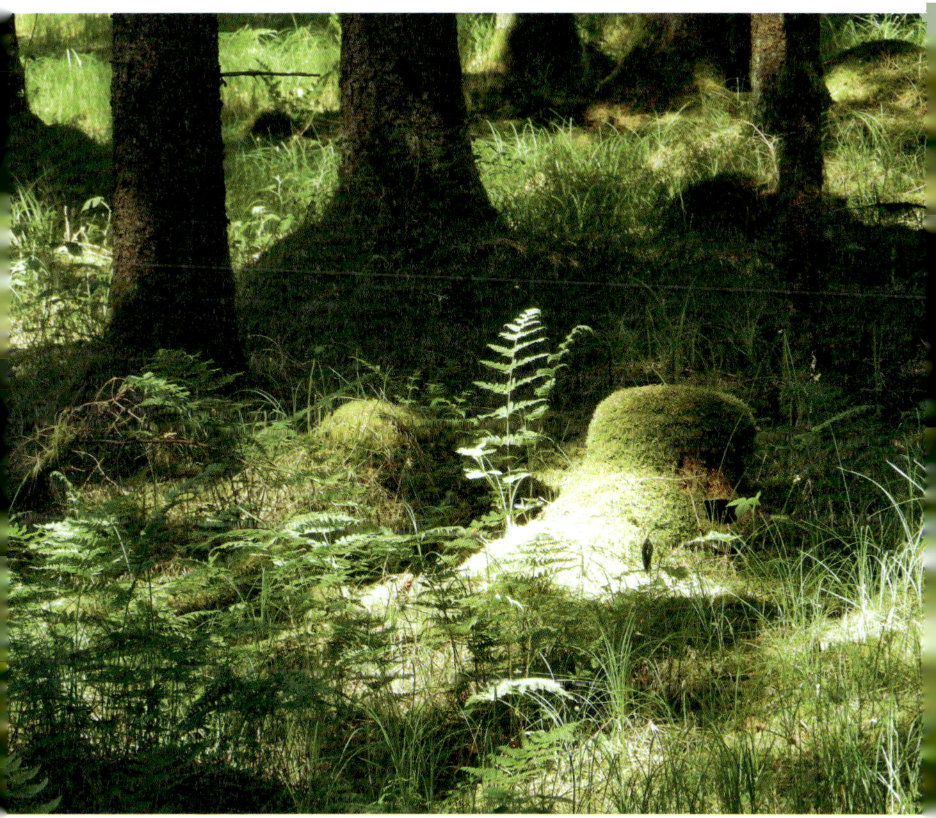

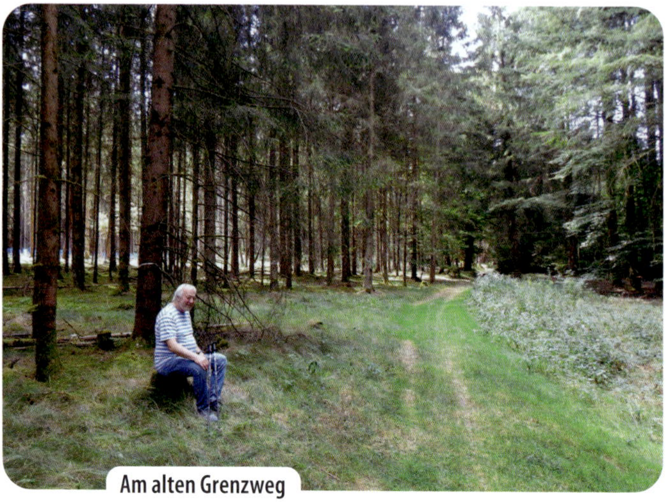

Am alten Grenzweg

wir kurz nach rechts in ein Teilstück des **Jakobswegs** einbiegen. Bereits nach wenigen Schritten aber wenden wir uns nach links in den **Ruckweg.** Er steigt stetig leicht bergan. Bäume zu „rucken", also aus dem Wald zu ziehen, ist eine wichtige Forstarbeit und dient der Pflege und Verjüngung des Gehölzes. Nach weiteren 1,5 Kilometern macht der Ruckweg eine deutliche Linkskurve. Hier verlassen wir ihn und schwenken nach rechts in den sogenannten **❸ Alten Grenzweg** ein. Über weiches grünes Gras durchwandern wir einen Hohlweg, der davon zeugt, dass ihn im Laufe der Jahrhunderte etliche Menschen durchschritten und so in den weichen Boden hineingegraben haben. Wir überwinden eine letzte Hügelkuppe und ab jetzt schlängeln wir uns mit dem Weg bergabwärts. An der folgenden Weggabelung nehmen wir die rechte Abzweigung und staunen, welchen Höhenunterschied wir bisher überwunden haben.

*Der **Jakobsweg** ist eine alte Pilgerstrecke mit dem Ziel Santiago de Compostela im fernen Galicien. Vorbei an unzähligen dem heiligen Jakobus geweihten Kirchen suchen auch heute Menschen das Grab des Apostels auf. Die Muschel ist ihr Erkennungszeichen.*

Hier tritt uns der sandige Untergrund besonders ins Bewusstsein, der am Wegesrand immer deutlicher unter den Baumwurzeln hindurchscheint. Dazu bietet der Ginster seine gelben Blüten verschwenderisch den Bienen und Hummeln als Mahlzeit dar und Kiefern lösen

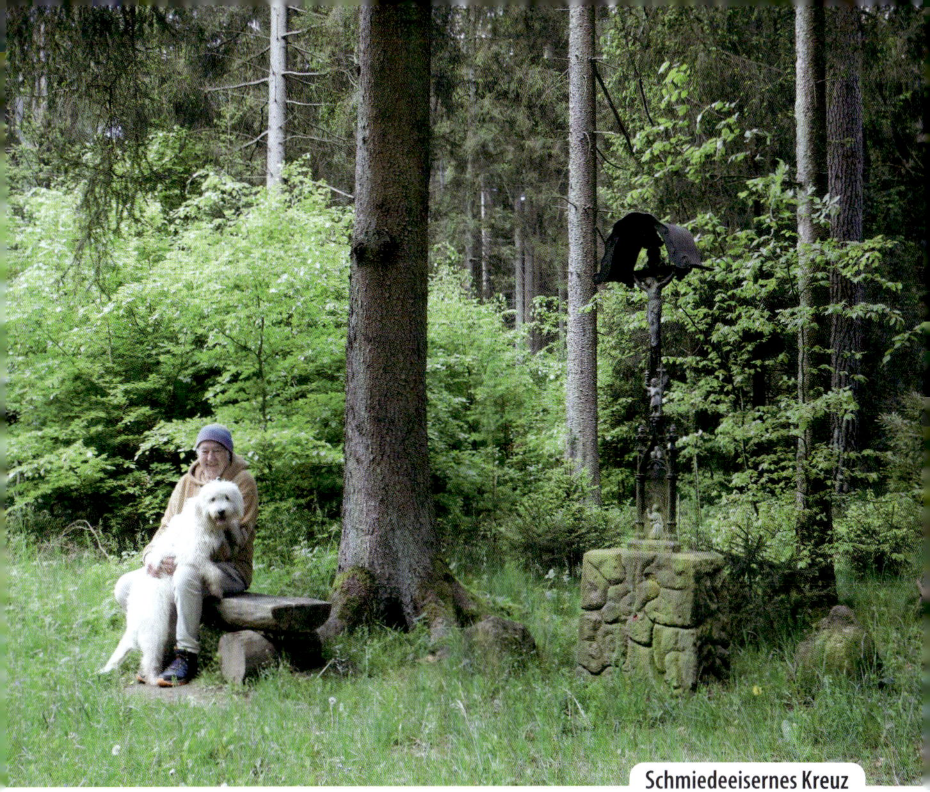

Schmiedeeisernes Kreuz

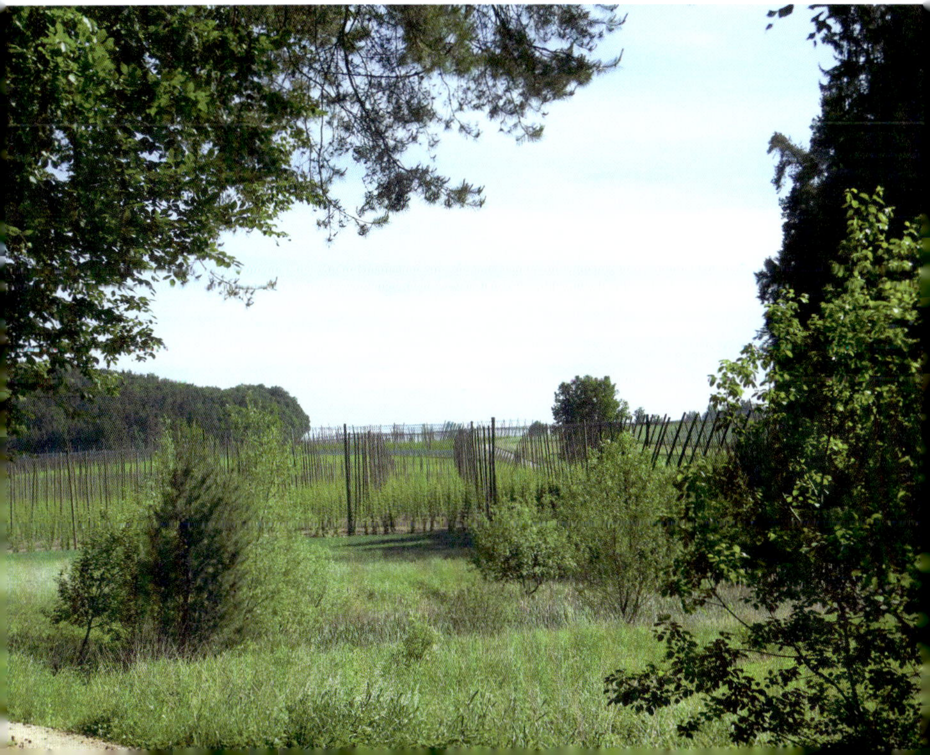

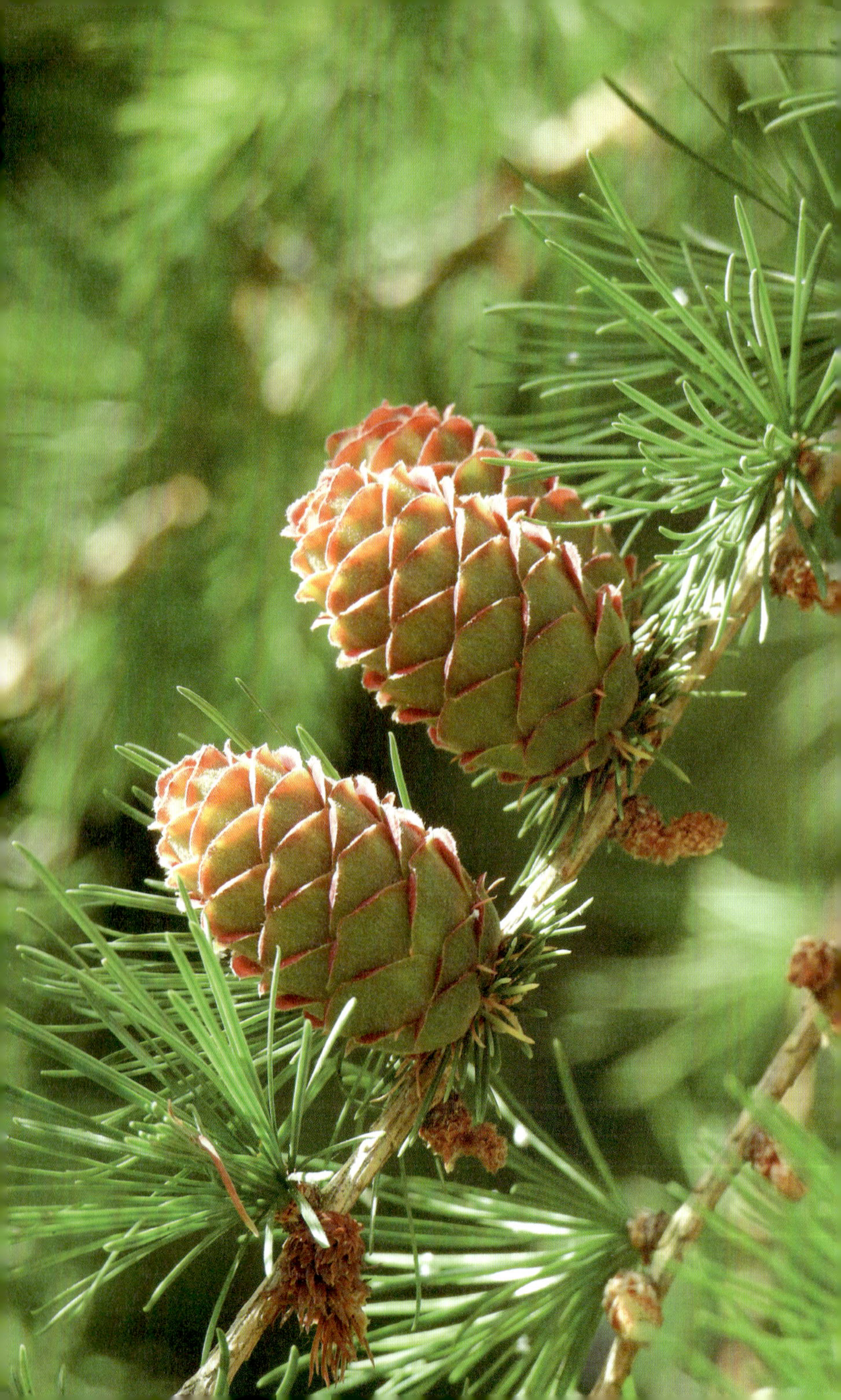

die Fichten ab – ein typisches Zeichen, dass wir auf einer **4 Sanddüne** wandern, und das mitten im Wald! Wie im Urlaub an der See haben wir Sand in den Schuhen, während uns der Wind in den Wipfeln der Bäume an fernes Wellenrauschen denken lässt. Das ist tatsächlich die reine Entspannung.

Schließlich vereinigt sich unser Weg mit einer von rechts kommenden Waldstraße. Wir bleiben geradeaus und erreichen gleich darauf eine Lichtung mit Ruhebank und einem **5 schmiedeeisernen Kreuz.** Nun haben wir wieder einen ausgeschilderten Wanderweg erreicht. An der folgenden Gabelung halten wir uns rechts. Unversehens öffnet sich nach einiger Zeit der Wald zu einer freien Fläche. Die schlanken „Stämme“, die wir nun vor uns erspähen, haben indes eine zweite Funktion übernommen, wie wir belustigt feststellen: als Rankstangen für den regionaltypischen Hopfen, der sich sattgrün in den Himmel windet. Durchschnittlich 10 Zentimeter am Tag wächst er – da kann man beinahe zuschauen.

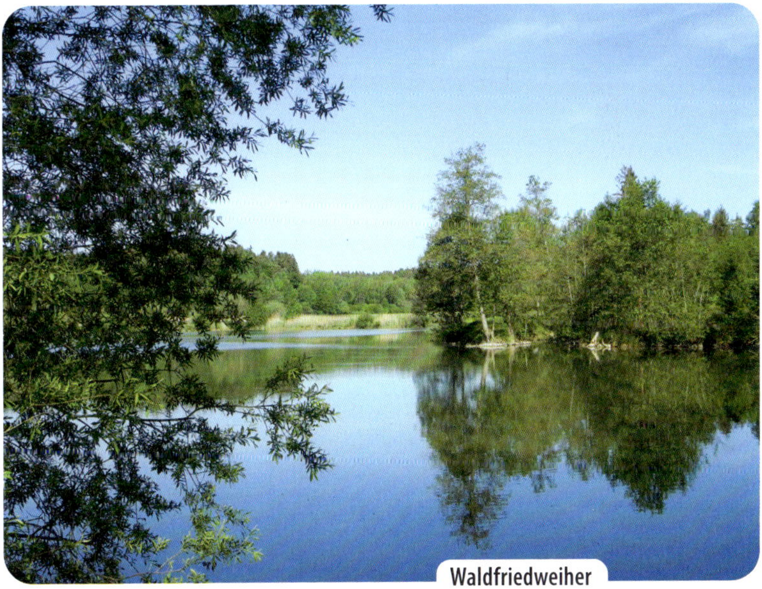

Waldfriedweiher

Mit 89 Quadratkilometern gehört der ***Dürnbucher Forst*** *zu Bayerns größten Waldgebieten. Um die Orientierung zu behalten, haben die einzelnen Wege Namen, die auf Straßenschildern stehen. Mittlerweile soll sogar die scheue Wildkatze wieder heimisch geworden sein.*

Unser Schotterwanderweg wendet sich vor dem Stangenfeld nach rechts und führt dann nach links am Waldrand entlang. Direkt vor dem Hopfengarten, der zu unserer Rechten auftaucht, wenden wir uns bei einer Ansammlung von Lärchen nach rechts und kehren zurück in den Wald.

Bald findet unsere Wandertour ihr Ende, wenn wir die Lichtung erreichen, an der der ⑥ **Waldfriedweiher** zwischen den Stämmen hindurch schimmert. Wir erkennen die bayerische Puszta wieder und gelangen auf diesem Schotterweg nach kurzer Zeit zu unserem Auto zurück. Nun können wir spüren, wie der Wald uns Ruhe geschenkt und uns entspannt hat. Welch eine erfrischende Auszeit vom Alltag.

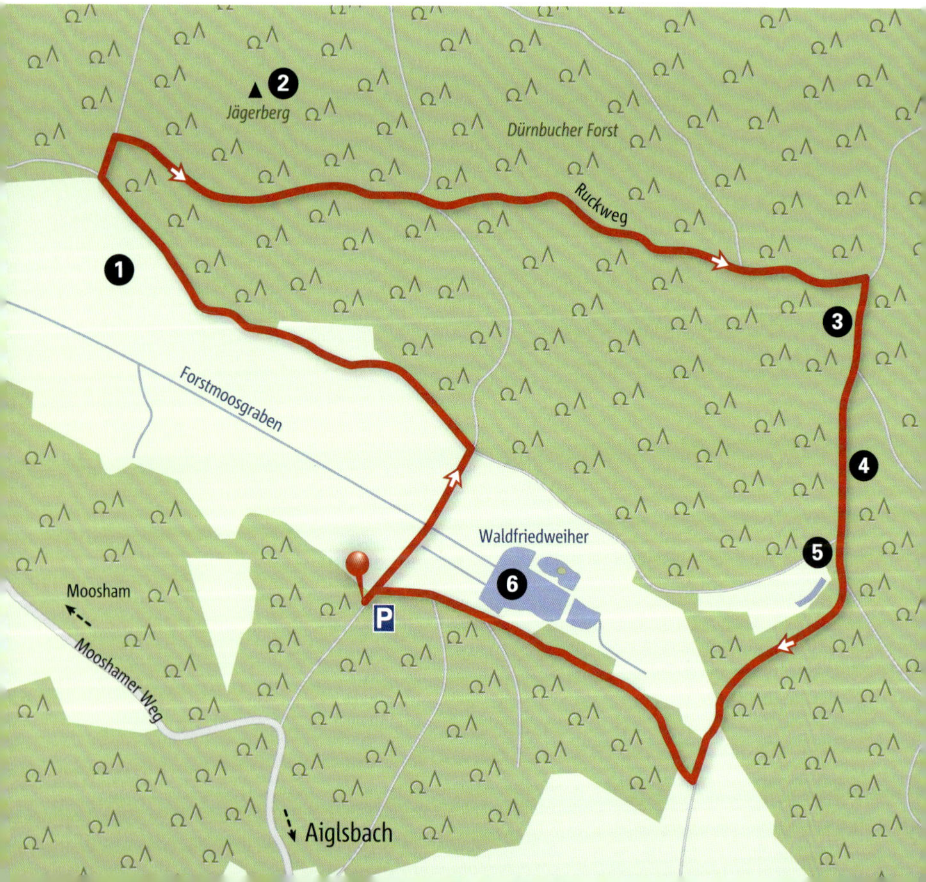

ALLES AUF EINEN BLICK

Entspannung 5/5
Abenteuer 3/5
Vielfalt 5/5

WIE & WANN

Wald-, Schotter- und Sandwege; ganzjährig möglich.

HIN & WEG

Auto: Parkplatz am Waldweg vor der Lichtung an der Abzweigung nach Waldfried, 84089 Aiglsbach (GPS: 48.70967, 11.70551)
ÖPNV: Keine direkte Anbindung an die Strecke

ESSEN & ENTSPANNEN

Bitte an Rucksackverpflegung denken.

Abseits der Route empfehlenswert:
Im nur 6 Kilometer entfernten Unterpindhart befindet sich einer der schönsten Biergärten mit eigener Brauerei beim **Rockermeier,** Bachstraße 3, 85290 Geisenfeld/Unterpindhart, Tel. (0 84 52) 6 08, www.landgasthof-rockermeier.de.

ENTDECKEN & ERLEBEN

1. **Schottische Hochlandrinder**
2. **Jägerberg**
3. **Alter Grenzweg**
4. **Sanddünen im Wald**
5. **Schmiedeeisernes Kreuz**
6. **Waldfriedweiher**

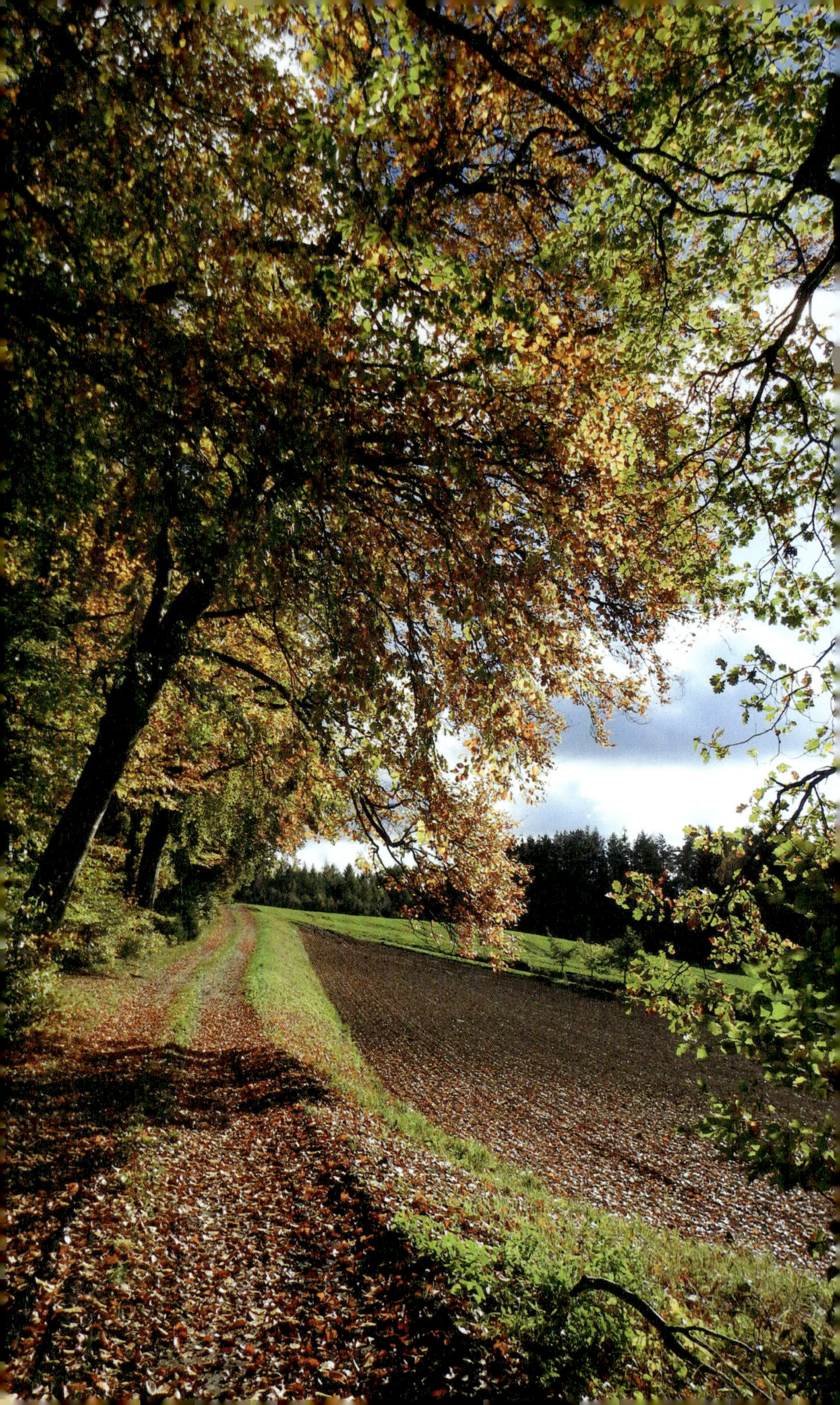

Marienlande

Lindkirchen und Maria Brünnl

Schon Aventinus, der berühmte bayerische Geschichtsschreiber aus Abensberg, bemerkte in seiner Geschichte Bayerns über seine Landsleute, sie gingen gerne und viel auf Wallfahrten. Tatsächlich findet sich in der Holledau eine Vielzahl sehenswerter Wallfahrtskirchen – und in etlichen von ihnen wird die Gottesmutter Maria verehrt. In einem fröhlichen Auf und Nieder im Schwung der Hügel besuchen wir zwei ganz besondere Marienheiligtümer und genießen dabei den Charme der ländlich-bäuerlichen Gegend.

Der Ausgangspunkt unserer Tour ist das Lindkirchener Gotteshaus Mariä Lichtmess, das auch als **1 Mariendom der Hallertau** bezeichnet wird. Auf einer Anhöhe über dem Dorf gelegen wacht es oberhalb des alten Pfarrhofs über das **Abenstal.** Wir erklimmen die Stufen zum Kirchenportal und betreten andächtig den Vorraum. Von hier aus ist uns ein Blick in den Kircheninnenraum gestattet. Sofort fallen uns die metallicblauen Säulen ins Auge, die den Altar flankieren und eine himmlisch-entrückte Atmosphäre schaffen. Viele Engel umschweben die Gottesmutter. Das Kirchenschiff selbst krönt eine in Altrosa gehaltene Decke mit verschiedenen Marienszenen. Hier braucht es keinen predigenden Pfarrer, denn die Malereien erzählen dem aufmerksamen Betrachter vielfältige Geschichten.

Beeindruckt treten wir aus dem Gotteshaus und gehen den Weg daran entlang an der **Hausnummer 9** vorbei bergauf aus dem Dorf heraus. Im Scheitel der nun folgenden Links-

Kilometer: 13

Höhenmeter: 220

Stunden: 4

RUNDWEG

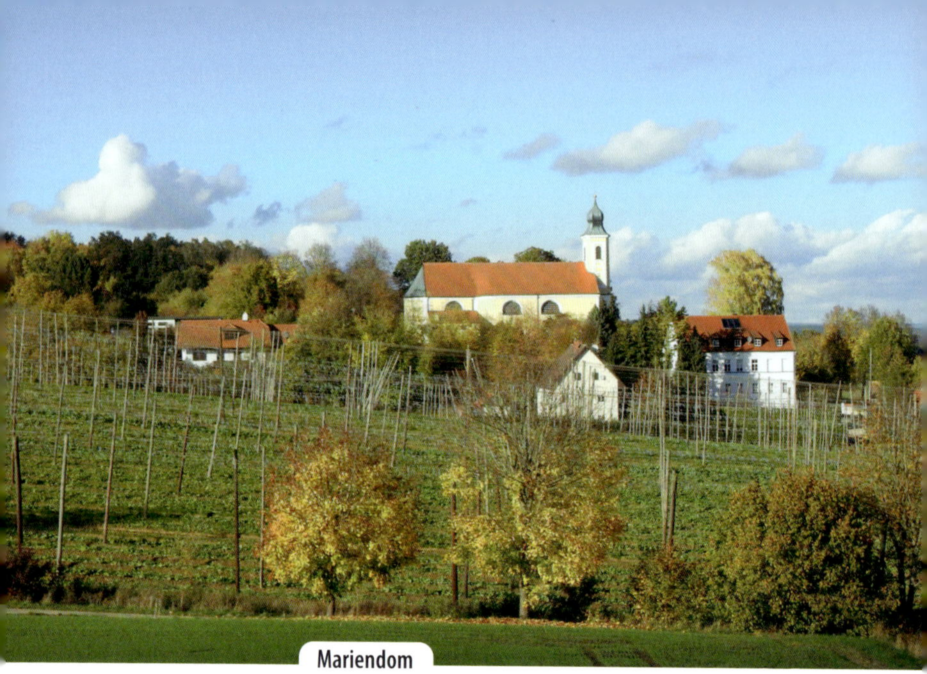

Mariendom

kurve blickt ein Wegkreuz talwärts. An dieser Gabelung verlassen wir die Asphaltstraße nach rechts und streben weiterhin geradeaus aufwärts. Auf der Höhe schweift unser Blick über die Landschaft, die sich mit Hopfengärten bis nach Mainburg erstreckt. Nun schwingt sich unser Weg abwärts Richtung Waldrand. Ihn erreichen wir unter dem Schutz etlicher Kiefern, wo eine schattige Bank zu einer Schau-Pause einlädt.

Kurz nachdem der Pfad dann zwischen die Bäume getreten ist, müssen wir aufpassen. Hier zweigt an einer Gabelung unser Waldweg nach rechts ab und führt zunächst etwas bergan tiefer in den Wald. Wenn wir den Berggipfel überwunden haben, geht es entspannt abwärts durch raschelndes Laub und knisternde Nadeln. Für einen guten halben Kilometer können wir uns am kühlen Schatten hoher Bäume erfreuen. Im Talgrund treffen wir schließlich auf weitere **Hopfengärten.** Hier überqueren wir die Verkehrsstraße und halten, etwas links versetzt, dem Feldweg entlang geradeaus auf die nächste Hügelkuppe zu. Beim Blick auf das über uns thronende Hopfenfeld fallen uns die vielen Drähte auf, an denen sich der Hopfen emporrankt. Je-

In Mainburg, der „Stadt auf sieben Hügeln", stellt die Familie Lutzenburger bereits seit 1789 ihr berühmtes ***Hallertauer Hopfengold*** *her, einen Kräuterlikör mit Hopfen, und füllt damit auch Schokolade und Pralinen – ein leckeres Mitbringsel.*

der einzelne wird im Frühjahr per Hand oben angeknüpft und anschließend unten im Erdreich verankert – ebenfalls in mühevoller Handarbeit. Wir nehmen uns vor, bei unserer nächsten kühlen Halbe, die wir genießen, das Glas dankbar auf das Wohl dieser eifrigen Helfer zu erheben.

Für die Seele

Zwischen Mariendom und -wallfahrtskirche durchleben wir natürliche Höhen und Tiefen.

Oben auf dem Kamm säumen Obst- und Nussbäume unseren Weg – im Herbst ein reich gedeckter Tisch und für uns eine willkommene Wegzehrung. Am Wegende halten wir uns links, durchqueren einen Holzlagerplatz und biegen danach am **schwarzen Flurkreuz** nach rechts. Der gelbe Kirchturm von **2 Haunsbach** grüßt über den Hopfen zu uns herüber. Die Straße, auf die wir nun stoßen, ist befahren. Wir biegen nach links in sie ein und bleiben für 150 Meter vorsichtig am Fahrbahnrand. An der nächsten Gelegenheit verlassen wir sie bereits wieder und wenden uns nach rechts. Zunächst geht es noch ein wenig bergauf, bevor wir eine Senke durchqueren und auf der anderen Seite wieder geradeaus hinaufstapfen. Hinter der folgenden Bergkuppe endet unser Weg an einem Gehölz. Hier halten wir uns rechts und wandern an einer Haselnussplantage und einem Hopfengarten vorbei auf **Appersdorf** zu. Am Ortseingang mit Blick auf die Pfarrkirche St. Petrus halten wir uns an der Weggabelung links. In Appersdorf bietet sich für Hungrige ein Abstecher zum **3 Gasthof Bauer** an. Er liegt unten an der Hauptstraße links und versorgt die Gäste mit einer schmackhaften Mischung aus bayerischer und ungarischer Küche.

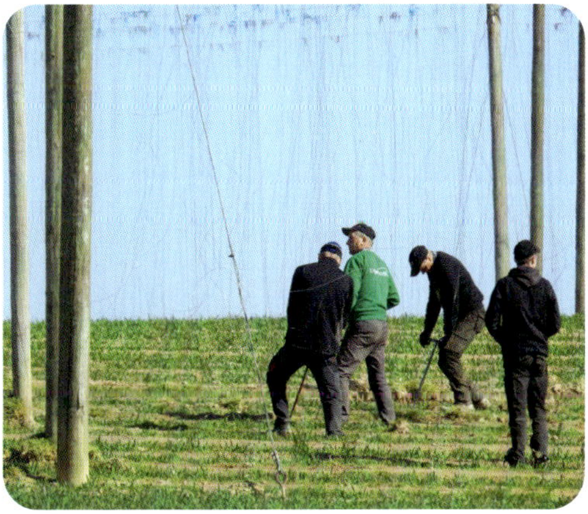

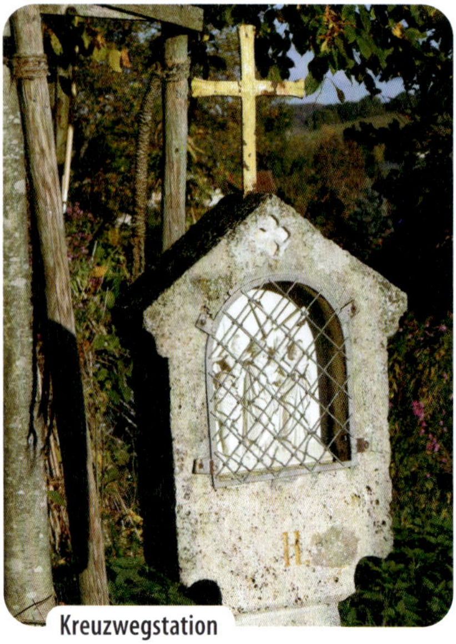
Kreuzwegstation

Wir erklimmen mit der Fortsetzung des **Brünnl-Wegs** nach links den **④ Kreuzweg.** Die 14 steinernen Bildstöcke folgen dicht hintereinander. Geschützt durch ein Gitter wird Jesu Leidensweg filigran in Marmor lebendig. Oben erwartet uns ein goldenes Kruzifix, hinter dem wir bereits unsere nächste Seelenstation erahnen: die **⑤ Wallfahrtskirche Maria Brünnl.** Von ihr ragt zunächst nur die Kirchturmspitze aus der Senke hervor. Rund um das Gebäude stehen etliche Pilgerbänke. Auch wenn die Kirche geschlossen ist, lassen wir uns die Gelegenheit nicht entgehen, die **Quelle** im Nebengebäude zu besuchen. Mit viel Stuck wurde die Illusion einer Tropfsteinhöhle erzeugt, in der der alte Ziehbrunnen steht. Frische Blumen und brennende Kerzen zeugen davon, dass der Ort gerne und oft besucht wird.

Nachdem er sich die Augen mit Wasser aus der ***wundertätigen Quelle*** *gewaschen hatte, soll ein Hirte von einem schweren Augenleiden geheilt worden sein. Aus Dankbarkeit stiftete er eine Votivtafel, an deren Stelle bald ein Kirchlein errichtet wurde.*

Anschließend wandern wir auf der Zufahrtsstraße am Handymast vorbei und halten uns an ihrem Ende links. Nun geht es gute 150 Meter abwärts, bevor wir vor dem Gehölz nach rechts abbiegen. Links von uns hat sich ein schroffer Abhang ins Gelände gegraben, während die Landschaft zu unserer Rechten lieblich schwingt. Schließlich vereinigt sich unser Feldweg mit einem von links hinten kommenden und wir bleiben geradeaus. Mit einer scharfen Linkskurve umrunden wir ein Feld, biegen hinter dem **⑥ Feldkreuz mit dem silbernen Jesus** nach rechts und vor dem nächsten Hopfenfeld auf den Wiesenweg nach links. Im Frühjahr werden die Hopfengärten durch mobile Zäune vor den hungrigen Mäulern der Rehe geschützt. Wenn uns also der Durchgang versperrt sein sollte, bleiben wir direkt neben der Absperrung, bis wir nach wenigen Schritten den Wiesenweg erreichen.

Jetzt geht es geradeaus wieder stetig zunächst hinauf, dann bergab – auch hier kann uns ein Schutzzaun auf den Feldrain drängen –, bis wir schließlich den Ortseingang von **Haunsbach** erreichen. Wir wandern auf die Kirche zu, die auf einer Anhöhe das Dorf überblickt. Rechts daneben ragt der Maibaum des Dorfes in den Himmel. Traditionell wird er am ersten Mai von den Dorfbewohnern mit langen Stangen aufgestellt und mit den Tafeln der Vereine geschmückt.

Vor dem Friedhof queren wir links den Hof des **Kirchabaurs.** Auf dessen Hinterseite verlässt der Weg das Dorf wieder und wir steigen an seinem Ende mit der Asphaltstraße nach links bergan. Hinter dem uns bereits vertrauten Holzlagerplatz halten wir nun geradeaus auf den Waldrand zu. Kurz davor erhaschen wir nach links einen **7 Ausblick ins Tal der Nüsse.** Wie auf Perlenschnüren aufgereiht ziehen sich die Bäumchen den Abhang hinauf. Hier wäre man gerne Eichhörnchen!

***Haunsbach** durfte sich vor einigen Jahren als das schönste Dorf im Landkreis bezeichnen. Aufgrund eines sehr lebendigen Dorflebens gewannen die Einwohner gegen eine starke Konkurrenz im Wettbewerb „Unser Dorf hat Zukunft".*

Wallfahrtskirche Maria Brünnl

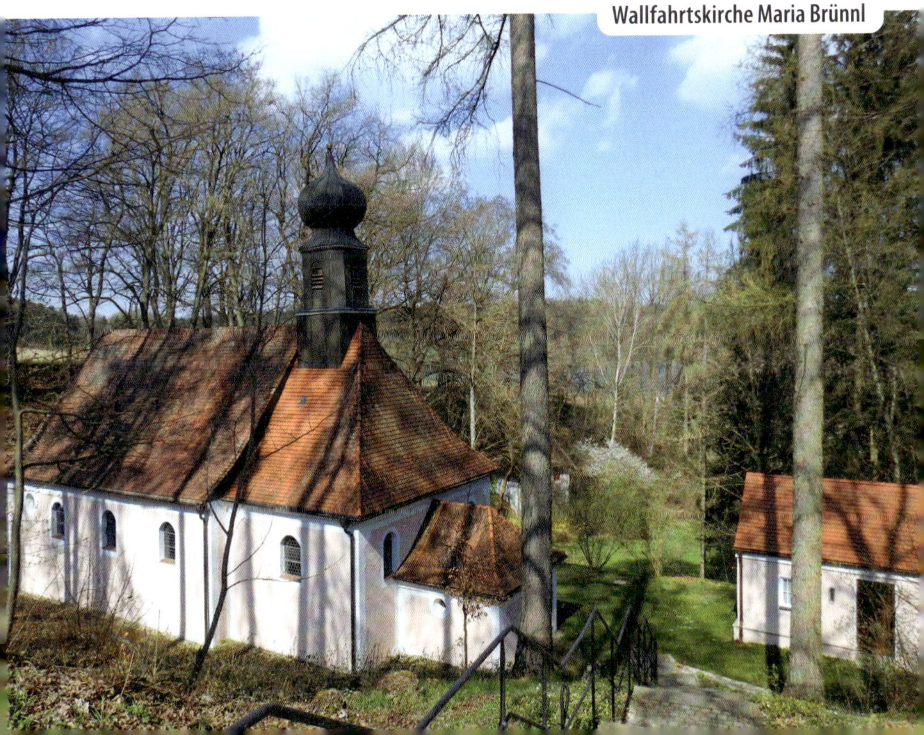

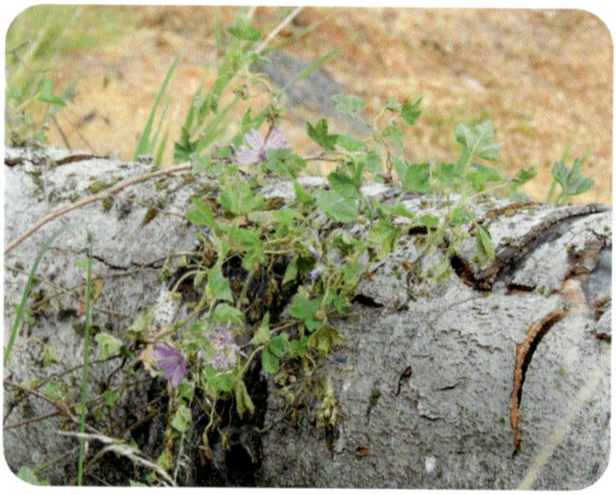

Immer dem Weg folgend durchqueren wir das folgende Waldstück auf dem **Höhenkamm** und erreichen eine sanft-liebliche Hochfläche. Auf der Asphaltstraße, die sich von rechts mit unserem Weg vereint, bleiben wir noch kurz geradeaus. An dieser Stelle haben wir einen wunderbaren Weitblick auf die andere Seite des Abenstals, wo das gelbe Kirchlein St. Anton über Ratzenhofen thront (siehe Tour 12). Direkt vor dem nächsten Gehölz biegen wir nach rechts, gleich darauf nach links auf den Wiesenweg am Waldrand und vollziehen mit diesem eine Rechtskurve. Hier zaubert das Immergrün im Frühling mit seinen zarten blauen Blüten einen farbenfrohen Teppich auf den braunen Waldboden. Wir passieren ein geschnitztes Holzkreuz und erreichen sogleich eine Wegkreuzung mit einem weite-

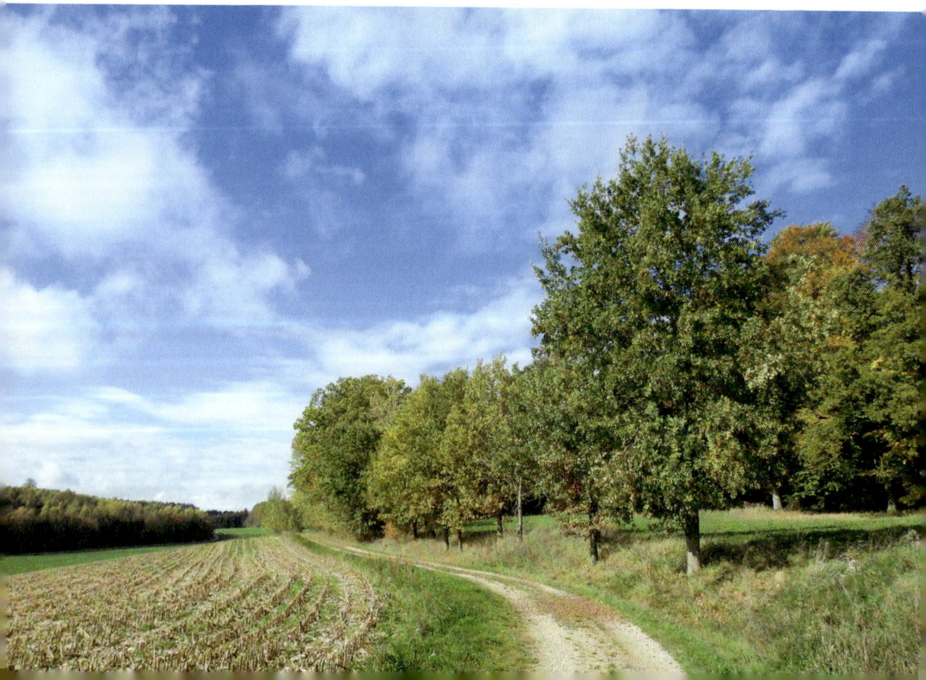

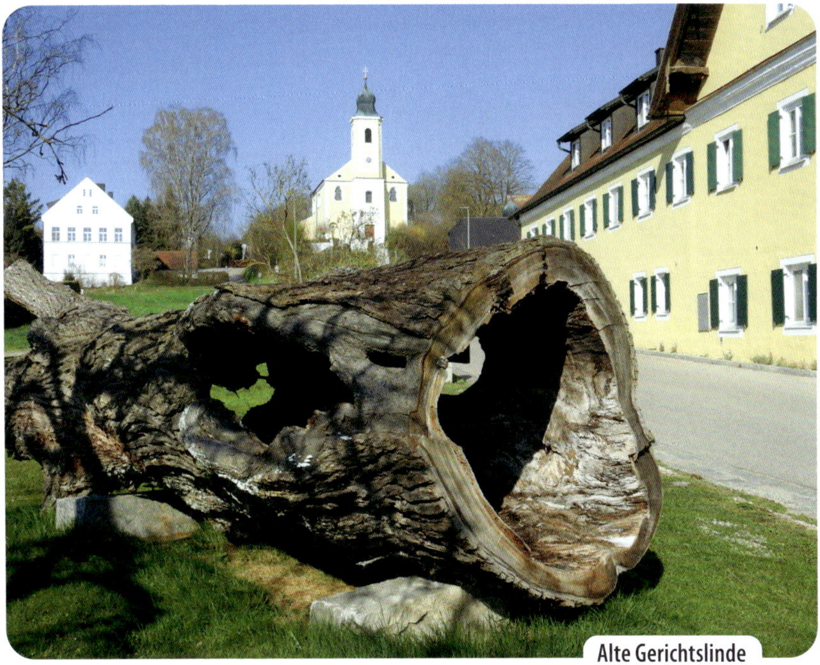

Alte Gerichtslinde

ren, modern gestalteten Flurkreuz. Jetzt wählen wir den Weg, der auf der linken Seite dieser Stele talwärts führt, und treffen auf die Kreisstraße, auf deren Seitenstreifen wir 100 Meter nach links auf **Meilenhofen** zugehen. Vor der nächsten Pferdekoppel verlassen wir sie nach rechts und haben den letzten Aufstieg der Tour vor uns. Erstaunlich, welche Anstiege die doch so flach wirkende Holledauer Landschaft bereithält. Um den 455 Meter hohen Gipfel des 8 **Galgenbergs** zu erklimmen, halten wir uns an der folgenden Einmündung rechts und bleiben dann nach der anschließenden Linkskurve auf dem Waldrandweg.

An seinem Ende biegen wir nach links ab. Hier kennen wir uns wieder aus und erreichen bald das Wegkreuz über dem Ort Lindkirchen, auf den wir geradeaus zugehen. Der Hallertauer Mariendom, unser Ausgangspunkt, ist nun nicht mehr zu verfehlen.

*Der Name **Galgenberg** verrät, dass dies die Hinrichtungsstätte von Lindkirchen, dem Gerichtsort der mittleren Holledau, war. Tatsächlich standen sogar zwei Galgen hier, die in ihrer exponierten Lage zur Abschreckung und Einschüchterung dienen sollten.*

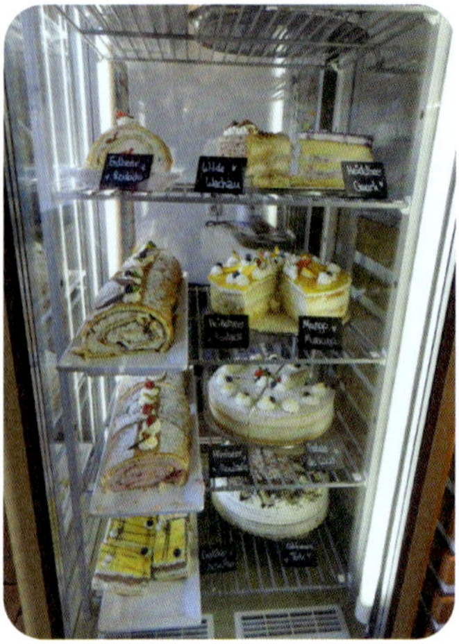

Zum Ausklang dieser Wanderung bergauf, bergab durch Wald und Feld bietet sich der entschleunigende Besuch des **9 Hofcafés Lindkirchen** an (Öffnungszeiten beachten). In einem gewaltigen alten Vierseithof wurde ein modernes Hofcafé errichtet, das die Gäste mit einer Auswahl an leckeren, hausgebackenen Kuchen und Torten verwöhnt. Die alten Stallgewölbe geben dem Inneren ein besonderes Flair. Vor dem Hoftor stand bis 2021 die jahrhundertealte Gerichtslinde, deren gewaltiger Stamm noch am Wegesrand zu bestaunen ist. Auf Initiative der Wirtsfamilie wurde an die Stelle des alten Baumes eine neue Linde gepflanzt.

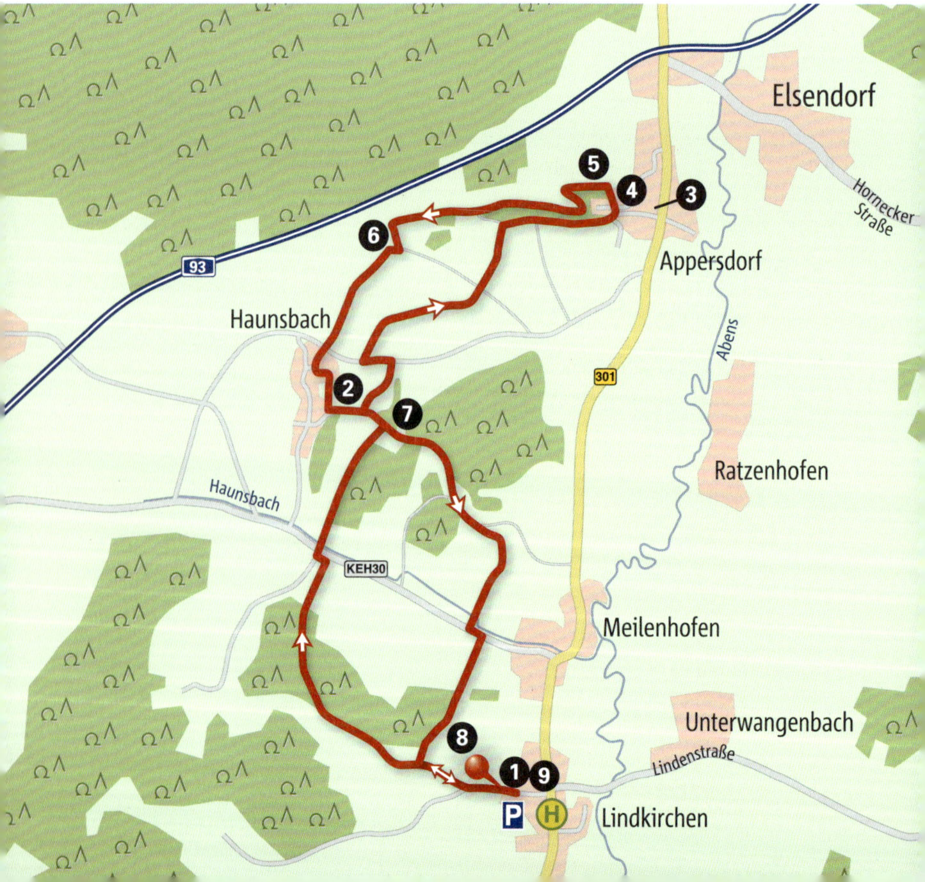

ALLES AUF EINEN BLICK

Entspannung

Abenteuer

Vielfalt

WIE & WANN

Asphaltstraße, Wald-, Schotter- und Wiesenwege; bei trockenem Wetter ganzjährig möglich. Achtung: Im Frühjahr können Hopfenfelder gesperrt sein!

HIN & WEG

Auto: Kirchparkplatz, Kirchenstraße 6, 84048 Mainburg/Lindkirchen (GPS: 48.67352, 11.78775)

ÖPNV: Haltestelle Lindkirchen, Abzweigung Lindenstraße

ESSEN & ENTSPANNEN

3 **Gasthof Bauer,** Hauptstraße 16, 84094 Elsendorf/Appersdorf, Tel. (0 87 53) 2 93, www.pension-elsendorf.de

9 **Hofcafé Lindkirchen,** Lindkirchener Straße 27, 84048 Mainburg/Lindkirchen, Tel. (01 76) 30 73 08 87, www.hofcafe-lindkirchen.de

ENTDECKEN & ERLEBEN

1 **Mariendom der Hallertau**

2 **Blick auf Haunsbach**

4 **Kreuzweg**

5 **Wallfahrtskirche Maria Brünnl**

6 **Feldkreuz mit dem silbernen Jesus**

7 **Ausblick ins Tal der Nüsse**

8 **Galgenberg**

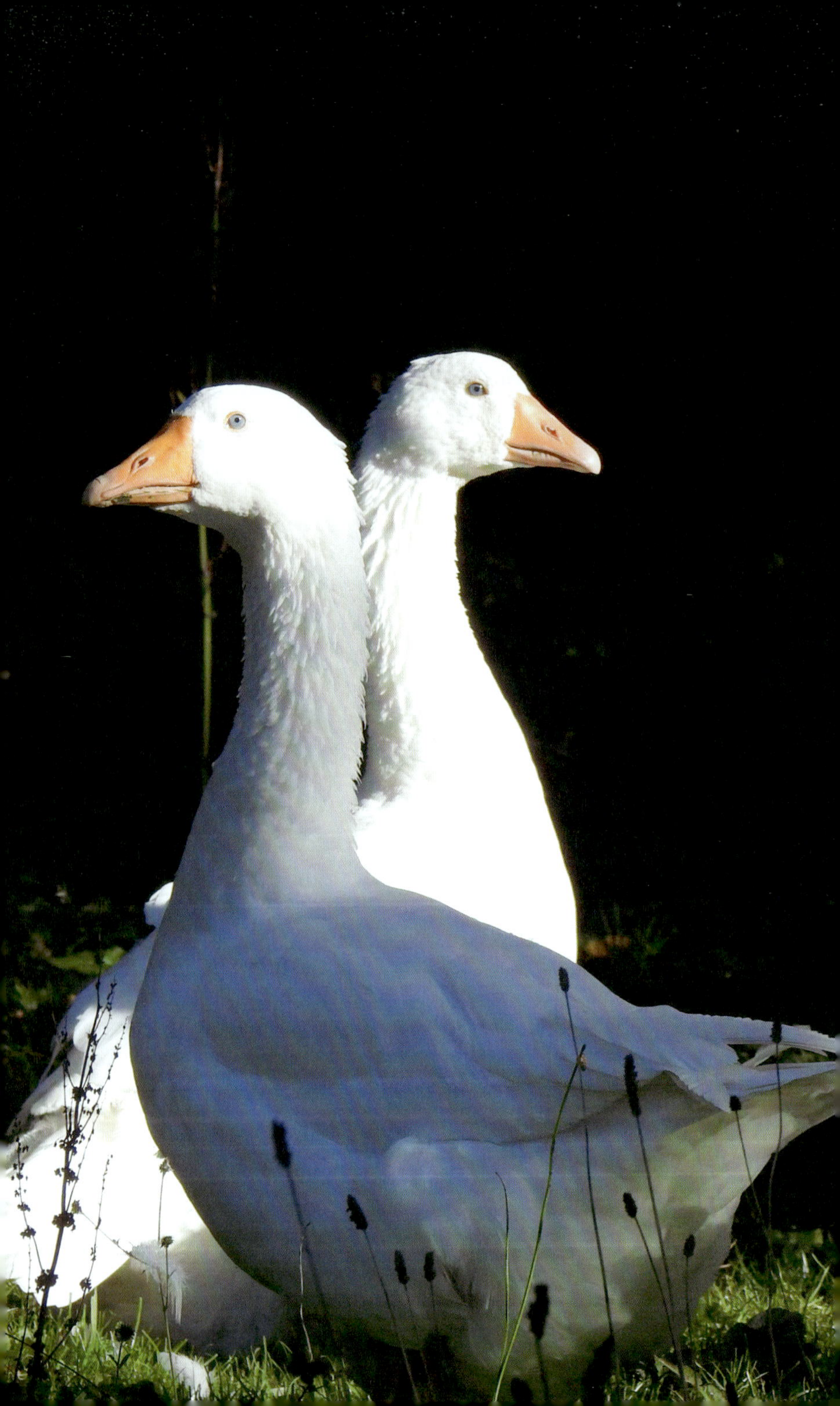

Wie's früher war

Pfeffenhausen nach Osterwind

Zusammen mit seinen vier Nachbargemeinden bildet Pfeffenhausen das sogenannte Holledauer Tor nordwestlich von Landshut. Hier lässt sich noch eine ursprüngliche, landwirtschaftlich geprägte Gegend erleben.

Bereits bei unserer Anreise fallen uns die alten Gebäude des ehemaligen Pfeffenhausener Bahnhofs und der gegenüberliegenden Hopfen-Präparier-Anstalt auf, die beide etwas aus der Zeit gefallen scheinen. Den nahegelegenen Friedhof eröffnet ein Eingangstor auf dem Gipfel einer Treppe mit der lateinischen Inschrift „Memento mori", die uns an unser eigenes Ende gemahnt. Hier starten wir unsere Erinnerungstour, mit der wir tief in die Vergangenheit der Hallertau eintauchen, als der Hopfen noch an Holzstangen gezogen und von Hand gezupft wurde.

An den bunt bemalten ❶ **Kreuzwegstationen** erklimmen wir auf flachen Wiesenstufen entlang der Straße den Klausenberg zur ❷ **Wallfahrtskirche Zu Unserer Lieben Frau.** Hier hatte sich ein Eremit nach dem Dreißigjährigen Krieg eine Einsiedelei errichtet. Seine Kapelle wurde später zu einem Rokoko-Kleinod ausgebaut. Das äußerlich schlicht wirkende Kirchlein überrascht uns mit seiner Pracht im Innern. Sogar die Reliquien einiger Märtyrer haben hier ihren Platz gefunden. Die schmuckvolle Ausstattung wurde übrigens größtenteils von einheimischen Handwerkern geschaffen und zeugt von deren hoher Kunstfertigkeit. Die kleine Vorhalle und die Wege um das Gotteshaus

Kilometer: 7
Höhenmeter: 80
Stunden: 2,5
RUNDWEG

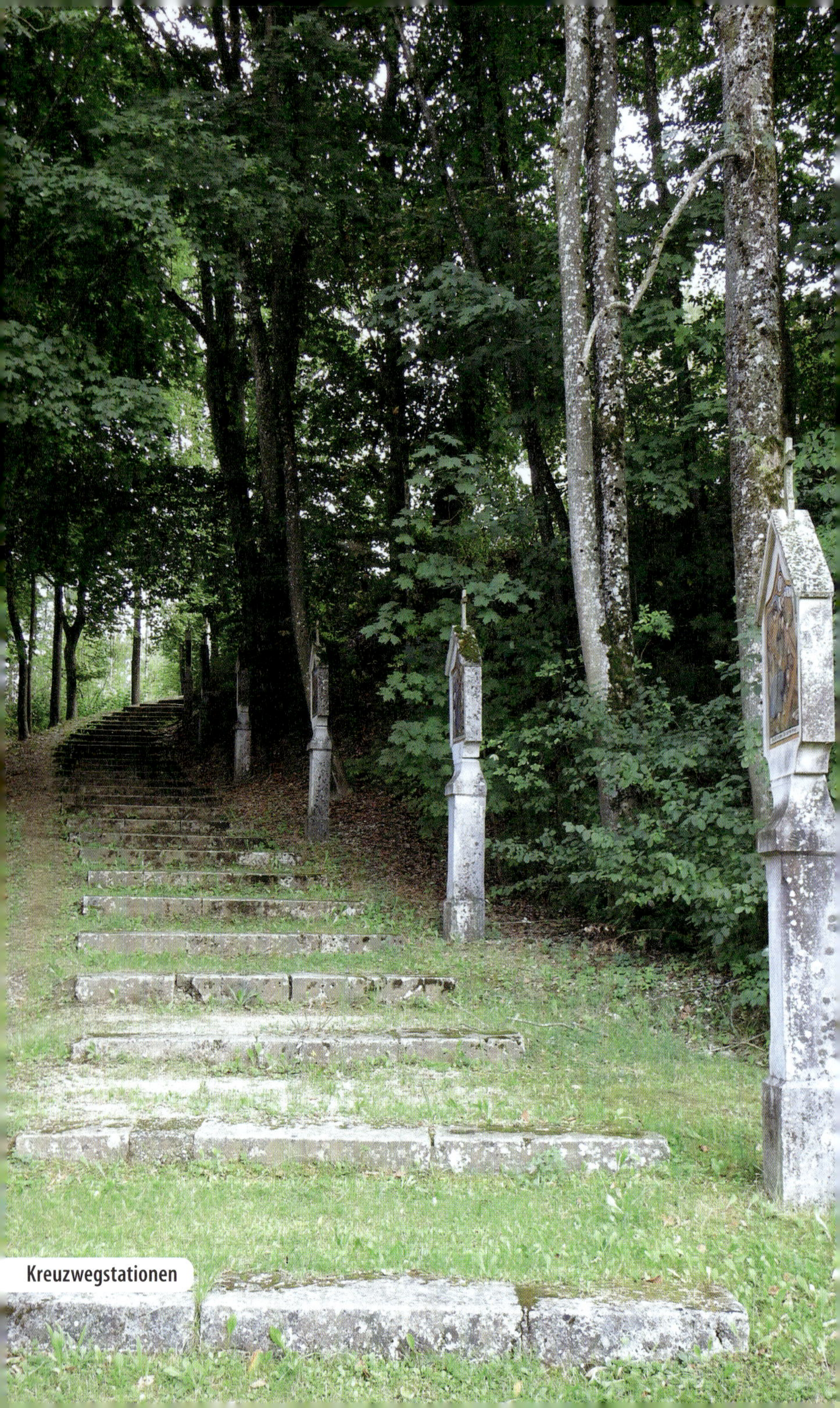

Kreuzwegstationen

sind liebevoll mit Blumen bepflanzt und leuchten je nach Jahreszeit in unterschiedlichen Farben.

Ab jetzt wird unser Weg von einem **Baumlehrpfad** begleitet, mit dem wir immer höher steigen, bis wir zu einem Stall gelangen, aus dem uns einige Pferde und Esel neugierig beäugen. Um diesen herrlichen Weitblick über Wiesen und Felder könnte man die Tiere glatt beneiden. Wir passieren einen Bildstock mit dem Drachentöter Georg, den die Wanderfreunde aus Pfeffenhausen bei ihrem Vereinsheim errichtet haben. Dankbar legen auch wir eine Gedenkminute ein.

Für die Seele

Diese Wanderung in die Vergangenheit bringt uns zurück zu unseren Wurzeln und lässt Erinnerungen wach werden.

Etwa 2 Kilometer folgen wir dem Schotterweg über die Höhe am Waldrand entlang. Einige Ruhebänke schenken uns die Möglichkeit, die wellig-hügelige Landschaft entspannt in uns aufzunehmen. Vor uns erheben sich zwei Windräder und erzeugen unermüdlich Energie. Die Anhöhe, auf der sie stehen, bildet die niederbayerische Wasserscheide. Wasserscheiden trennen Flusssysteme voneinander: Alle Gewässer zu unserer Rechten fließen südlich der Isar entgegen, während die links von uns über die Kleine und Große Laber direkt in die Donau münden.

Unser Weg endet schließlich in einer Asphaltstraße, auf der wir aber nur einige Schritte bleiben, denn es zweigt ein Wirtschaftsweg ein paar Meter vor uns nach links ab. Dieser bringt uns zu duftenden Hopfenstangen, die sich im Sommer vor im Wind schwankenden Reben biegen. Der Altweg ist in Teilen identisch mit der alten **3 Römerstraße** ins Legionslager nach Regensburg. Einige Spuren haben sich noch im Bodenrelief erhalten.

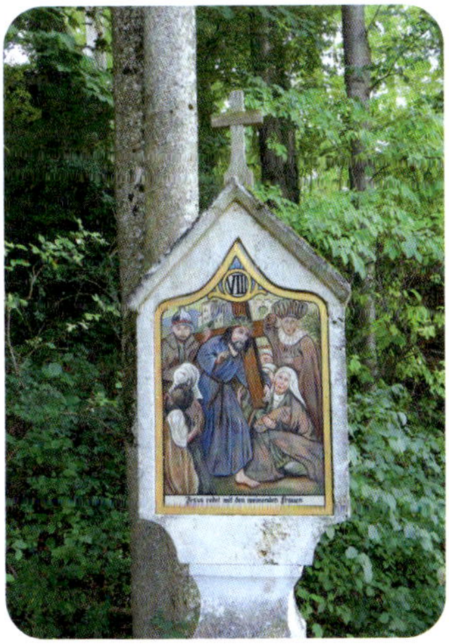

Rechts unter uns befindet sich das Quellgebiet der Kleinen Laber – ein kleines Naturparadies, in dem seltene Tiere und Pflanzen wie die Bachnelkenwurz und das Knaben-

*Als **Himmelsteiche** werden Wasserstellen bezeichnet, die sich nur mit Regen- oder Grundwasser speisen und keinen Zu- oder Abfluss haben. Der Tatsache, dass sie also nur vom Himmel befüllt werden, verdanken sie ihren hübschen Namen.*

kraut beheimatet sind. Um diese zu schützen, kann man es nur im Rahmen einer naturkundlichen Führung besuchen. Das kleine Gehölz, das wir nach der Linkskurve des Weges passieren, birgt einen verlandenden **Himmelsteich.** Hier war ehemals eine Lehmgrube, aus der der Grundstoff für Ziegelsteine gewonnen wurde.

Auf den großen grünen Weiden grasen braun-bunte Rinder. Neugierig galoppieren die Jungtiere an den Zaun und blicken uns aus ihren großen Augen entgegen. Sie leben auf dem ❹ **Naturlandhof Osterwind,** einem über 700 Jahre alten Einödhof, der nun vor uns liegt. Gegenüber seiner hofeigenen Kapelle zum Heiligen Kreuz erwartet uns das ❺ **Humularium 1920,** ein Schauhopfenfeld, mit dem wie in einem kleinen Freilichtmuseum der Hopfenanbau vor 100 Jahren anschaulich gemacht wird. Der Eintritt hierzu ist kostenlos.

Den Besuch des **Biohofs Osterwind** lassen wir uns nicht entgehen. Liebevoll hat der Künstler Michael Mießlinger, ein Sohn des Hauses, das Gelände mit Skulpturen, Malereien und Sprüchen ausgestaltet. Überall entdecken wir interessante Details: Die Wände

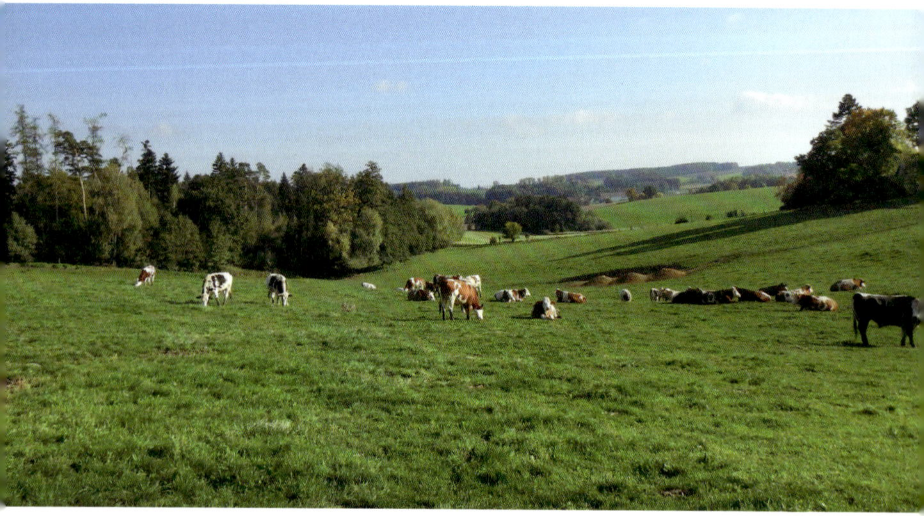

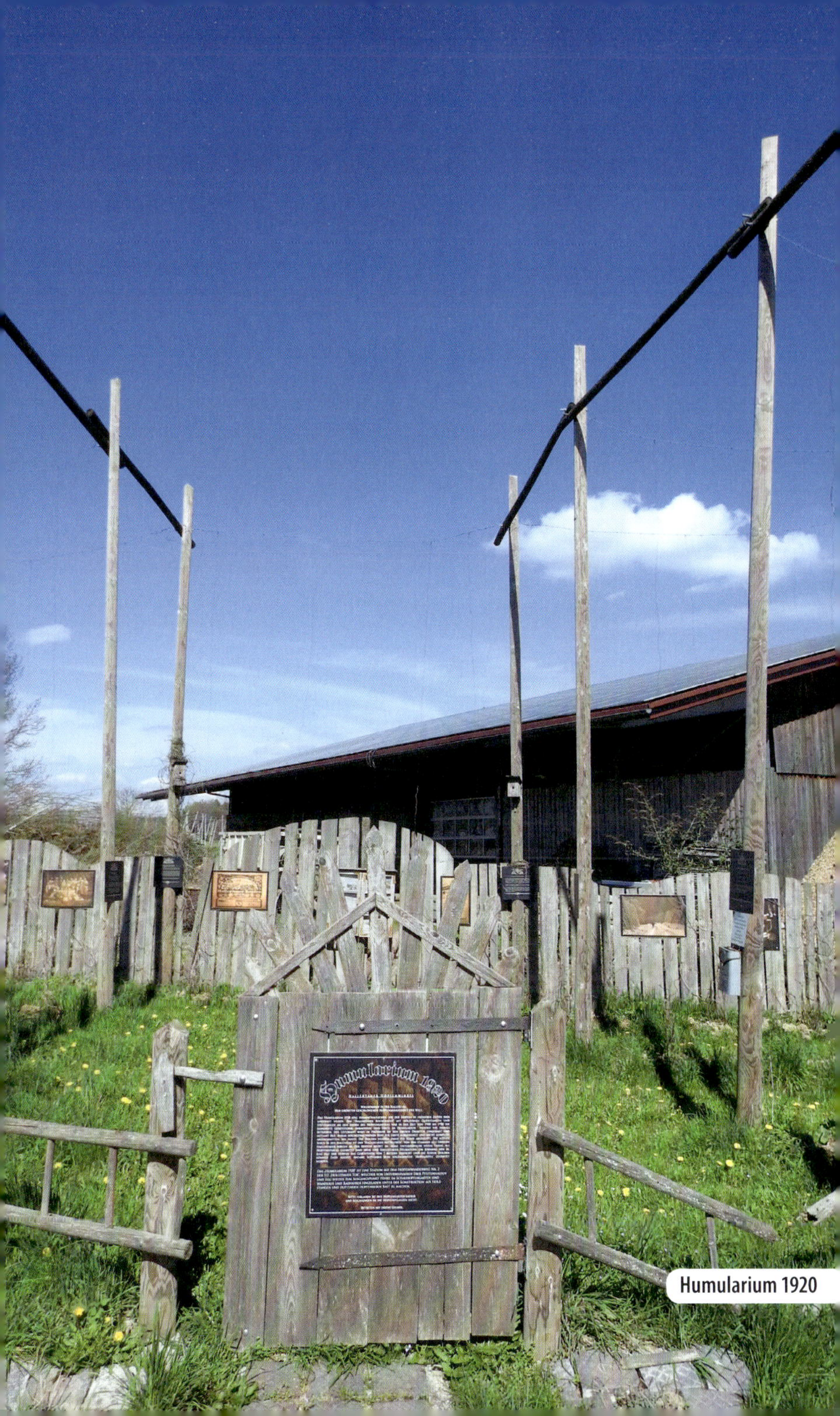

Humularium 1920

sind mit Szenen aus dem Landleben und mit Gedichten verziert. Im Hofladen versorgen wir uns mit hauseigenen Leckereien wie Honig, Eiern und Kräutertees – und ab 17:30 Uhr können wir uns frische Milch zapfen. Die historische Hofuhr, die täglich per Hand aufgezogen wird, verrät uns den richtigen Zeitpunkt. Nach Vereinbarung können sogar das hauseigene Museum und der Kräutergarten besucht werden. Mit viel Liebe arbeiten die Mießlingers daran, aus ihrem Hof ein naturnahes Paradies zu schaffen – und das spürt man.

Nach diesem Besuch kehren wir zur Hofkapelle zurück und bewundern in ihrem Innern die neun Schutzengel, die die Marterwerkzeuge und das Kreuz Christi tragen – auch dies ein Werk Mießlingers. Sonntags lohnt sich nun an dieser Stelle der Abstecher entlang der alten Römerstraße nach rechts, um beim **Landgasthof Pichlmeier** in **Schmatzhausen** regionale bayerische Küche zu genießen. Für diesen Umweg von 3 Kilometern müssen wir aber genügend Zeit einplanen.

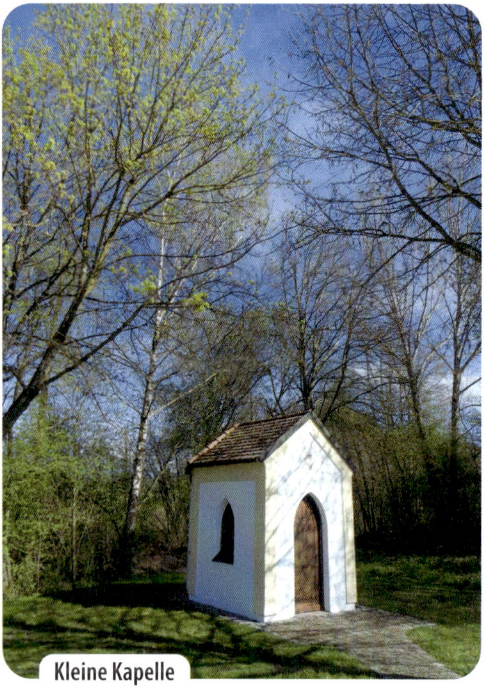
Kleine Kapelle

Unseren Weg setzen wir auf der Asphaltstraße geradeaus in den nächsten Weiler, nach **Dürnwind,** fort, dessen Pferdekoppeln bereits zu sehen sind. Wir passieren den ersten Hof und biegen in die Straße vor der **Hausnummer 2** nach links ein. Sie führt uns an einer für die Gegend typischen Hopfendarre vorbei, aus der es im Sommer verführerisch nach Lupulin, dem Gold der Holledau, duftet. Hinter den Häusern macht unser Feldweg eine Rechtsbiegung und führt bergab wieder an die hohen Stangen. Dann be-

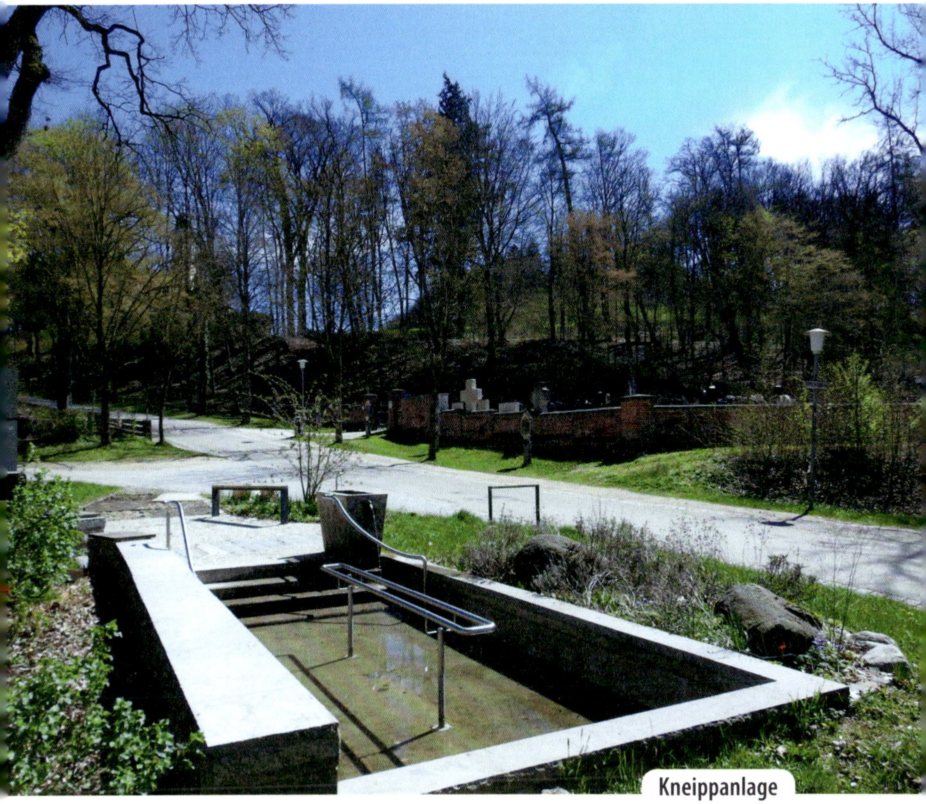

Kneippanlage

schreibt er eine U-Kurve nach rechts und wendet sich anschließend nach links an einer alten Sandgrube vorbei, die sich in einem Wäldchen aus hochgewachsenen Kiefern und Birken versteckt. Nun erreichen wir wieder die Asphaltstraße, an deren anderen Seite eine kleine, gepflegte **6 Kapelle** steht.

An diesem Punkt bringt uns der Feldweg nach links wieder bergauf. An der folgenden Gelegenheit biegen wir nach rechts in den Schotterweg, der nach einer Hügelkuppe auf einen Holzschuppen zuläuft. Dort wenden wir uns nach links und gelangen auf der Pflasterstraße an einen großen Platz, auf dem die symmetrischen Kreise einer **7 Stockbahn** aufgemalt sind.

An vielen Wegkreuzungen in der Holledau finden sich ***Kapellen, Kruzifixe oder Marterl.*** *Um sich vor bösen Geistern zu schützen und sich des Beistands der Heiligen zu versichern, hielt man gern zu einem Gebet inne.*

Hier treffen sich die Stockschützen, um ihrem Sport, dem Eisstockschießen, auch im Sommer nachkommen zu können. Kurz bevor wir wieder zu unserem Startplatz gelangen, erreichen wir gegenüber dem Friedhof die **8 Kneippanlage** unter Bäumen. Welch willkommene Gelegenheit zur Erfrischung unserer müden Füße!

Der **9 Naturlehrpfad Marktbachtal,** den wir abschließend auf der anderen Seite der Landshuter Straße jenseits des renaturierten Marktbachs erkunden können, bringt uns auf abwechslungsreiche Weise Wissenswertes über Pflanzen und Tiere nahe. Eine erlebnisreiche Tour findet so ihren inspirierenden Abschluss.

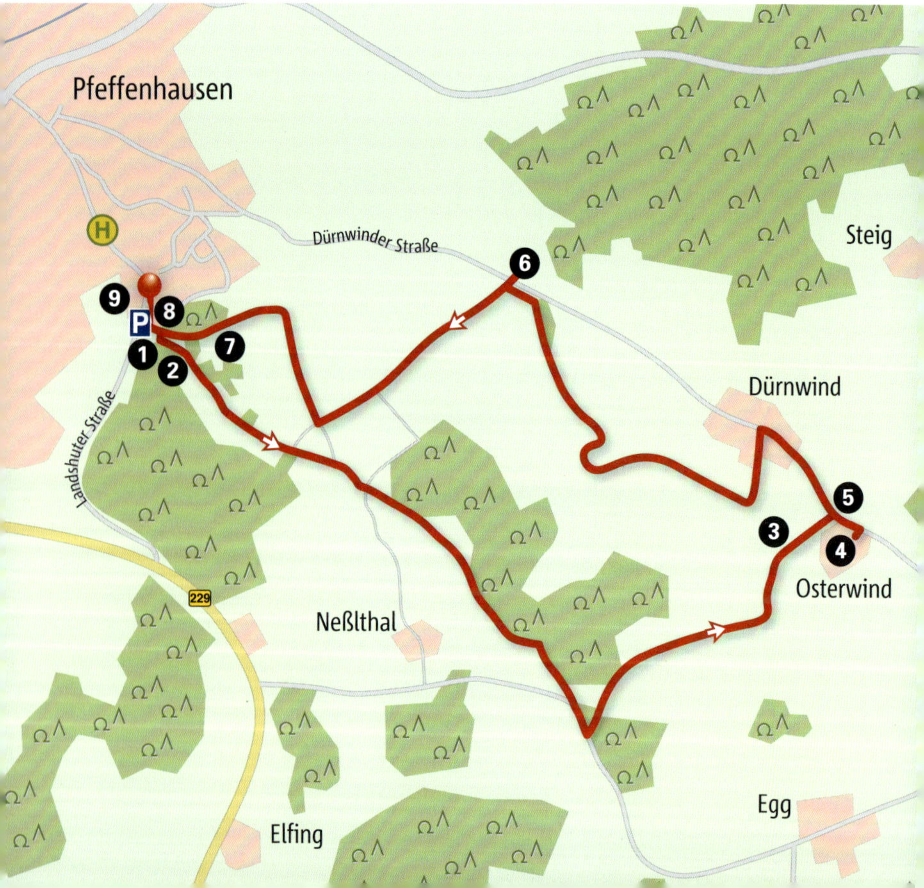

ALLES AUF EINEN BLICK

Entspannung ●●●●●
Abenteuer ●●●●○
Vielfalt ●●●●●

WIE & WANN

Grastreppe, Asphaltstraße und Schotterwege; ganzjährig reizvoll, besonders während der Hopfenernte können die Wege matschig sein.

HIN & WEG

Auto: Parkplatz am Friedhof, Kellerweg, 84076 Pfeffenhausen (GPS: 48.65900, 11.97107)
ÖPNV: Bahnhof Pfeffenhausen

ESSEN & ENTSPANNEN

4 **Naturlandhof Osterwind,** Osterwind 1, 84076 Pfeffenhausen/Osterwind, Tel. (0 87 82) 10 73, www.naturlandhof-osterwind.de

Abseits der Route empfehlenswert:
Landgasthof Pichlmeier, Neufahrner Straße 1, 84098 Hohenthann/Schmatzhausen, Tel. (0 87 81) 12 10, www.landgasthof-pichlmeier.de

ENTDECKEN & ERLEBEN

1 **Kreuzwegstationen**
2 **Wallfahrtskirche Zu Unserer Lieben Frau**
3 **Römerstraße**
5 **Humularium 1920**
6 **Kapelle**
7 **Stockbahn**
8 **Kneippanlage**
9 **Naturlehrpfad Marktbachtal**

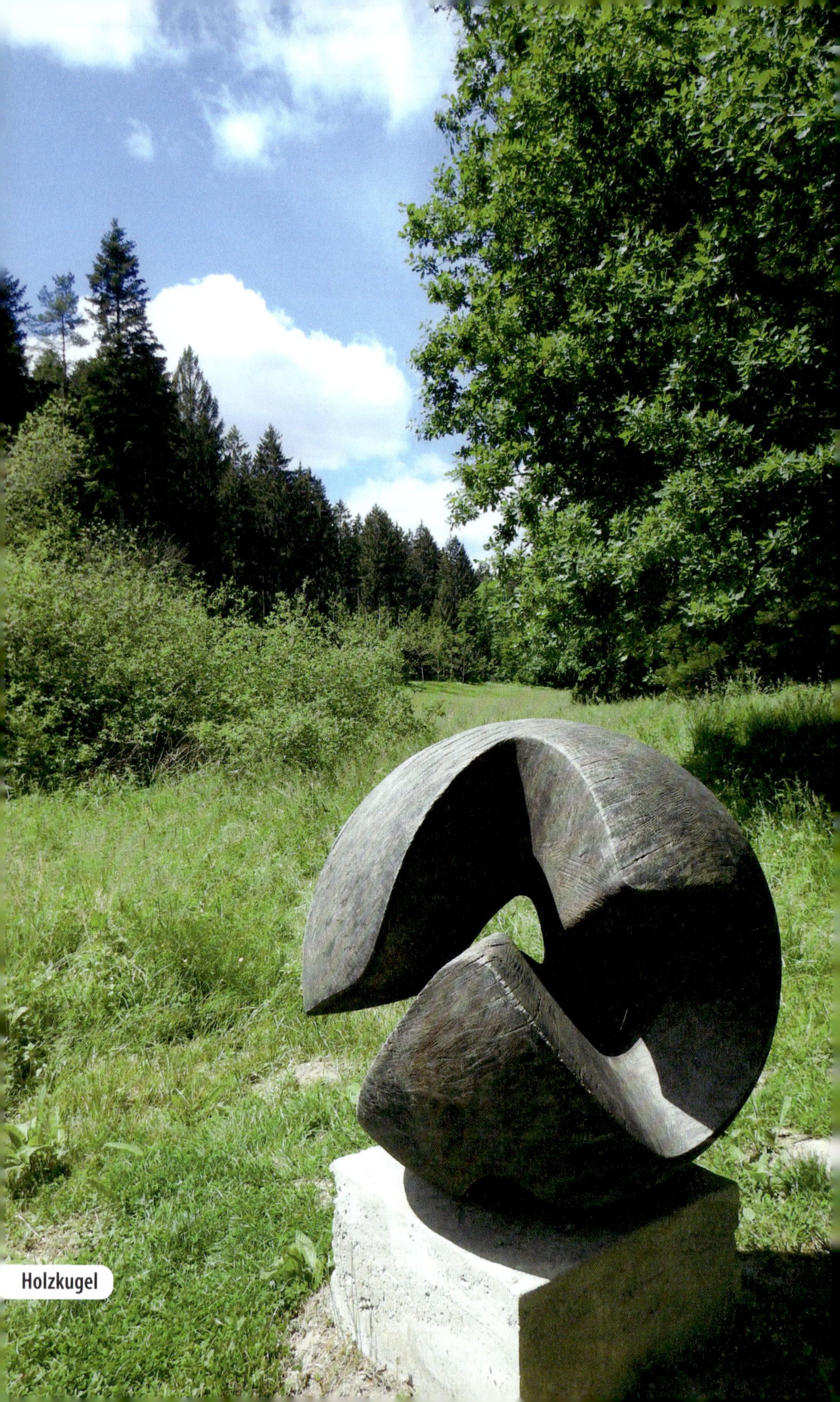

Holzkugel

Weltenbummler

Durch den Weltwald bei Freising

Im Bayerischen Landesarboretum bei **Weihenstephan** finden sich im Kranzberger Forst auf 100 Hektar über 400 unterschiedliche Baum- und Straucharten verschiedener Kontinente. Das verspricht ein ausgiebiges Tauchbad im Grünen.

Um das große Gebiet verteilen sich mehrere Parkmöglichkeiten. Wir wählen als Ausgangspunkt für unsere Erkundung den P1 an der Straße nach Allershausen. Hier weist ein Pfeil auf den Zugang zum **Weltwald.** Eine Steinstele mit stilisierten Zweigen am Wegesrand markiert den Eingang zu diesem einzigartigen Landschaftserlebnis. Schon nach wenigen Schritten entdecken wir links ein Riesenmammutbäumchen, das wir durch die davorstehende Tafel identifizieren können. Übrigens lassen sich mittels der Weltwald-App einzelne Bäume sogar direkt ansteuern.

Zunächst durchschreiten wir die breite, wiesenbunte Lichtung, an deren Ende wir einen Pavillon erkennen. Dort können wir uns mit den wichtigsten Informationen und einem Orientierungsfaltplan versorgen. Hier biegen wir nach links Richtung Mittel- und Ostasien ab und entdecken gleich die erste Skulptur, eine ❶ **Holzkugel.** Im Verlauf einiger Skulpturentage haben Künstler Werke geschaffen, deren Thematik mit der jeweiligen Umgebung korrespondiert und die seither die Besucher erfreuen. Diese Kugel stammt aus dem Jahr 2011 und gewährt dem Betrachter verschiedene Ein- und Durchblicke. An der nun folgenden Wegkreuzung steht die massive Holzbank „Eiche", gefertigt aus dem Stamm

*Noch früher als in Freising gab es eine Kirche in **Weihenstephan.** Heute beherbergt dieser Ort die bayerische Staatsbrauerei – die älteste der Welt –, die ehemals staatliche Molkerei und die Hochschule mit Studien rund um Landwirtschaft und Ernährung.*

Kilometer: 7,5
Höhenmeter: 73
Stunden: 3
RUNDWEG

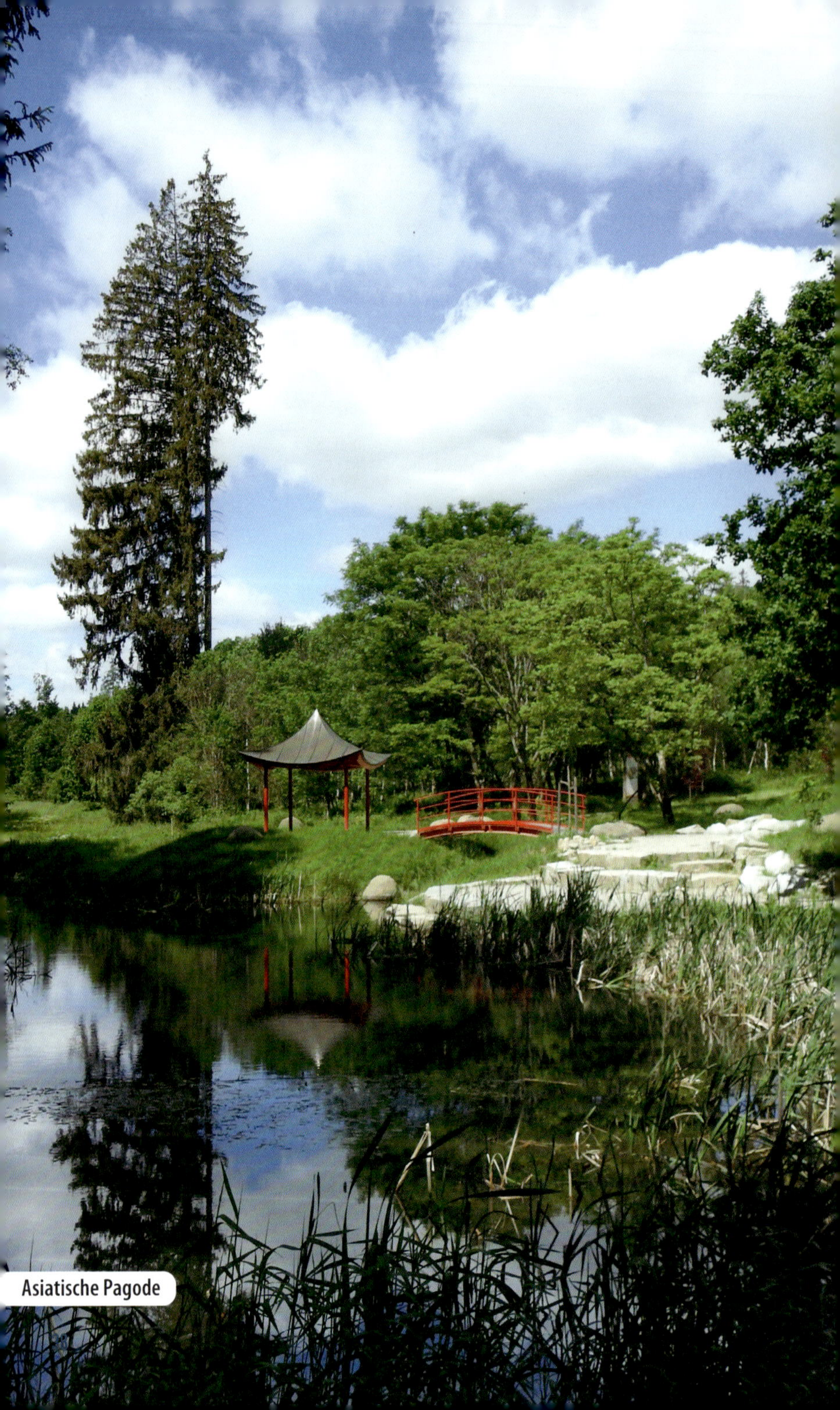

Asiatische Pagode

einer Douglasie, die hier im Kranzberger Forst gewachsen ist. An besonders schönen Stellen werden wir auf etliche solcher Ruheoasen treffen. Alle sind einer Baumart gewidmet, von der jeweils ein stattliches Exemplar in unmittelbarer Nähe wächst. Einige Meter hinter der Kreuzung lädt links das rote **Mondtor** in den Asien-Garten ein, wo die Harmonie der Elemente der bestimmende Grundgedanke ist. Im Hintergrund erregen eine ebenfalls rote **2 asiatische Pagode** und ein Brücklein unsere Aufmerksamkeit. Wir überschreiten dieses und erreichen ein romantisches Steinhalbrund, wo es sich angenehm am Wasser in der Sonne sitzen lässt. Warum nicht ein wenig die Seele baumeln lassen?

Für die Seele

Wir durchwandern drei Kontinente und begegnen in der freien Natur vielen Bekannten aus unserem Garten.

Kurz dahinter treffen wir auf die nächste Skulptur, die **Kois im Reisfeld,** die an die Arbeit fernöstlicher Reisbauern erinnern. Hier wenden wir uns nach rechts und am Ende dieses Weges wiederum nach rechts. Ein Wegweiser aus Rundhölzern, der wie ein Geländer an-

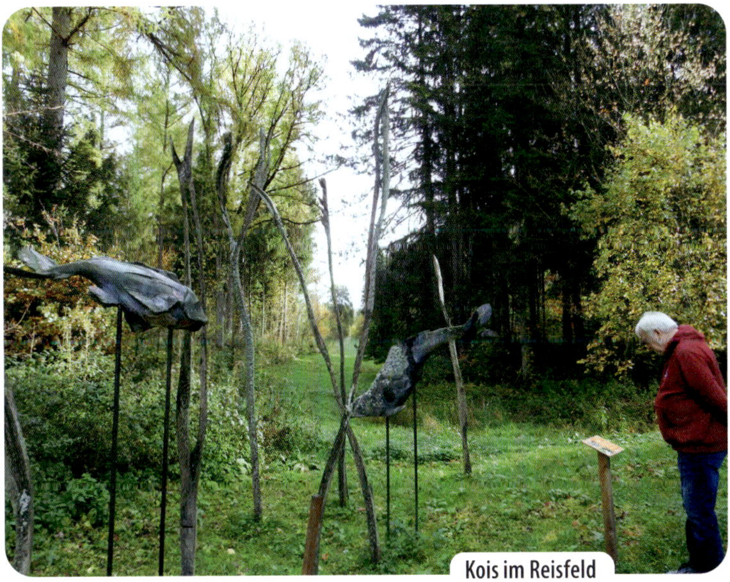

Kois im Reisfeld

mutet und mit **Mittel- & Ostasien** beschrieben ist, kennzeichnet die Stelle, an der unser Trampelpfad links ins Unterholz nach Korea und Amur führt. Duftiges, zartes Gras bedeckt den Waldboden und unser Blick sucht in den Zweigen über uns, ob dort nicht vielleicht die Schwanzspitze eines Tigers zuckt, so sehr nimmt uns das fernöstliche Flair der Umgebung gefangen. Wir durchwandern China und gelangen in den Himalaja. Dort queren wir eine Forststraße und kommen in die sibirischen Wälder mit vielen Birken. Glücklicherweise sind die Temperaturen mitteleuropäisch geblieben. Nach einem Rechtsbogen stoßen wir auf einen breiteren Weg und wenden uns hier nach links. Unterwegs über die Lichtung vorbei an der **Bank „Birke"** spazieren wir direkt auf der Grenze zweier Kontinente: Rechts geht der Blick nach Fernost und links beginnt mit Vorderasien der Übergang nach Europa.

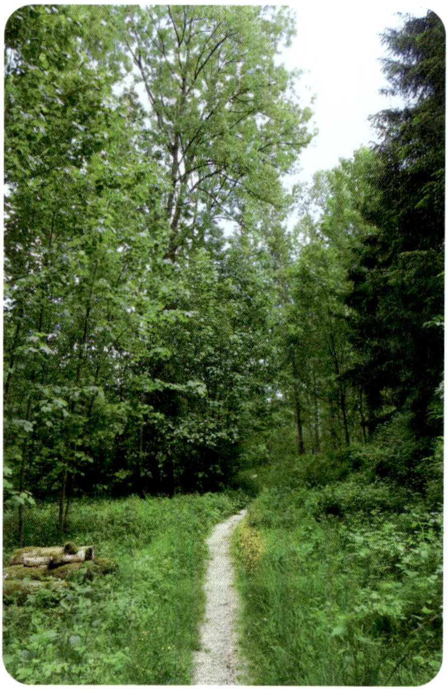

Am **3 Denkmal Mensch-Natur-Raum** wandern wir nach links und halten uns an der folgenden Weggabelung wieder links, um dann bei der nächsten Abzweigung nochmals nach links zu biegen. Die **Bank „Weide"** verrät uns, dass wir im Salicetum, der Ansammlung vieler unterschiedlicher Weidenarten, angekommen sind. Einige Trauerweiden lassen ihr Feengrün weit über den Weg hängen. Nun steigt das Gelände ein wenig an. An der Ulmenbank biegen wir zunächst links ab, nehmen gleich darauf den Pfad, der schräg rechts ins Unterholz strebt, und durchqueren eine interessante Sammlung unterschiedlicher Rosengewächse. Es wird uns bewusst, wie viele unserer Obstbäume – wie Apfel und Birne – auch dazugehö-

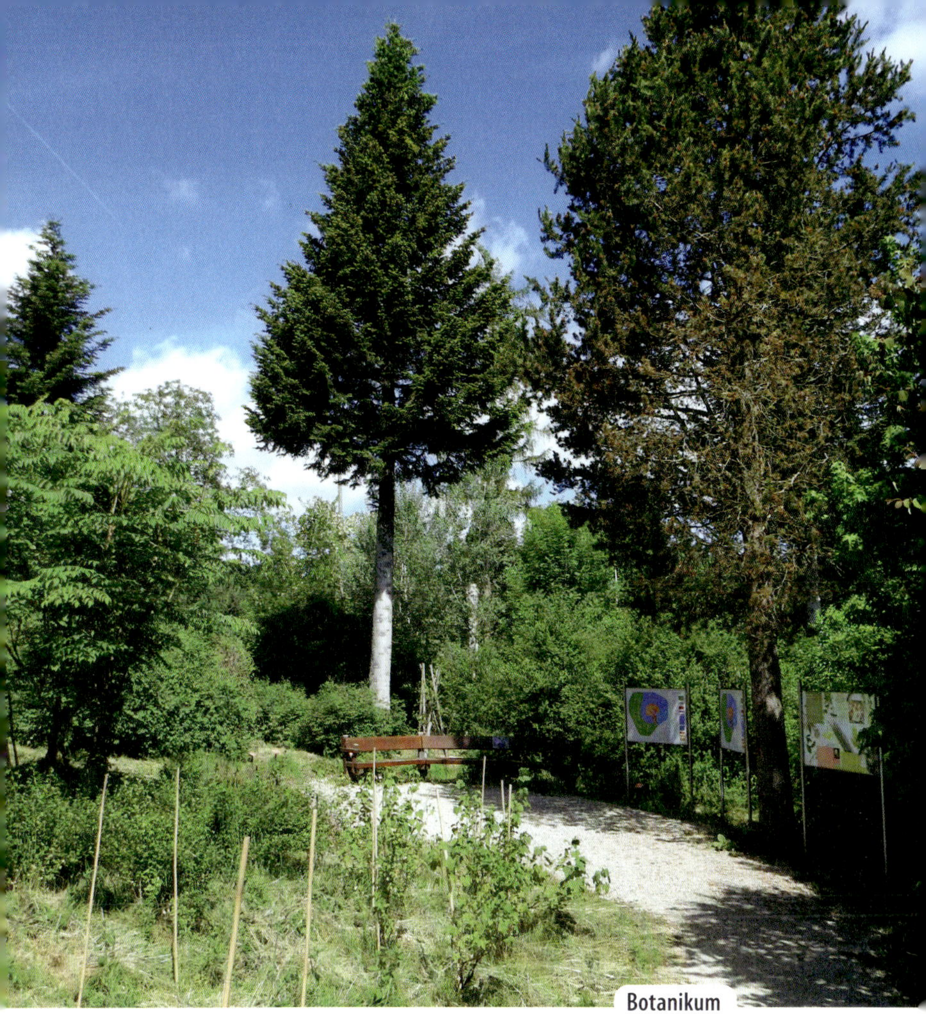

Botanikum

ren. Kurz streift der Rundholzweg wieder den Forstweg. An dieser Stelle können wir eine bayerische **4 Waldklimastation** erkunden. Hier werden die klimatischen Veränderungen und ihre Wechselwirkungen mit dem Wald erforscht.

Unser Weg führt sofort wieder nach rechts ins Gehölz bis zur Infotafel über Südwesteuropa. Dort halten wir uns links, queren die anschließende Straße bei der **Europa-Skulptur** und kommen in ein Stück des ursprünglichen Waldes, wo sich mächtige Stämme gen Himmel erheben und uns im Laubschatten wie Zwerge wirken lassen. An der Südosteuropa-Tafel geht es links,

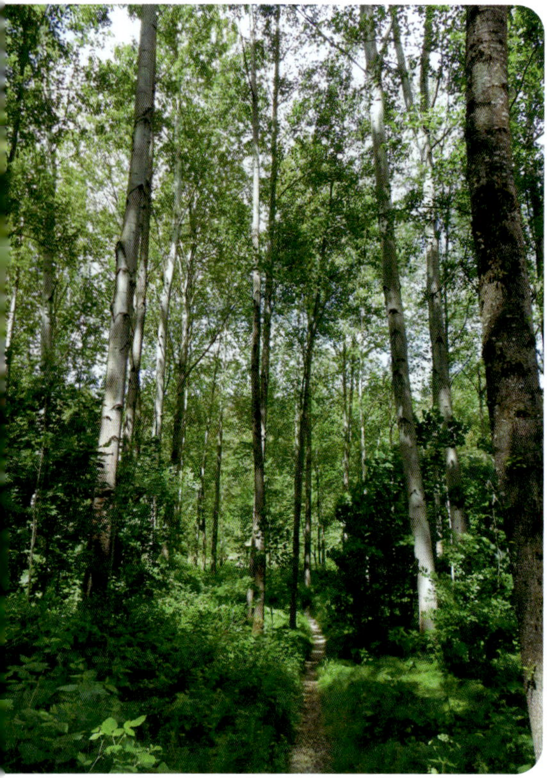

bei nächster Gelegenheit wieder links den Berg hinunter und an der Erlenbank schließlich mit dem Rundholzweg Europa & Vorderasien nach rechts in die lichte und fröhliche Sammlung unterschiedlicher ❺ **Pappelarten** mit teilweise seltsamen Namen wie Intersektionelle Hybridpappel. Nachdem wir eine Forststraße gequert haben, ändert sich der Waldcharakter schlagartig. Die vielen Fichten lassen kaum Sonnenstrahlen hindurch und ihre Nadeln haben den Boden gegen Bodengewächse abgedichtet. Es duftet nach Harz und knackt geheimnisvoll unter unseren Fußsohlen. Am Ende dieses Pfades biegen wir nach rechts und anschließend gleich wieder nach links ab. Richtung Nordeuropa steigt der Weg nochmals an und geht nach links in eine Forststraße über. Zwischen vielen unterschiedlichen Fichten, Kiefern und Tannen erreichen wir den höchsten Punkt des Weltwalds auf über 500 Metern. Hier wurde der Europa-Garten in Form einer sternförmigen Erdhügelburg aus Weiden und Stechpalmen angelegt.

Geradeaus stoßen wir auf das „Denk Mal!“. Es erinnert an das einstige Dorf Oberberghausen, das vor über 100 Jahren an dieser Stelle stand und einer Aufforstung weichen musste. Wir biegen nach links und machen gleich darauf einen lohnenden Abstecher in das ❻ **Botanikum,** das Herzstück des Parks. Hier werden die Bäume nicht nach Herkunft, sondern nach ihren Familien gepflanzt. Nun können wir die Pracht entweder von der Bank aus genießen oder den schneckenförmigen Pfaden entlang die einzelnen Gehölze besuchen. Anschließend kehren wir auf den Wanderweg zurück und folgen ihm ein kleines Stück, bis uns ein Weg nach rechts zum letzten Überbleibsel des ehemaligen Dorfes, der kleinen **7 Kirche St. Clemens,** bringt. Eine Vielzahl von Bänken veranlasst uns, unsere Verpflegung auszupacken. Es ist der ideale Platz für ein romantisches Picknick im Grünen.

Ein Rundgang über den verwunschen wirkenden Friedhof und einen Blick durch das Guckfenster ins Kircheninnere sind ein Muss. Dann setzen wir unseren Weg fort, kehren auf den Wanderweg zurück, halten uns an der unmittelbar rechts von uns liegenden Gabelung links und verschwinden dann geradeaus im Unterholz mit dem Rundholzwegweiser nach Nordamerika-Ost. An dessen Ende biegen wir in den Waldwiesenweg nach links und bleiben nun so lange auf dem ausgewiesenen **Nordamerika-Trail,** bis wir an der Bank „Fichte“ auf eine Lichtung stoßen. Dabei überqueren wir zwei breitere Straßen. Wir fühlen uns wie Waldmenschen auf ihrem Schleichpfad und würden uns nicht wundern, wenn uns aus dem Dickicht plötzlich ein Elch mit gewaltigen Schaufeln anblicken würde, dem das saftige Grün tropfend aus dem Maul hängt.

Wir wenden uns auf der breiteren Schotterstraße nach rechts entlang der Lichtung. Der Rund holzweg, der kurz darauf nach links abzweigt, bringt uns in einen traumhaft lichten Trompeten-

*Die **Kirche St. Clemens** hat eine über 1000-jährige Geschichte. Ihr idyllisch eingewachsener Friedhof mit schmiedeeisernen Grabkreuzen erinnert an die früheren Dorfbewohner. Besonders stimmungsvoll ist es hier zu Weihnachten, wenn alles mit Kerzen erhellt ist.*

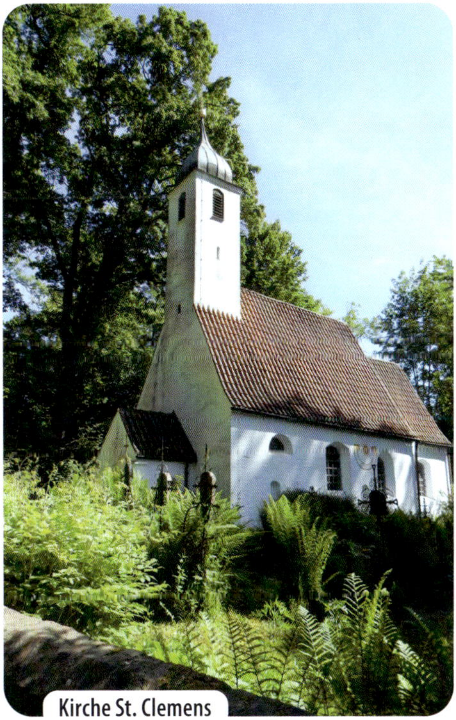

Kirche St. Clemens

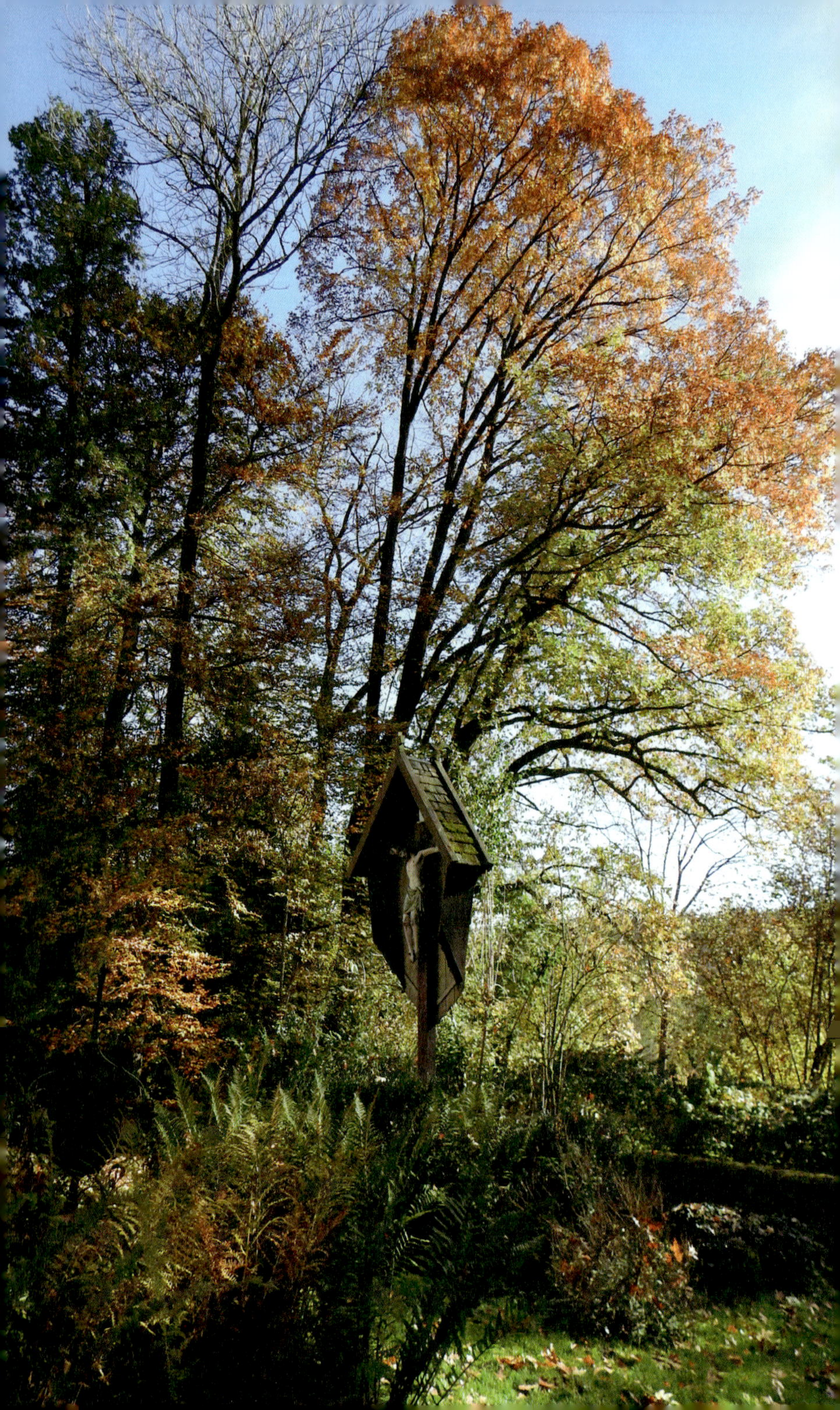

baumhain, der von einer Schwarznussanpflanzung abgelöst wird. In einer Rechtskurve kehren wir auf den Schotterweg zurück, wo wir uns links halten. Nun erreichen wir den mit Seerosen bewachsenen **8 Eisweiher,** folgen dem Radweg nach rechts über den Parkplatz P2 und verlassen diesen an der dritten Möglichkeit, also hinter dem dortigen Zuckerahornpavillon, nach rechts leicht bergan. Hinter einer Linkskurve treffen wir bei den stilisierten Riesen-Ahornsamen auf den nächsten Themenpfad und verlassen den Hauptweg nach links. Die bunte Vielfalt und der Abwechslungsreichtum in der Vegetation begeistern uns immer wieder aufs Neue. Hier wachsen Thujen als riesige Bäume frei in den Himmel, die wir als gestutzte Hecken aus dem Garten kennen. Nach etlichen Schlangenlinien stoßen wir auf den Radweg, wenden uns nach rechts und gleich darauf an der breiten Kreuzung nach links. Diese Straße bringt uns an mehreren **Mammutbäumen** mit ihrer markanten Zuckertütenform vorbei wieder zurück zu der Lichtung, an deren Ende links unser Auto auf uns wartet.

Und weil wir jetzt auf den botanischen Geschmack gekommen sind, nutzen wir die Gelegenheit, dass in

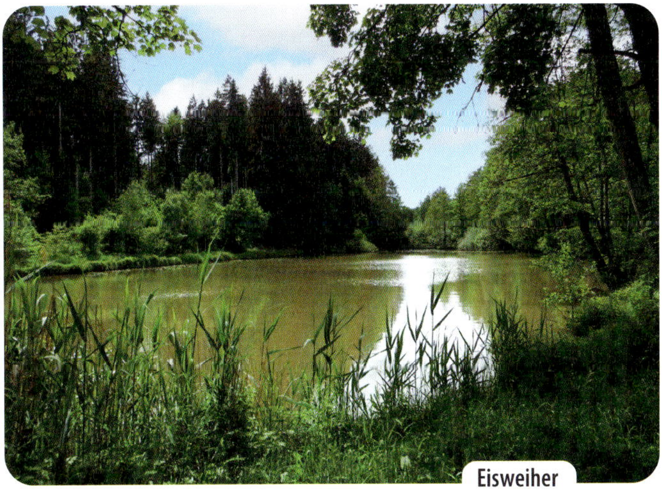

Eisweiher

Weihenstephan in einer Vielzahl unterschiedlicher Gartenanlagen die Bedingungen für das Wohl und Gedeihen von Pflanzen unter unterschiedlichen Bedingungen untersucht und der Öffentlichkeit zugänglich gemacht wird. So gibt es den Hofgarten mit seinem atemberaubenden Ausblick bis in die Alpen, den Sichtungsgarten, in dem das Wachstum verschiedener Pflanzen miteinander gesichtet wird, das Arboretum, in dem Obstbaumarten gedeihen, und den Kleingarten, der ideale Bedingungen für Privatgärten untersucht. Alle diese Anpflanzungen liegen in Gehweite voneinander – eine kaum auszuschlagende Einladung für jeden Pflanzenfreund.

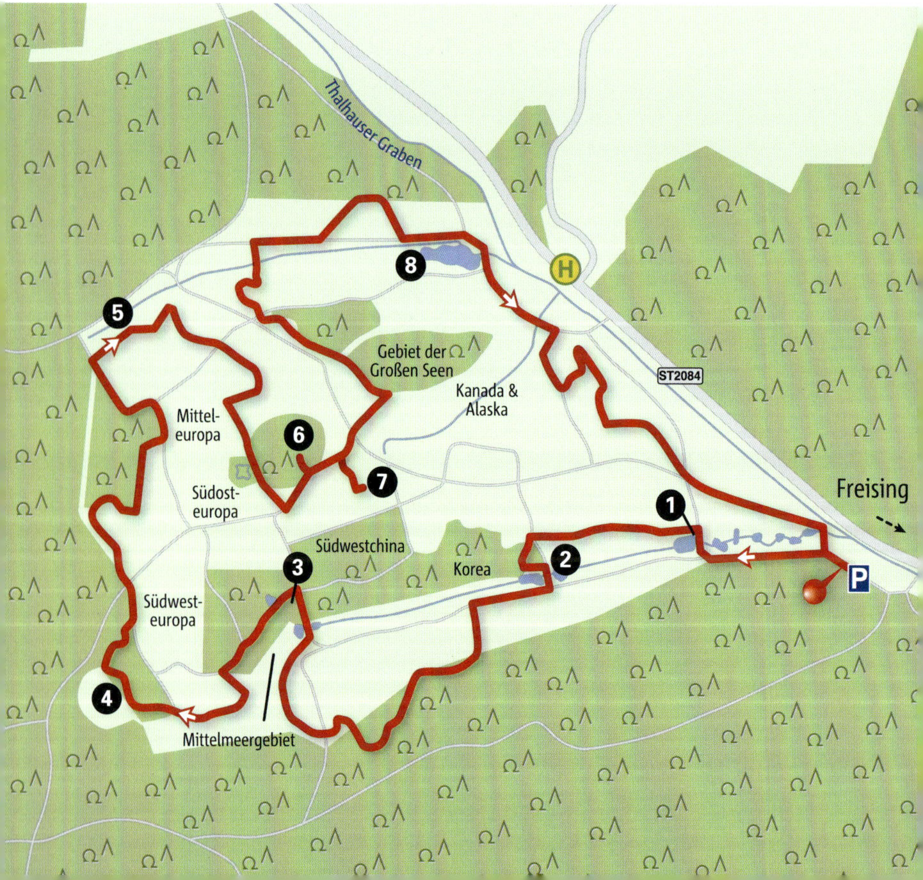

ALLES AUF EINEN BLICK

Entspannung

Abenteuer

Vielfalt

WIE & WANN

Schotter- und Waldwege; ganzjährig möglich, an Wochenenden möglicherweise stärker frequentiert.

HIN & WEG

Auto: Weltwald Freising P1 an der Staatsstraße 2084, 85402 Kranzberg (GPS: 48.41229, 11.67983)

ÖPNV: Haltestelle Ampertshausen, Abzweigung

ESSEN & ENTSPANNEN

Bitte an Rucksackverpflegung denken.

ENTDECKEN & ERLEBEN

1. **Holzkugel**
2. **Asiatische Pagode und Kois im Reisfeld**
3. **Denkmal Mensch-Natur-Raum**
4. **Waldklimastation**
5. **Pappelwald (Populetum)**
6. **Botanikum**
7. **Kirche St. Clemens**
8. **Eisweiher**

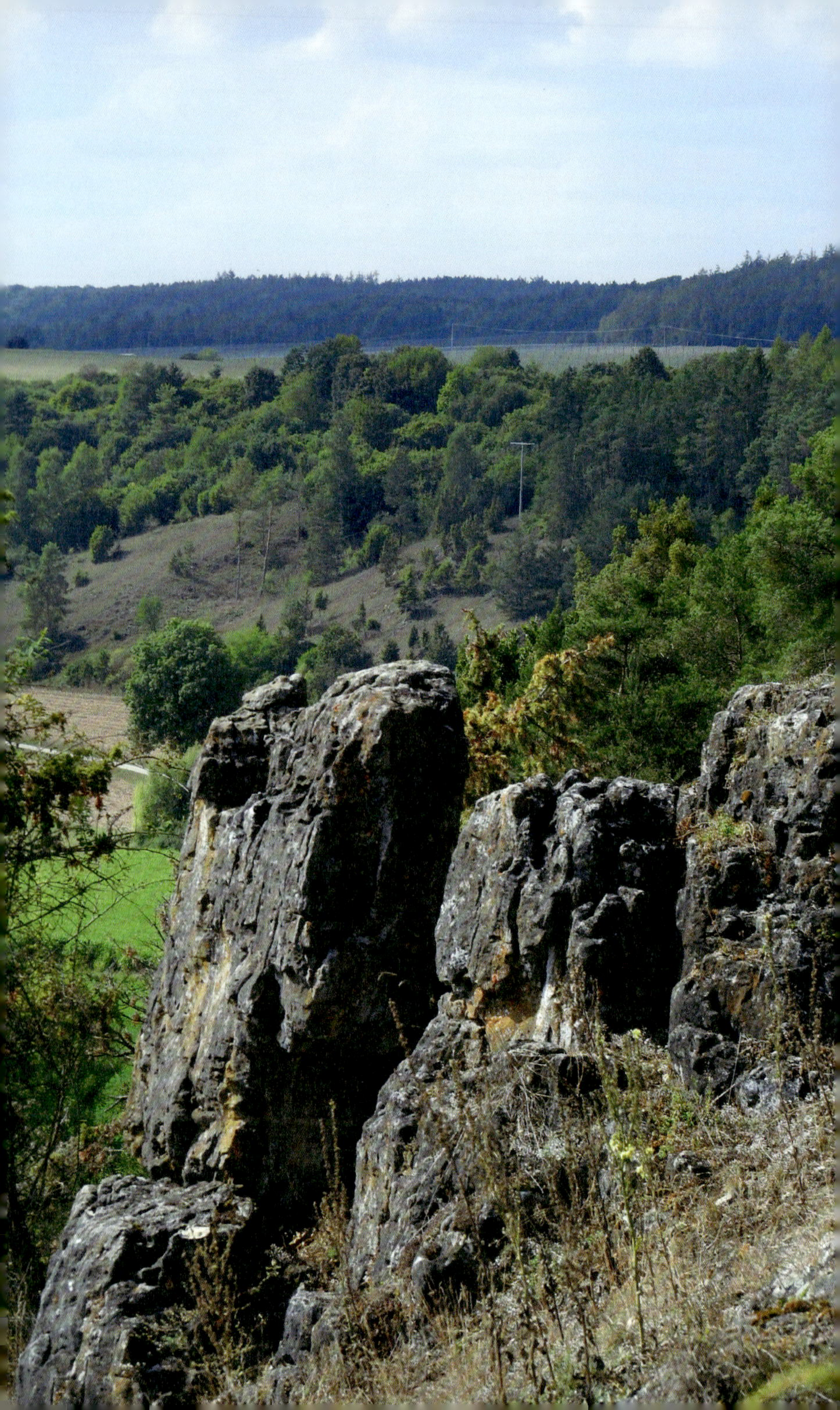

Hoch hinaus

Rund um Altmannstein

Altmannstein, der nördlichste Siegelbezirk der Hallertau, grenzt direkt an den bayerischen Jura. Hier lässt es sich gut zwischen Felsen und Trockenrasen wandern und die bunte Vielfalt der Natur bewundern. Wir starten an der **Hanfstinglmühle.** Früher war die Hanfverarbeitung ein wichtiger Erwerbszweig in der Gegend, wenn aus den Stängeln wertvolle Fasern gewonnen wurden.

Der erste Teil unseres Weges war damals der Damm für die kleine Bimmelbahn von Ingolstadt nach Riedenburg. Heute hat er als Rad- und Wanderweg eine neue Bestimmung erhalten. An den Kilometersteinen am rechten Rand können wir noch heute die Entfernung bis nach Ingolstadt ablesen. Wir überwinden das Flüsschen Schambach bachaufwärts in Richtung Altmannstein. Über 1 Kilometer genießen wir die Bahntrasse durch das liebliche Tal, das rechts von Jurafelsen begrenzt ist, zu unserer Linken sich aber fruchtbar mit Hopfen- und anderen Feldern präsentiert. Dann erheben sich nach einer lang gezogenen Linkskurve rechts von uns die blanken Felsen. Hier überquert ein kleiner **Trampelpfad,** der mit der Ziffer 2 markiert ist, nach links die Wiese und führt uns über eine Holzbrücke zur vielbefahrenen Straße.

Nach deren Überquerung geleitet uns eine Treppe auf den schmalen Waldpfad, dem wir nach rechts folgen. Wir erreichen einen Parkplatz mit Picknickgelegenheit und erblicken links ein buntes Feldkreuz, vor dem unser Aufstieg (Wanderweg Nummer 2) zwischen

Kilometer: 16
Höhenmeter: 230
Stunden: 5,5
RUNDWEG

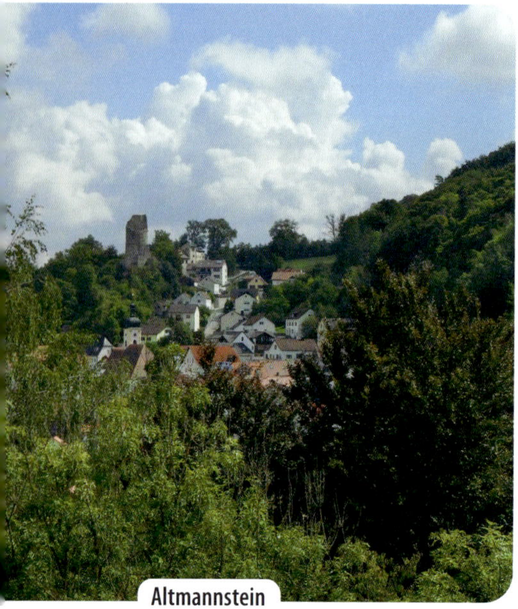

Altmannstein

den Felsen beginnt. Nach einer scharfen Rechtskurve verlassen wir das Baumdach und betreten den ❶ **Trockenrasen am Kreutberg.** Diese für den Jura typische Landschaftsform entsteht durch den steten Verbiss von Schafen, die gerne saftige Kräuter und zartes Grün fressen, aber die stacheligen Wacholderbüsche verschmähen. So bleibt ein einzigartiger Lebensraum für viele seltene Tiere und Pflanzen erhalten. Im Frühling ist der Abhang lila gefärbt von zahllosen Küchenschellen, um dann von rosafarbenem Thymian, gelben Sonnenröschen und tiefblauem Günsel abgelöst zu werden, die von Dutzenden Schmetterlings- und Libellenarten umschwärmt werden – welch eine Farb- und Duftexplosion in Mutter Naturs Steingarten, begleitet vom Zirpen der Grillen und dem Gesang zarter Vogelkehlen.

Dann empfangen uns Kiefern in ihrem Schatten. Eine Bank am Wegesrand lädt zu einer Genusspause ein, bevor wir weiter zum Schotterweg absteigen, dem wir nach links aufwärts folgen und dabei den Pfad Nummer 2 verlassen. Kurz darauf mündet diese Feldstraße in eine weitere. Hier halten wir uns rechts. Nun haben wir einen weiten Blick über die Jurahochfläche bis nach Ingolstadt.

Wir gehen geradewegs auf den Kirchturm von **Hagenhill** zu und stoßen auf ein Feld, an dem wir nach rechts abbiegen. Die nächste Gelegenheit nutzen wir zu einer Linksbiegung, um dann nach knapp 500 Metern mit dem **Limesweg** nach rechts zu wandern. Beim Kruzifix, das von einem alten Kirschbaum beschattet wird, haben wir die Möglichkeit zu einem kulinarischen Ab-

*Die Römer sicherten ihr Reich mit dem **Limes.** Er zog sich über 500 Kilometer hin und erreichte bis zu 5 Metern Höhe. Am Ende der Römerzeit vergaß man seine Funktion und dachte, dass bei diesem Bauwerk nur der Teufel seine Hand im Spiel gehabt haben konnte.*

stecher nach links zum ❷ **Landgasthof Wild.** Ansonsten bleiben wir geradeaus und biegen erst am folgenden Waldrand nach links. Kurz vor den ersten Gebäuden wenden wir uns wieder nach rechts und passieren an den Zäunen entlang eine kleine Marienkapelle. Dann stoßen wir auf die Kreisstraße, die wir queren. Nachdem wir uns hier an Tafeln über den römischen Limes informiert haben, gehen wir geradeaus mitten durch die Felder. Unser geschotterter Wirtschaftsweg macht einen Links-rechts-Schwenk und nun halten wir direkt auf eine kleine Erhebung im Boden zu. In diesem Feldrain erkennen wir die ❸ **Überreste des römischen Limes,** der ehemaligen Grenze zum germanischen Reich.

Für die Seele

Wir erkunden das Geheimnis des Jurameers und lassen uns von der Natur in all ihren Farben verzaubern.

Hier wenden wir uns nach links, tauchen mit dem Limesweg in den Wald und folgen dieser Bezeichnung so lange nach rechts, bis der Pfeil mit dem Wachturm wieder hoch an den Waldrand führt. An dieser Stelle bleiben wir auf dem linken **Talweg,** der nun auf beiden Seiten mit bewaldeten Hängen begrenzt wird. Die weißen Blüten des aromatischen Waldmeisters bilden ein wahres Feuerwerk aus Sternen im saftigen Frühlingsgrün. Unser Weg mündet nach 600 Metern in eine Forststraße, in die wir nach rechts schwenken und nun an einer Lichtung der Verkehrsader nahekommen. Kurz bevor wir sie erreichen, zweigt ein schmaler Steig, bezeichnet mit der Nummer 1, nach rechts und windet sich wieder in die Höhe. Etliche Ruhebänke laden zur Rast ein. Die Kalkfelsen, die unseren Weg säumen, sind mit samtigem Moos überzogen und regen unsere Fantasie an: Ist das nicht eine wohlgenährte Robbe, die dort auf dem Weg liegt? Schließlich klettern wir, nun mit einem Geländer gesi-

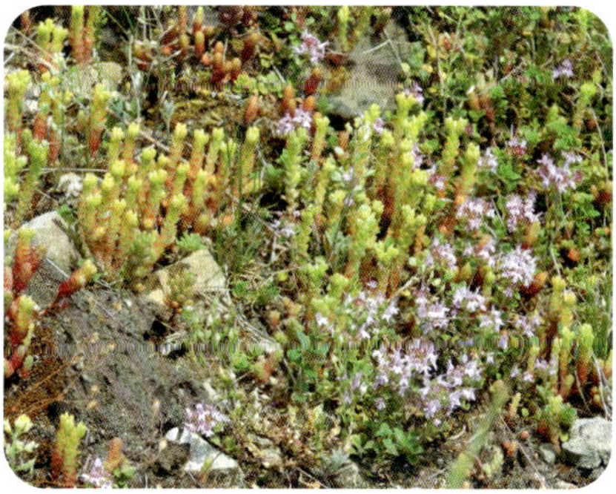

*Vor 200 Millionen Jahren lag diese Gegend auf dem Grund des tropischen **Jurameers,** dessen Korallenriffe wir heute als beeindruckende Felsformationen erkennen können. An einigen Stellen kann man sogar versteinerte Meeresbewohner entdecken.*

chert, mitten durch die Felsen. Das Kruzifix über uns bemerken wir kaum, ist es doch von grünem Laub umkränzt. Wie Riesenspielzeug liegen die Steinbrocken herum. Die Felsformation dahinter, die aus den Korallenriffen des alten **Jurameeres** entstanden ist, heißt im Volksmund **4 12 Apostel.**

Nun mündet unser Steig in einen Parkplatz. Wir wenden uns nach links, überqueren ein Brücklein und legen eine kurze Gedenkpause am schmiedeeisernen *Marterl* ein, bevor wir aufmerksam die Straße nach rechts überqueren. Vor dem ummauerten Grundstück biegen wir nach links und folgen der Grundstücksgrenze. Der Pfad Nummer 5 geleitet uns an Aussichtsbänken vorbei auf den **5 Galgenberg –** ein Naturdenkmal, auf dem besondere Libellen wie der zarte Schmetterlingshaft eine Heimat gefunden haben. Ein Kreuz bezeichnet den Gipfel und wir biegen nach rechts. Die hölzerne Berghütte lädt zur Rast mit grandioser Aussicht. Hier packen wir unsere Brotzeit aus, denn mit diesem Ausblick zur **Burg** schmeckt sie doppelt so gut.

Gesättigt setzen wir an der Hütte den Weg über den liebevoll mit Jurasteinen ummauerten Grillplatz fort und folgen der Zufahrt geradeaus bis zur Asphalt-

Auf dem Galgenberg

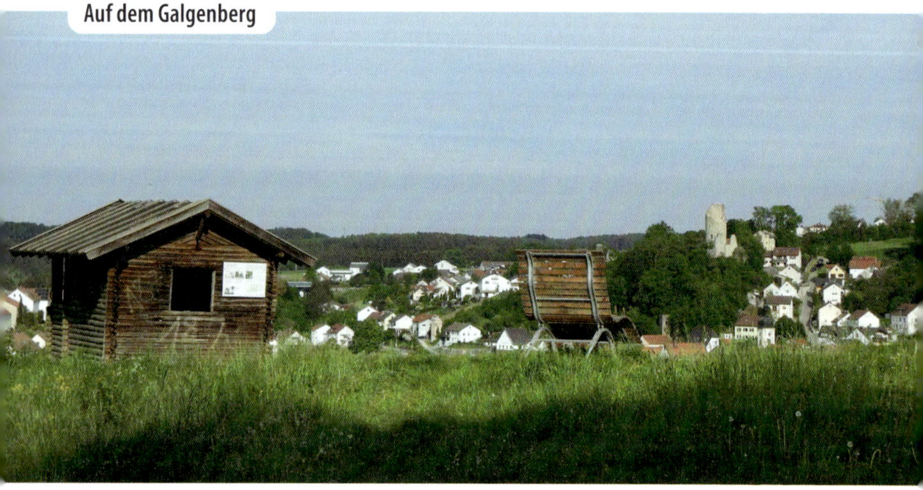

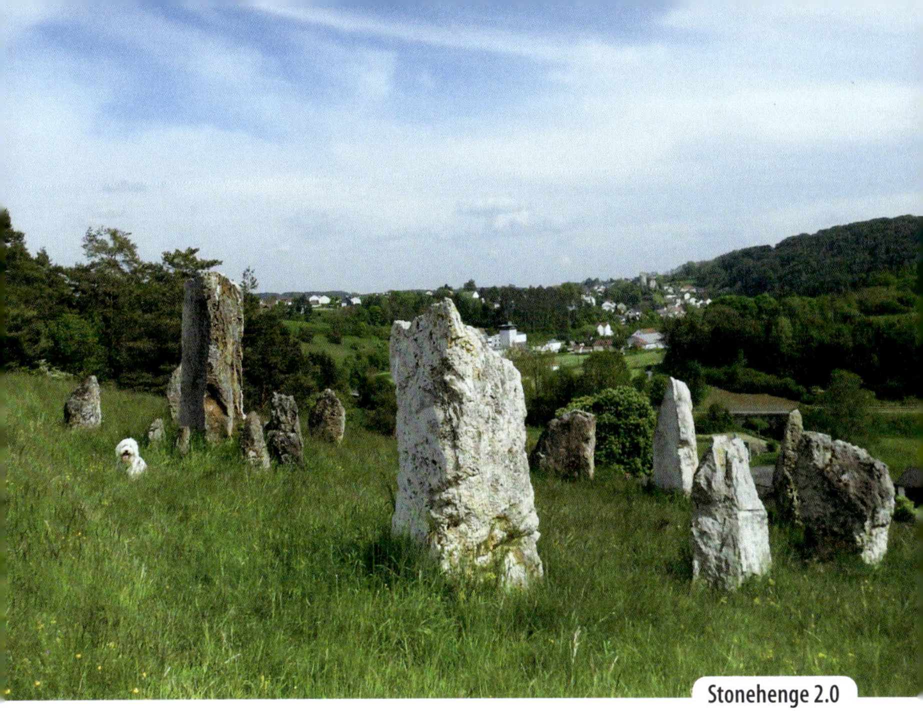

straße, in die wir nach rechts abbiegen. Sie bringt uns in einer weiten Linkskurve bergab nach **Sollern,** wo wir knapp vor dem Ortsschild nach rechts auf den ehemaligen Bahndamm einbiegen. Trockenen Fußes bringt er uns über die Schambach. Auf der anderen Talseite verlassen wir diesen Weg an einer Bank nach links und halten uns an der Ortsstraße weiter nach links, um hinter dem Wanderparkplatz mit der 4 nach rechts ins **Steinertal** abzubiegen. Am Ende des Feldes zu unserer Linken lohnt sich ein Abstecher (Pfad Nummer 4) nach links. Nach dem Gehölz treffen wir auf Stonehenge 2.0, einen modernen **6 Steinkreis,** der aus unterschiedlichen einheimischen Fundfelsen errichtet wurde. Eine Tafel klärt über die Intention des Erbauers auf. Wir genießen die verschiedenen Ansichten und den Ausblick über das Tal bis nach Altmannstein. Anschließend kehren wir zur Abbiegestelle zurück, um den zuvor eingeschlagenen Weg fortzusetzen. Sanft bergauf durchwandern wir eine grüne Lichtung. Schmetterlinge schweben um uns herum und landen zu unseren Füßen, sodass wir ihre herrlich schillernde

Obwohl die ***mittelalterliche Burg*** *im Dreißigjährigen Krieg zerstört wurde, ist sie heute wieder bewohnt. In ihren weitläufigen Anlagen hat der Künstler Werner Engelmann eine sehenswerte Freiluftkunstausstellung, den Kult-Ur-Hang, errichtet.*

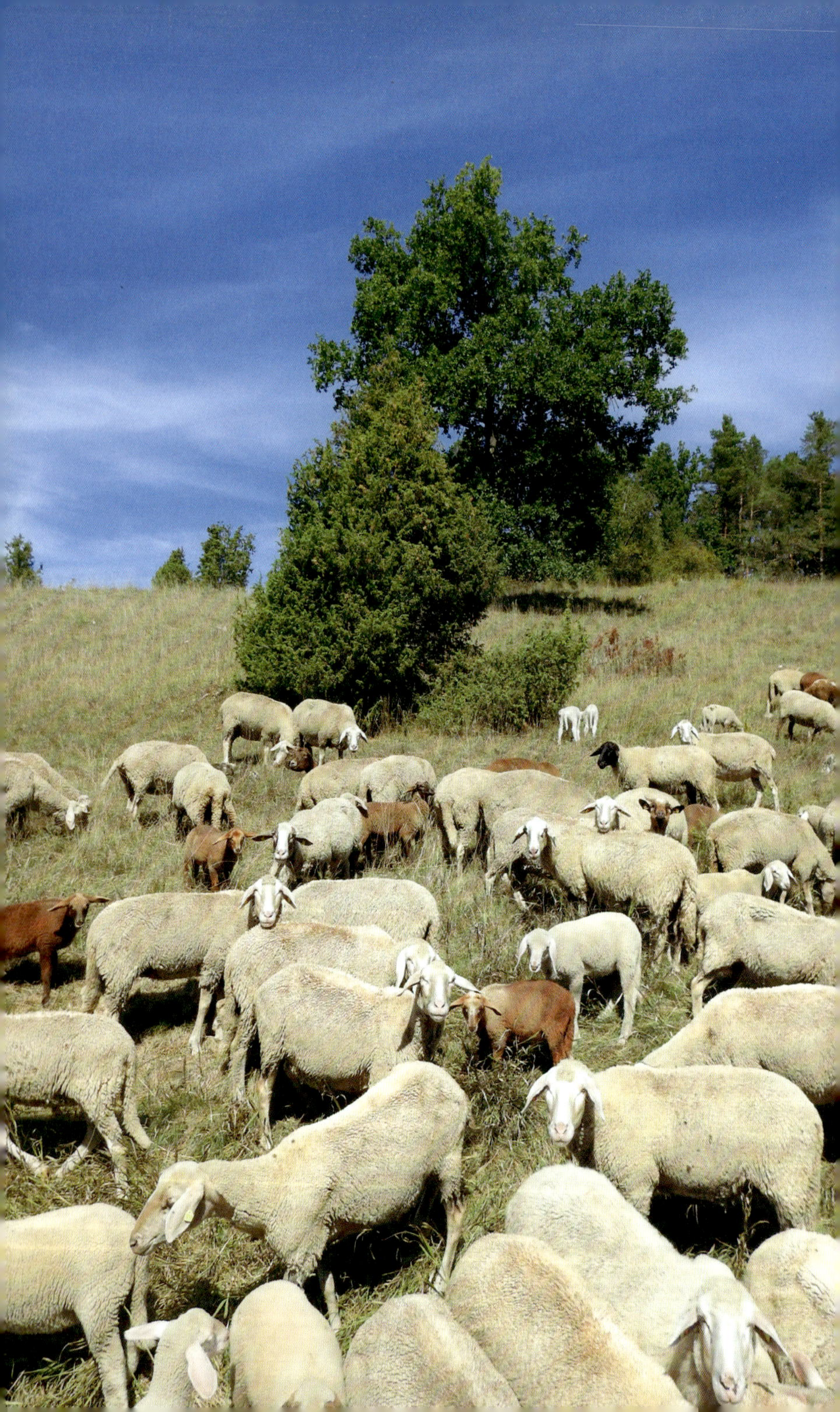

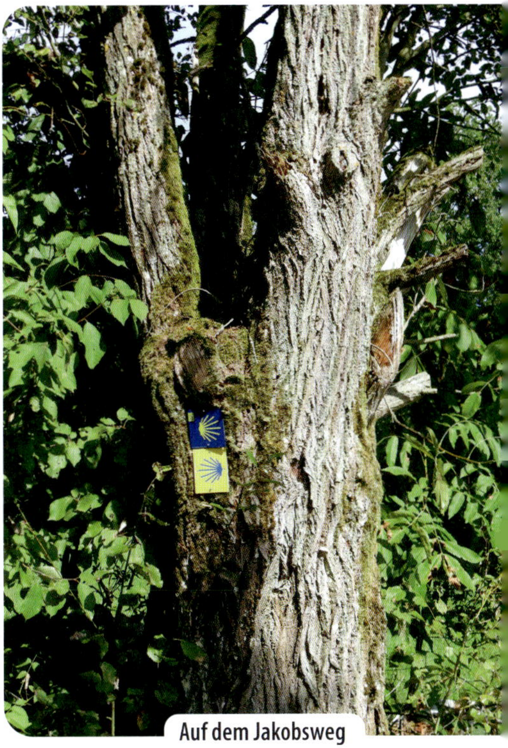

Auf dem Jakobsweg

Flügelzeichnungen bewundern können. Nach gut 2 Kilometern mündet unser Schotterweg in einen asphaltierten Wirtschaftsweg, in den wir nach rechts schwenken. Hier nimmt die Steigung deutlich zu. Auch dieser Weg endet in einer Querstraße, in die wir nach links einbiegen. Kurz vor dem Ende dieses Feldwegs zweigt ein weiterer scharf nach rechts ab. Er taucht nach den Äckern in den Wald ein. Hier haben wir den **höchsten Punkt** erreicht – ab jetzt geht es nur noch sanft bergab. Dazu vertrauen wir uns ganz der Führung dieses Weges an, der uns durch unterschiedliche Waldformen hindurch geleitet – mal ein dunkler, recht monoton wirkender Nadelwald mit hohen, astlosen Stämmen, mal ein fröhlich bunter Mischwald mit vielen verschiedenen Pflanzen im Unterholz.

Dort, wo wir den Waldrand erreichen und aus dem kühlen Schatten treten, eröffnet sich uns ein weiter Blick über Hopfengärten und Felder. Wir halten uns rechts am Waldrand entlang, bleiben dann auf diesem Hauptweg und wandern auf eine Baumgruppe zu, aus denen uns in den Blättern versteckt ein orangefarbener **„Pop-Art-Jesus“** entgegenleuchtet. An dieser Stelle verlassen wir den abknickenden Hauptweg und bleiben geradeaus am Hopfengarten. An dessen Ende folgen wir dem Feld nach links, bis wir auf einen Querweg stoßen, der uns rechts zu einem Wanderparkplatz bringt. Hier informiert uns eine Tafel über verschiedene Wandermöglichkeiten. Wir überqueren die Asphaltstraße und folgen dem **7 Wacholdertal** abwärts,

*Der Sohn eines Altmannsteiner Bürgermeisters machte als Künstler Karriere und schuf beispielsweise die Ausstattung der Klosterkirche in Weyarn. Seiner Heimatgemeinde stiftete **Ignaz Günther** ein wertvolles Kruzifix.*

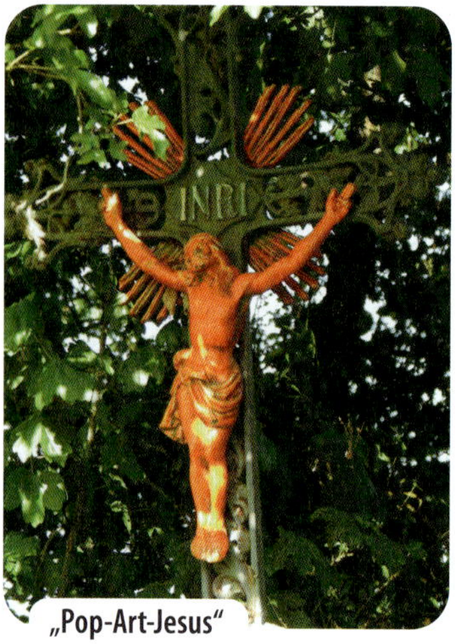

„Pop-Art-Jesus"

bis wir die **Hanfstinglmühle** erreichen, hinter der unser Auto auf uns wartet.

Diese abwechslungsreiche Tour hat uns hungrig gemacht und wir fahren mit dem Auto zum **8 Gasthof Neumayer** in Altmannstein, einem traditionellen Dorfwirtshaus, in dem in der Gaststube noch der Kachelofen steht. Ein Besuch der benachbarten **9 Heilig-Kreuz-Kirche** bildet einen würdigen Abschluss des Ausflugs, beherbergt das Gotteshaus doch einen besonderen Schatz: ein Holzkreuz des bekannten Rokokobildhauers **Ignaz Günther.**

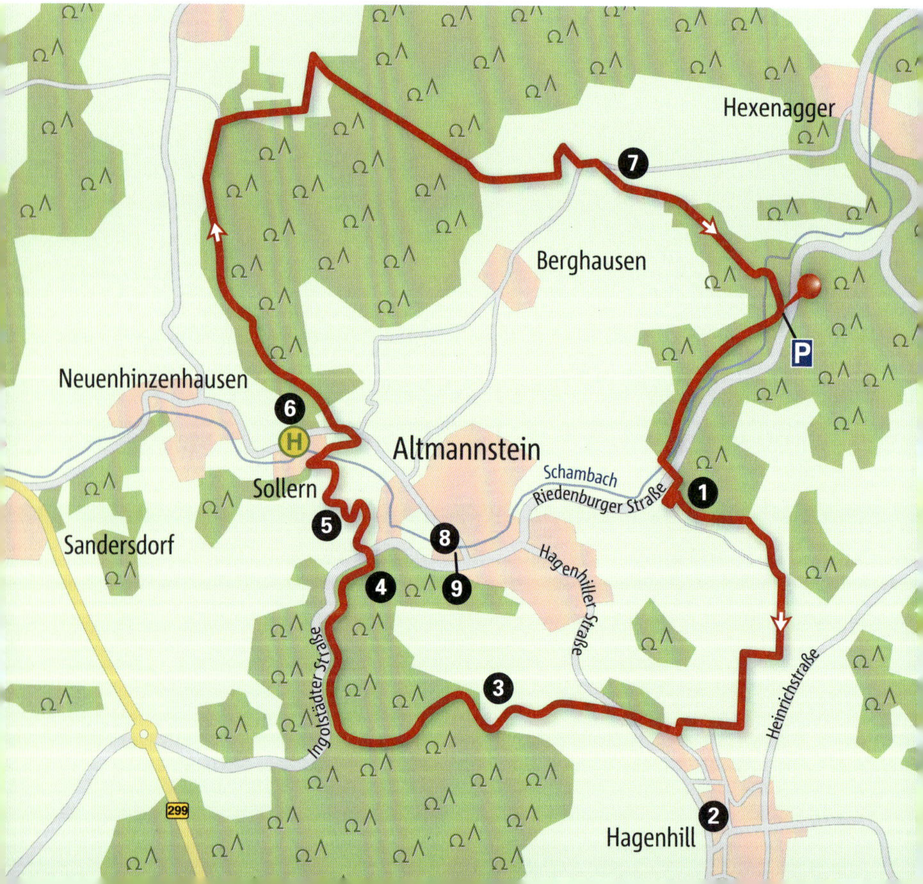

ALLES AUF EINEN BLICK

Entspannung 3/5
Abenteuer 5/5
Vielfalt 5/5

WIE & WANN

Asphalt-, Schotter-, Wald- und Feldwege, Jurasteig; zu jeder Jahreszeit möglich, Wanderstöcke empfehlenswert.

HIN & WEG

Auto: Parkplatz an der Hanfstinglmühle, 93336 Altmannstein
(GPS: 48.90997, 11.67709)
ÖPNV: Haltestelle Altmannstein, Sollern; hier Einstieg in die Wanderung

ESSEN & ENTSPANNEN

2 **Landgasthof Wild,** Ottostraße 1, 93336 Altmannstein/Hagenhill, Tel. (0 94 46) 5 73, www.landgasthof-wild.de
8 **Gasthof Neumayer,** Bahnhofstraße 15, 93336 Altmannstein, Tel. (0 94 46) 10 30, www.landgasthof-neumayer.de

ENTDECKEN & ERLEBEN

1 **Trockenrasen am Kreutberg**
3 **Reste des Limes**
4 **Felsformation 12 Apostel**
5 **Galgenberg**
6 **Steinkreis**
7 **Wacholdertal**
9 **Heilig-Kreuz-Kirche**

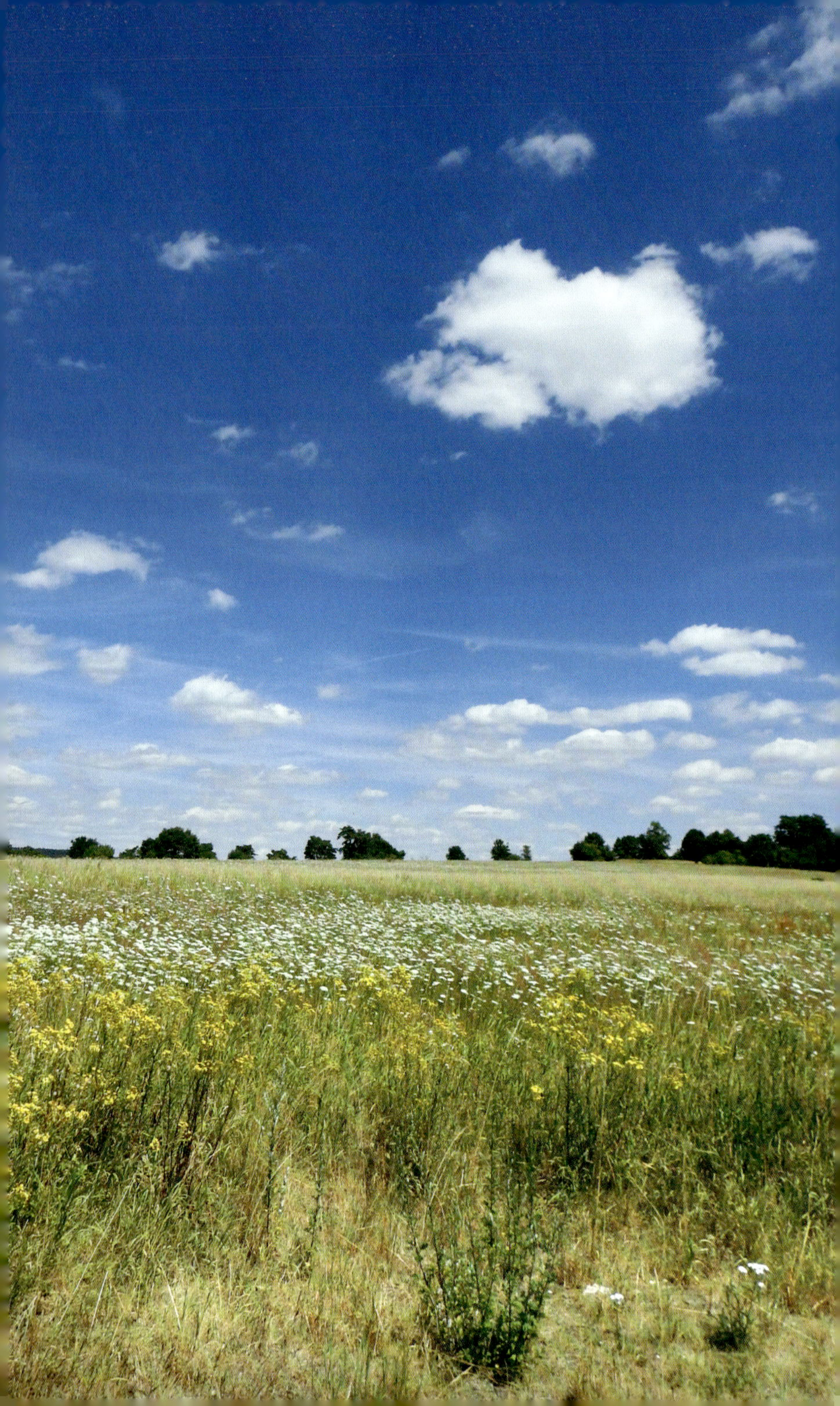

Auf Sand gebaut

Rund um Sandharlanden

Dass auch Sandboden fruchtbar ist und viele Leckereien hervorbringt, erleben wir auf dieser Tour. Wir parken unser Auto auf dem Parkplatz vor der Kirche in **Sandharlanden** und durchqueren zunächst die Ortschaft, indem wir der **Harlandener Straße** nach rechts folgen. Wir entdecken die ❶ **Boderei,** einen regionalen Laden, der seine Bioprodukte umweltschonend unverpackt anbietet. Hier können wir uns mit ein paar Leckereien für die Wanderung versorgen. Während der Saison im Frühjahr bieten zudem etliche Höfe frischen Spargel an.

Bereits der Ortsname verrät, dass hier schon lange auf ***Sand*** *gebaut wird, leitet sich „Harlanta" doch vom alten Wort für Ackerland ab. Dieser Boden stammt noch aus der Eiszeit, als sich Flugsand auf dem Jura ablagerte.*

Kurz nach dem **Forster-Hof** nehmen wir nach links eine Abkürzung zur **Alleestraße,** welcher wir anschließend wiederum nach links folgen. Sie führt aus dem Ort und geht bald in einen Sandweg über. Hier machen wir zum ersten Mal Bekanntschaft mit diesem staubig-trockenen Untergrund. Wir passieren ein kleines Gärtchen, dessen Zaun liebevoll mit Sprüche-Ziegeln dekoriert ist. An der folgenden Kreuzung biegen wir mit der Spargelrunde nach rechts und am Ende des Feldes an einem hübschen Flurkreuz wieder nach links. Wir gelangen auf eine kleine Anhöhe. Zwei Felsbrocken markieren den Eingang zum Naturschutzgebiet. Ein großes Kruzifix empfängt uns und einige Ruhebänke verlocken dazu, die Aussicht zu genießen.

Nun hat sich die Vegetation verändert. Kiefern und Wacholderbüsche wachsen auf einer ❷ **Heidelandschaft,** die im Herbst dunkelrosa leuchtet. Diese Landschaft ist in ihrer heutigen Form erst durch die jahrhunderte-

Kilometer: 11,5
Höhenmeter: 81
Stunden: 3
RUNDWEG

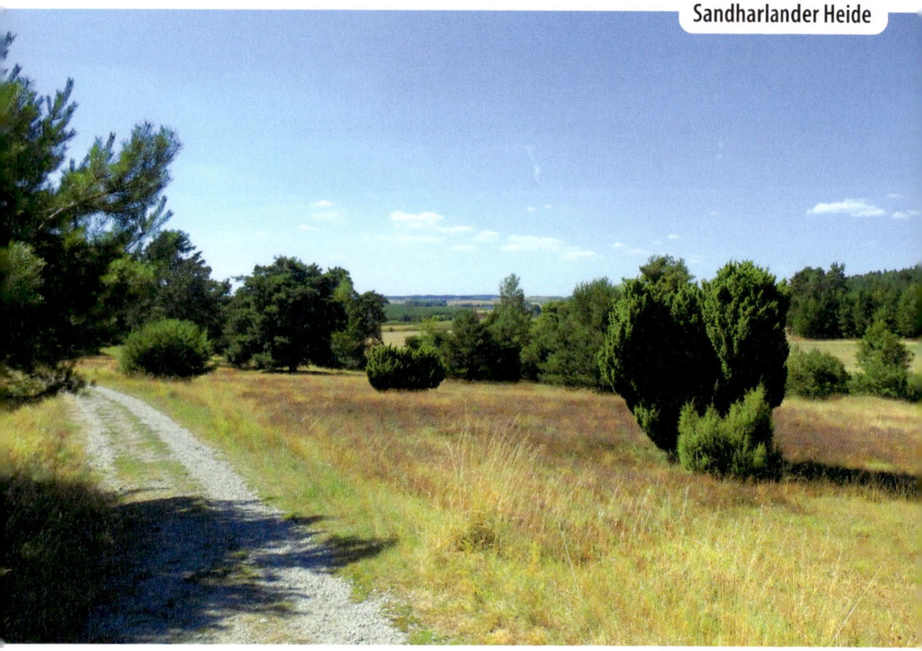

lange Beweidung durch Schafe und Rinder entstanden. Heute gedeihen hier – je nach Jahreszeit – viele seltene Pflanzen, wie wir den Informationstafeln entnehmen.

Nachdem wir uns satt gesehen haben, bleiben wir zunächst noch auf der Spargelrunde und überqueren mit ihr vorsichtig die Autostraße. Wir wenden uns nach links, um bei nächster Gelegenheit bei einer langen Holzbank nach rechts in Richtung Waldrand abzubiegen. Hinter dem **Spargelfeld** macht unser Weg eine Linkskurve und steigt leicht an. Dadurch haben wir einen wunderbaren Blick über das auch als weißes Gold bezeichnete Gemüse hinweg auf die Dorfkirche und den Kapellenberg, der sich dahinter erhebt.

*Die Abensberger Gegend ist für seinen qualitätvollen **Spargel** überregional berühmt. Das kalorienarme, gesunde Gemüse wächst auf nährstoffarmem Boden und wird von Mitte März bis zum 24. Juni, dem Johannistag, geerntet.*

Zudem passieren wir einige durch ihre spitz zulaufende Form gotisch anmutende **Tunnelgewächshäuser,** in denen verschiedene Beerensorten angebaut werden. Auf diesem Weg bleiben wir, bis er sich nach links dem Sportplatz zuwendet. An diesem Punkt gehen wir leicht rechts-geradeaus auf den Sandweg neben dem Hopfenfeld. Nach 150 Metern überqueren wir die Straße und wandern auf dem Asphaltpfad unter der Überlandleitung hindurch. Schon bald nach der Anhöhe verändert sich der Straßenbelag in Schotter. Hinter einer Linkskurve führt unser Weg nun schnurgerade durch die Felder. Zu unserer Rechten erblicken wir das ❸ **Panorama der Stadt Abensberg** mit ihren Kirchen und der goldenen Kuppel des **Hundertwasserturms,** die in der Sonne glitzert. Schließlich erreichen wir wieder die viel befahrene **Abensberger Straße.** Für 120 Meter wenden wir uns auf deren Radweg nach links und bemerken die sonnenbetriebenen Straßenlaternen. Hinter der dritten überqueren wir aufmerksam die Straße nach rechts, wo uns ein schmaler Weg in den Wald hineinführt. Wir streifen den Ortsrand mit ein paar Häusern an der **Waldstraße** und bleiben so lange geradeaus, bis sich unser Weg in eine Flurstraße hineinschmiegt, der wir für längere Zeit über Felder am Waldrand folgen. Schließlich endet sie an einer geschotterten T-Kreuzung. Hier wählen wir die linke Abzweigung.

Für die Seele

Zwischen Spargel- und Hopfenstangen entdecken wir reichhaltige Vegetation auf sandigem Untergrund.

Vor uns liegt eine liebliche, sanft gewellte Hügellandschaft. Bereits an der nächsten Möglichkeit wenden wir uns nach rechts und gelangen wieder in den Wald. Ein Schild erklärt, dass hier das Trinkwasser der Gegend gesammelt wird – und tatsachlich kommen wir an einigen Brunnenanlagen vorbei. Wenn wir am zweiten Gebäude aus dem Wald treten, erblicken wir in einem Baum zu unserer Rechten eine ❹ **hölzerne Eule,** die wie wir den Ausblick zu genießen scheint. Hier biegen wir nach links und erklimmen die folgende Anhöhe immer am Waldrand entlang. Vom nächsten Hochwasserbehälter aus haben wir einen **schönen Blick** über die kleine Ortschaft ❺ **Baiern** in die weite Ebene hinein. Zwei Flurkreuze schauen hier ebenfalls

Friedensreich Hundertwasser, *ein österreichischer Künstler und Architekt, hatte kurz vor seinem Tod den Turm für eine ansässige Brauerei entworfen. Die vergoldete Dachkugel ist hohl und bietet eine wunderbare Aussicht. Unbedingt ansehen!*

zu Tal. Nun tauchen wir wieder in den Schutz des Waldes ein und zweigen mit dem **Weg Nummer 1** kurz hintereinander zweimal nach links ab. Malerisch schweben wir auf dem federnden Untergrund, den Gras, Sand und Fichtennadeln für unsere Füße bereitet haben. Früher verlief hier die **6 Alte Poststraße,** auf der sich Nachrichten rasch verbreiten ließen. Auch heute noch bringt sie uns durch einen Märchenwald zuverlässig nach **Sandharlanden** zurück.

Hölzerne Eule

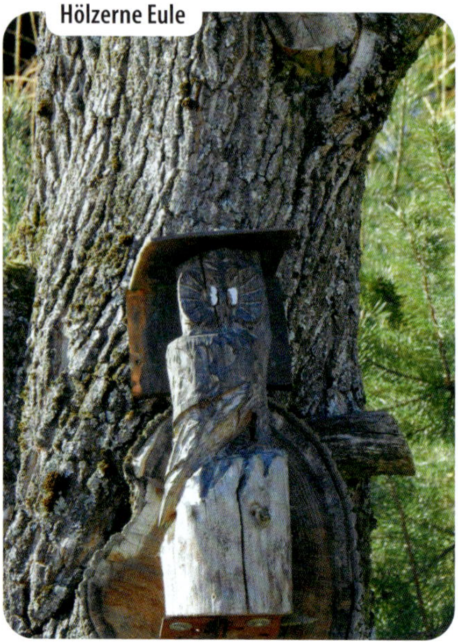

Doch wollen wir uns am Ende unserer Wanderung noch einen letzten Höhepunkt gönnen: Nachdem wir den Wald wieder verlassen haben, geleitet uns eine asphaltierte Straße ins Tal. Beinahe an der tiefsten Stelle biegt ein kleiner Weg (Weg Nummer 2 und Spargelrunde) nach links Richtung Gehölze wieder den Berg hinauf. Hier hindurch gelangen wir auf den **7 Kapellenberg,** eine Trockenrasenfläche, die von einer seltsamen Kapelle bekrönt wird, die zwar keinen Turm hat, aber unproportional hoch erscheint. Dieses Rätsel löst sich in ihrem Inneren, denn hier stehen wir vor einem riesigen Kruzifix, das durch das kleine Gebäude vor den Unbilden des Wetters geschützt ist. Von dieser Stelle aus bietet sich uns nochmals ein bezaubernder Ausblick über Sandharlanden mit seinen Spargel- und Beerenfeldern, den Hopfengärten und der imposanten Dorfkirche. Auf diese halten wir nun auf dem Wanderweg zu. Wir passieren das **8 Hofcafé** von Veronika Röll. Bevor wir uns aber einem der vielen kulinarischen Genüsse des Ortes hingeben, besuchen wir die sehenswerte Dorfkirche, die aus einem großen modernen Teil und der romanischen **9 Gallus-Kapelle** quasi als Doppelkirche besteht. Die

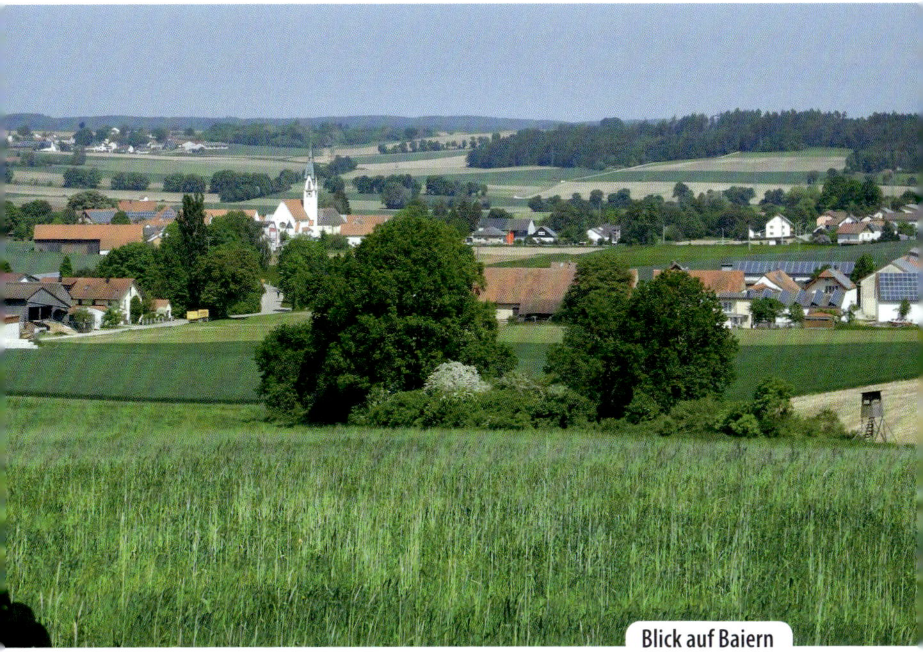
Blick auf Baiern

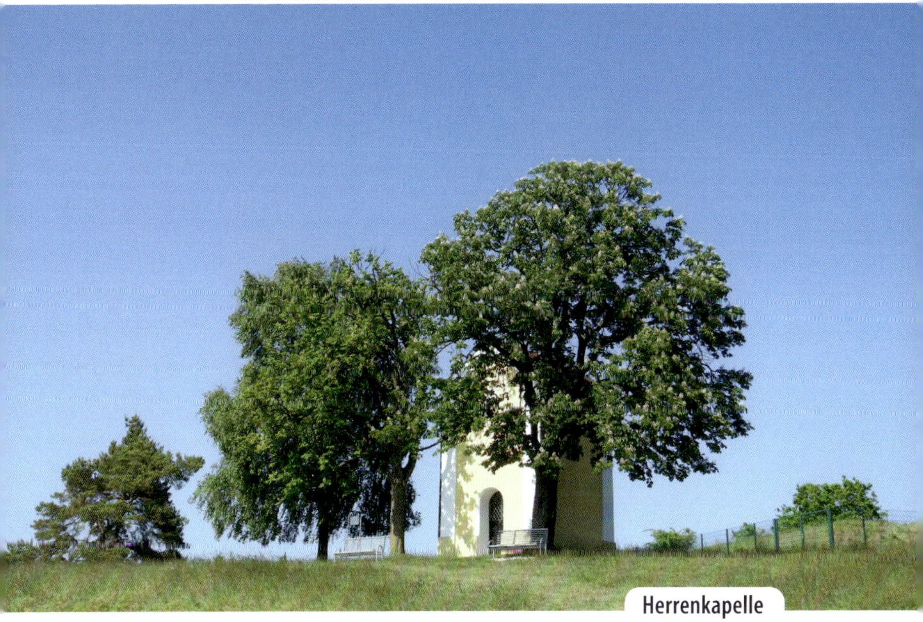
Herrenkapelle

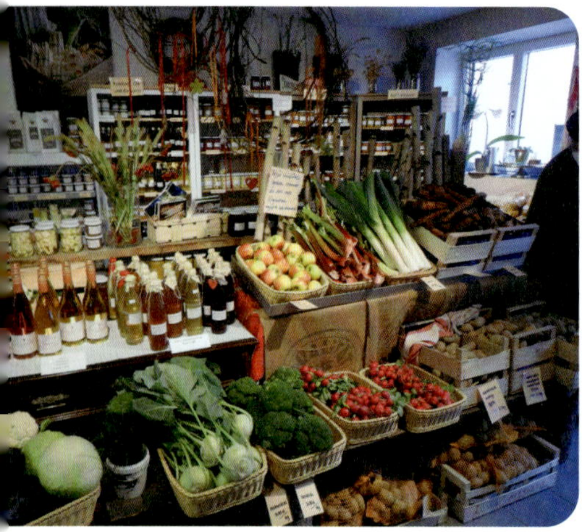

Schießscharten im alten Teil zeugen von der wechselvollen Geschichte des Ortes.

Nun aber haben wir uns ein leckeres Essen redlich verdient. An Sonntagen während der Spargelzeit können wir auf dem **⑩ Waltl-Hof,** der nur wenige Schritte hinter der Kirche links liegt, eigenen Spargel stechfrisch schlemmen. Oder wir nehmen uns einfach etwas Leckeres aus einem der vielen **Hofläden** mit nach Hause.

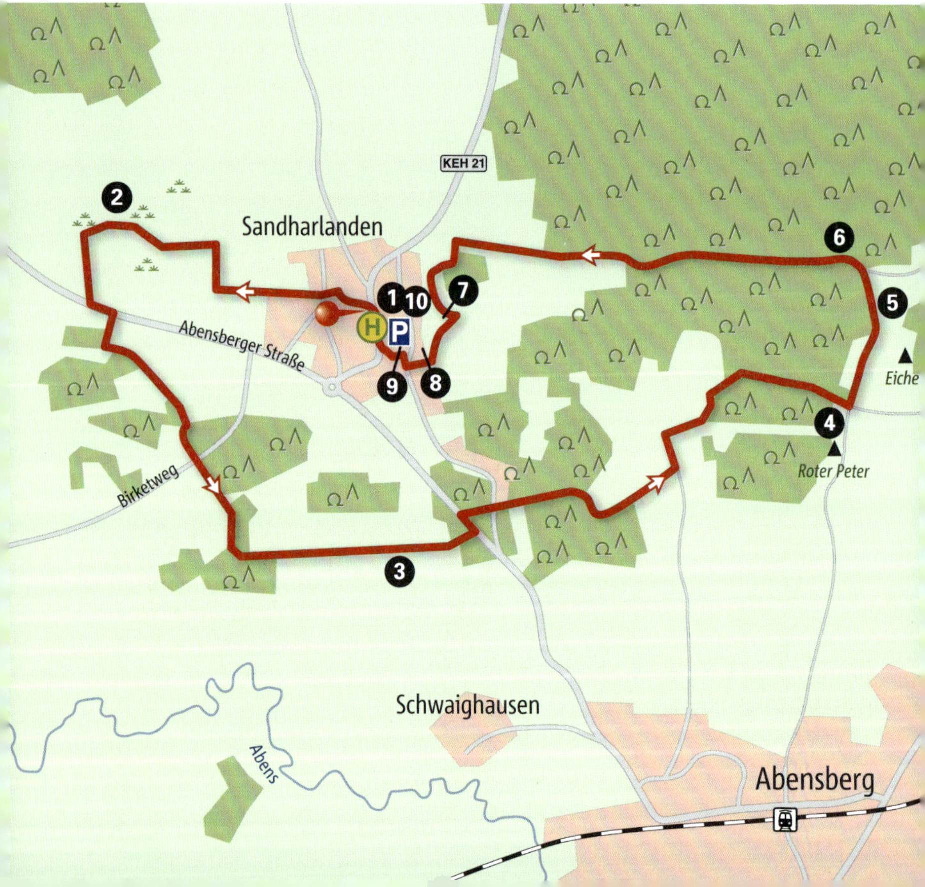

ALLES AUF EINEN BLICK

Entspannung 5/5
Abenteuer 4/5
Vielfalt 3/5

WIE & WANN

Asphaltstraßen, Wald-, Schotter- und Sandwege; bei trockenem Wetter ganzjährig möglich. Die Hofläden haben großenteils nur während der Erntezeit geöffnet.

HIN & WEG

Auto: Parkplatz am Kirchplatz, 93326 Abensberg/Sandharlanden (GPS: 48.83904, 11.82020)
ÖPNV: Haltestelle Sandharlanden, Feuerwehr

ESSEN & ENTSPANNEN

8 **Hofcafé Röll,** Waldstraße 1, 93326 Abensberg/Sandharlanden, Tel. (0 94 43) 20 23, www.hofladen-roell.de
10 **Waltl-Hof,** Bergstraße 8, 93326 Abensberg/Sandharlanden, Tel. (0 94 43) 90 50 05, www.waltl-hof.de

ENTDECKEN & ERLEBEN

1 Boderei
2 Sandharlandener Heide
3 Abensberger Panoramablick
4 Holzeule im Baum
5 Blick über Baiern
6 Alte Poststraße
7 Kapellenberg
9 Gallus-Kapelle

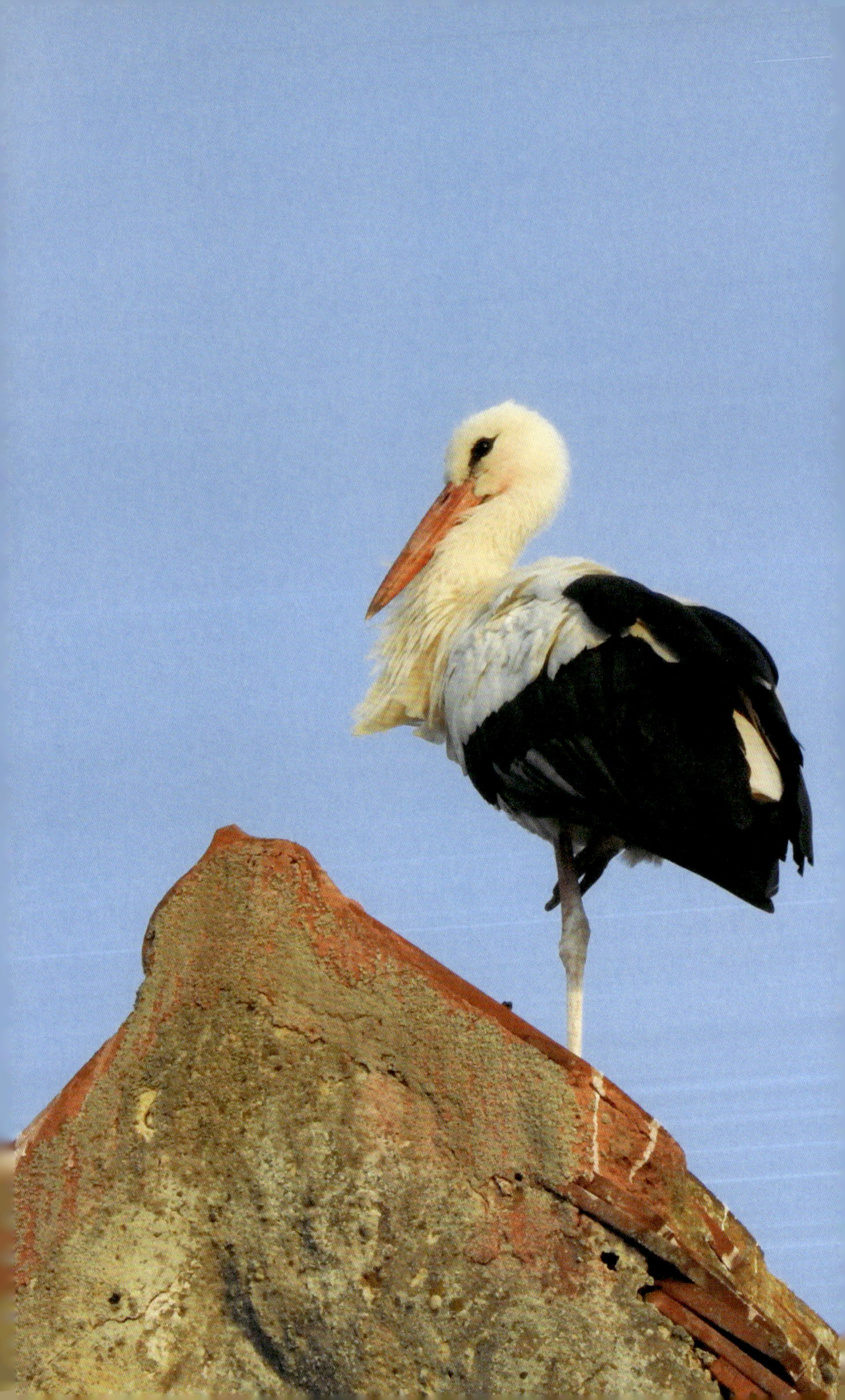

13 Türme

Über dem Labertal bei Langquaid

Das tertiäre Hügelland, in dem sich das Labertal gebildet hat, macht hier seinem Namen alle Ehre: Sanft gewellt schwingen die Felder und Wälder auf und ab. Dadurch eröffnen sich immer neue Blicke in die Landschaft. Die Türme, mit denen die Menschen seit vielen Jahrhunderten ihre Kirchen zum Höhepunkt des Dorfes machten, setzen dabei weithin sichtbare Zeichen. Von den Anhöhen über **Langquaid** aus soll man mindestens 13 davon erkennen können – und das wollen wir uns nun ansehen.

*Der seltsame Ortsname **Langquaid** ist vor allem Experten der Vor- und Frühgeschichte geläufig, wurden doch hier jahrtausendealte Bronzebeile gefunden, die dieser Form den Namen „Typ Langquaid" verliehen haben.*

Wir packen also zusätzlich ein Fernglas ein und stellen unser Auto am Ortsrand von **Adlhausen** beim Sportplatz ab, gehen an der linken Seite der Anlage auf der Asphaltstraße den Berg hinauf, an einer Bienenweide vorbei und biegen am Ende der Straße kurz nach rechts. Schon nach wenigen Schritten erreichen wir ein **1 Feldkreuz.** Hier schwenken wir nach links bergab. Im Tal wenden wir uns wiederum nach links auf den Waldrand zu. Tief gräbt sich der Feldweg in den sandigen Waldboden. Am Rande dieses Hohlwegs können wir beobachten, wie sich die Bäume mit ihren Wurzeln kraftvoll im Erdreich festkrallen, um so stabilen Halt zu gewinnen. In den Waldweg, der unseren Pfad schließlich mit einem bewachsenen Gabeldreieck beendet, wandern wir nach rechts und bleiben auch dann geradeaus, wenn er etwas verwildert und von Brennnesseln überwuchert wird. Im Zweifel gibt uns die Wegnummer 9 auf dem Richtungspfeil die Gewissheit, noch richtig zu sein.

Kilometer: 9,5
Höhenmeter: 105
Stunden: 3
RUNDWEG

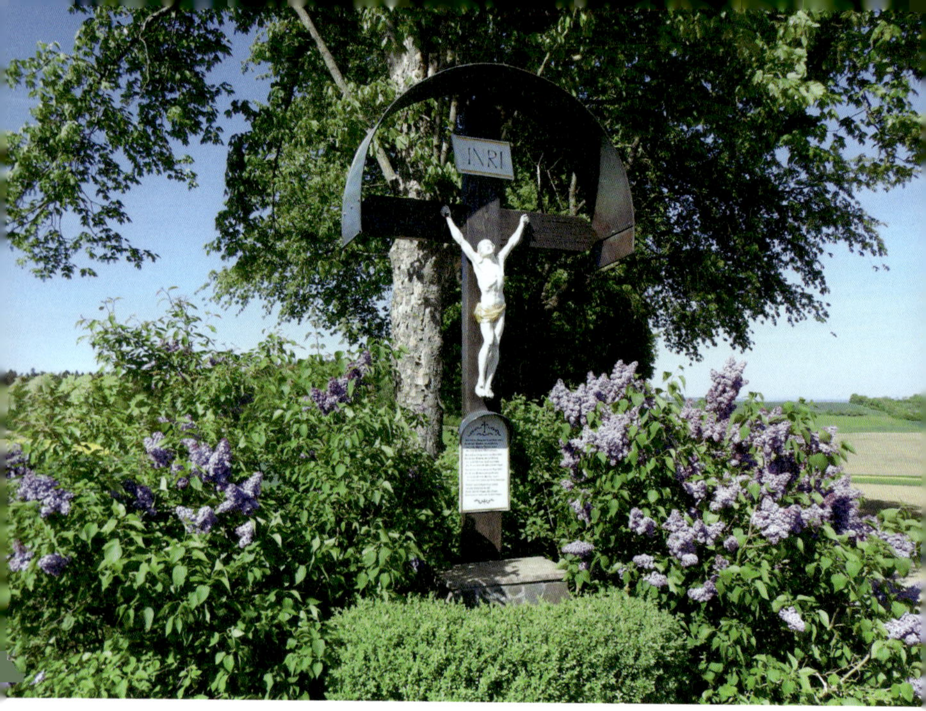

Der **irische Königssohn Koloman** soll als Wanderprediger im 11. Jahrhundert nach Jerusalem gereist sein. Dabei wurde er als Spion hingerichtet. Durch viele Wunder an seinem Grab wurde er berühmt. Er ist Schutzheiliger der Reisenden und des Viehs.

Wir erreichen den Feldrand und wenden uns nach links. Am Ende des Gehölzes folgen wir dem Wald wiederum nach links und erreichen kurz darauf eine Bank, hinter der ein Schild erklärt, dass wir an dieser Stelle den **❷ 13-Türme-Blick** gefunden haben. Bei klarer Sicht und ohne Laub an den Bäumen beziehungsweise ohne Maisblätter kann man von hier aus sogar 18 Kirchtürme entdecken, wie Johann Trummer eindrucksvoll in einem Internetvideo bewiesen hat. Allerdings sind die weitesten über 20 Kilometer Luftlinie entfernt. Gut, dass wir das Fernglas dabeihaben! Am Horizont zu unserer Linken beschließen die Bergketten des Bayerischen Waldes unseren Fernblick. Nachdem wir unsere Adleraugen genug trainiert haben, folgen wir dem Feldweg weiter, überwinden eine Hügelkuppe und wandern wieder talwärts. Auf halber Höhe wenden wir uns nach rechts. Da entdecken wir auf der gegenüberliegenden Wiese einen Storch, der mit langen Schritten auf Nahrungssuche für seine Jungen ist – bei unserer Anreise haben wir sie im Nest auf dem Adlhausener Schloss erspäht.

Nun halten wir auf einen einzeln stehenden Nussbaum zu, der tapfer seine Zweige gen Himmel reckt. Die anschließend vor uns auftauchende kleine Baumgruppe birgt eine Bank in ihrem Schatten. Hier wenden wir uns nach links und haben unser nächstes Ziel, die kleine **3 Wallfahrtskapelle St. Koloman,** direkt vor unseren Augen in der Ferne. Wir überqueren die Straße im Tal und erklimmen den Abhang, der an Hecken und wilden Möhren entlang auf eine Scheune zuführt, schwenken dort nach rechts und nähern uns den hohen Bäumen, die das Kirchlein vor Wind und Wetter schützen. Wie herrlich liegt das Gotteshaus auf der Anhöhe und thront wie eine Königin über dem La-

Für die Seele

Auf den Hügeln des Labertals eröffnen sich grüne Ausblicke – Kirchtürme setzen Akzente.

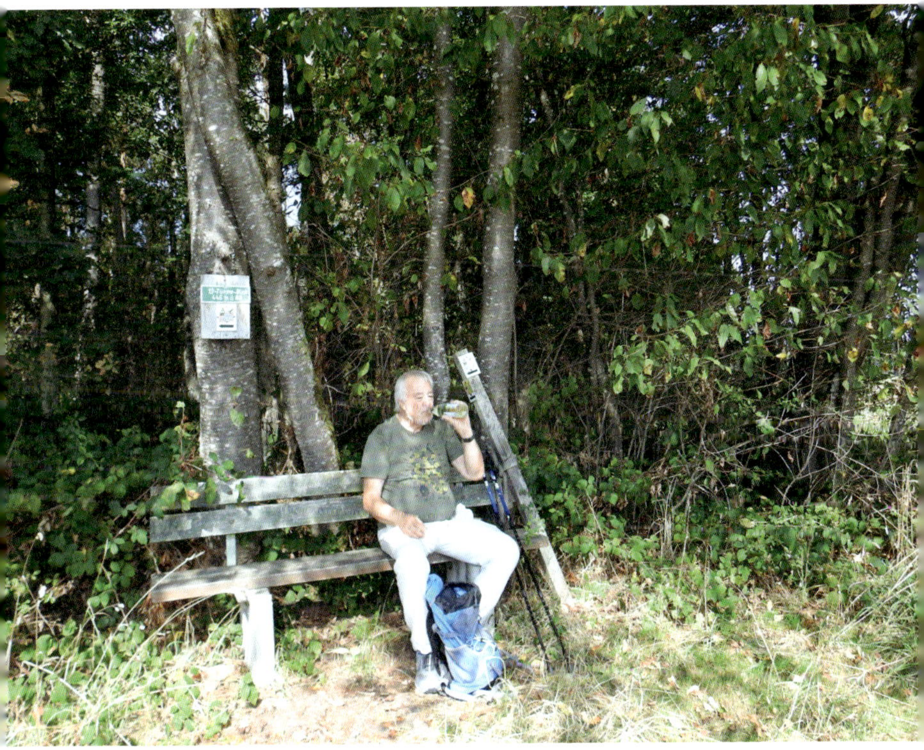

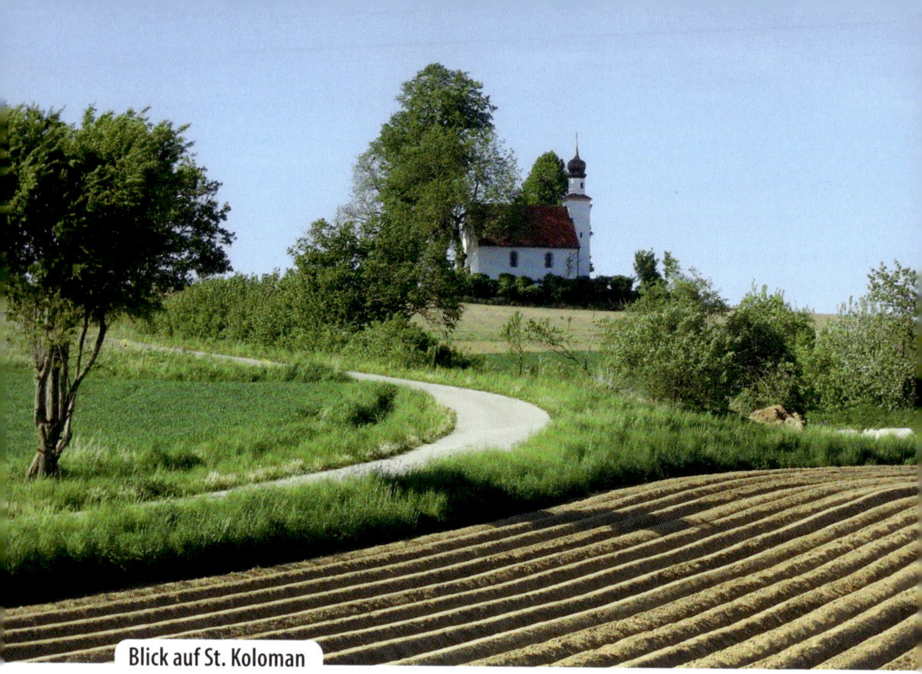

Blick auf St. Koloman

bertal. Leider ist es meist verschlossen. Eine kleine Tafel klärt uns über den legendären Anlass der Kirchengründung und ihre Verbindung nach Wien auf.

Nachdem wir uns am Anblick des Tales gelabt haben, steigen wir mit unserem Schotterweg talwärts ab und biegen unten in den Wirtschaftsweg nach links ein. Nun streben wir dem über uns liegenden Wald zu, in den wir schließlich geradeaus hineinwandern. Bereits nach wenigen Metern wenden wir uns nach rechts wieder den Feldern zu. An der folgenden größeren Kreuzung zweigen wir links ab zurück ins Waldesinnere. Von diesem Weg lassen wir uns zwischen den Bäumen hindurchführen, bis ein Jagdhochsitz unseren Pfad teilt. Wir passieren ihn auf der linken Seite und kommen nun geradeaus an den Rand des Weilers **Hagenach.** Ein Schild warnt uns vor einem freilaufenden Hund. Dieser ist aber mehr an der Mäusejagd als an Wanderern interessiert. Unter dem malerischen Efeubewuchs des Hauses scheint sich ein verlockendes Nagernest zu befinden. Wir wenden uns vor den Gebäuden nach rechts und kehren durch die Felder bergauf zum Wald zurück.

Ein Bobbahn-ähnlicher Hohlweg empfängt uns hier. Wie viele Jahrhunderte lang mögen sich die Spuren vorüberziehender Reisender eingetieft haben, um den Weg so weit in den Waldboden zu treiben? Am liebsten würden wir unsere Schuhe ausziehen und die Zehen in den warmen Dünensand graben. Heidelbeersträucher begrünen den Waldboden und bieten uns ihre reifen blauen Früchte zum Naschen dar. Da steigen Erinnerungen aus unserer Kindheit in uns auf, wenn wir nach einem ausgiebigen Tag beim Blaubeerpflücken mit einer Schüssel süßer Früchte in Milch belohnt wurden. Und wie lachten wir über unsere blau verfärbten Zähne.

Nun passieren wir ein hölzernes ❹ **Gedenkkreuz** für den Söldner, der hier zu Tode kam. Bei der anschließenden Gabelung nehmen wir den mittleren Weg geradeaus in den angedeuteten Hohlweg bergab, der möglicherweise etwas verwachsen ist. Kurz darauf vereinigt sich dieser Pfad mit einem von rechts kommenden. Wir halten direkt auf eine Kreuzung zu, in deren Mitte eine Bank steht. Hier findet sich eine Vielzahl kleinerer Wegweiser, an einen schiefen Ast genagelt.

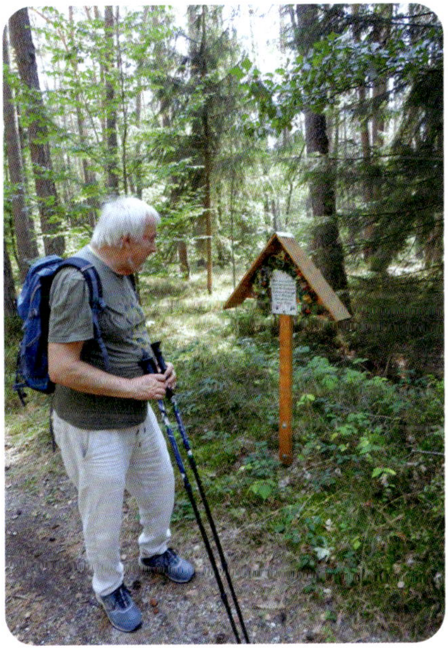

Rechts entdecken wir einen Wall, der vom Wanderweg durchschnitten wird. Davor zeichnet sich ein Graben im Boden ab. Neugierig durchschreiten wir dieses Tor zur Vergangenheit und befinden uns mitten in der alten ❺ **Sinsburg,** einer frühmittelalterlichen Ringwallanlage. Nach einigen Metern erreichen wir eine noch imposantere Umwehrung. Da keine Informationstafeln unsere Fantasie beeinflussen, können wir dem Kopfkino freien Lauf lassen. Einstmals diente die Burg wohl dem Schutz des alten

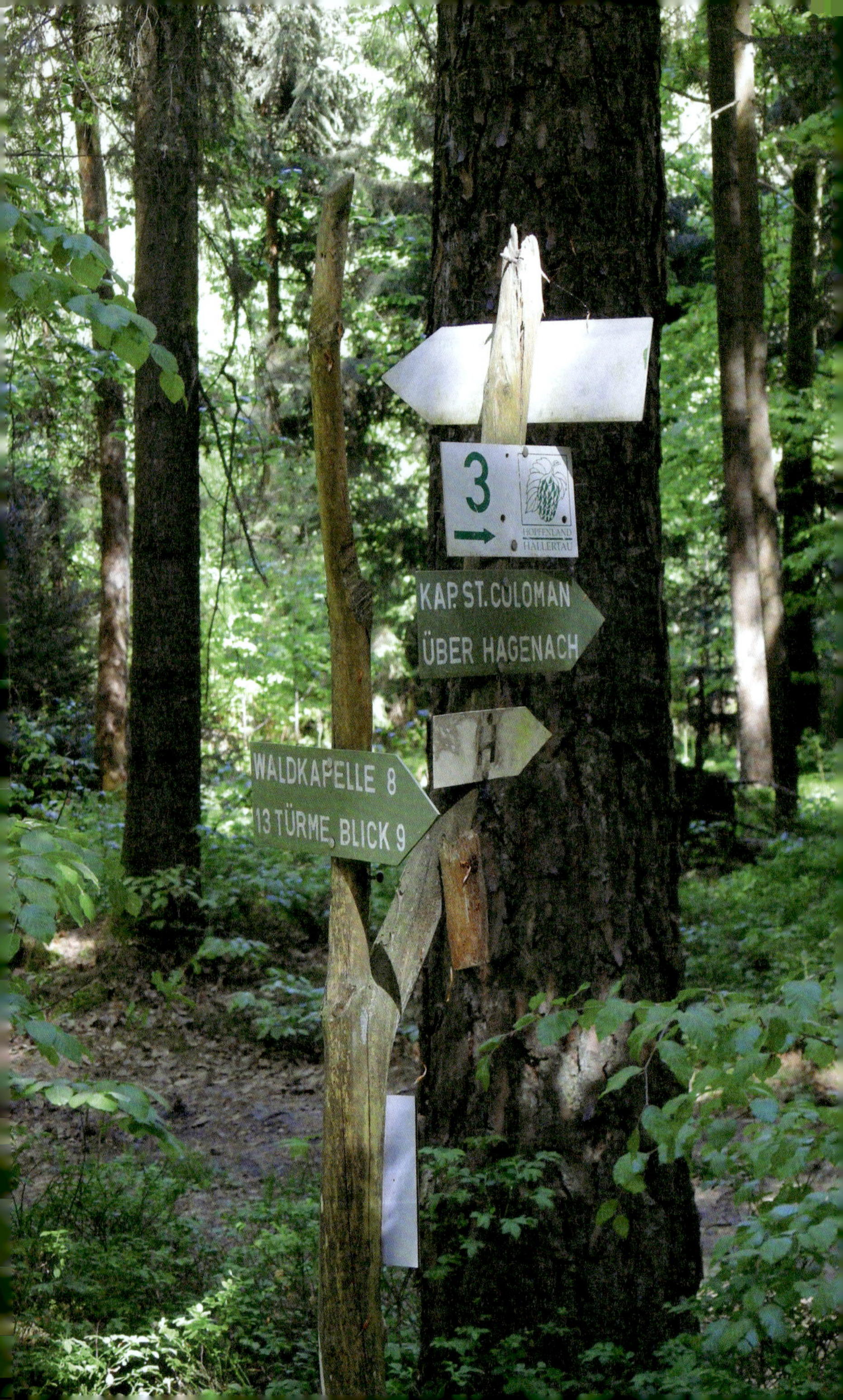
3.
HOPFENLAND HALLERTAU
KAP. ST. COLOMAN
ÜBER HAGENACH
H
WALDKAPELLE 8
13 TÜRME, BLICK 9

Ochsenwegs. Über 4000 Kilometer wurden die Tiere aus Ungarn und der Walachei nach Bayern getrieben und fanden hier dankbaren Absatz. Als die Burg ihre ursprüngliche Funktion verlor, diente sie schließlich als Steinbruch für die umliegenden Kirchen – eine althergebrachte Form des Upcyclings.

Nach einer eingehenden Erkundung des Geländes kehren wir zu den Wegweisern zurück und wenden uns nach rechts in Richtung der Waldkapelle (auf dem Pfeil die Nummer 8). Auch dort, wo sich der Weg mit der Nummer 9 nach links verabschiedet, bleiben wir geradeaus. Hier verraten uns die *Butzeln* – die Kiefernzapfen, die zuhauf auf dem Weg liegen – und der warme Duft, der uns an mediterrane Pinienwälder erinnert, dass wir uns in einem Föhrenwald befinden, typisch für sandig-trockenen Untergrund. Im Herbst setzt die Heide mit ihren rosafarbenen Blüten herrliche Akzente. Schließlich leuchtet vor uns an der Wegkreuzung ein kleines Gebäude im Sonnenlicht auf und wir haben die ❻ **Waldkapelle** erreicht, die dem heiligen **Englmar** geweiht ist.

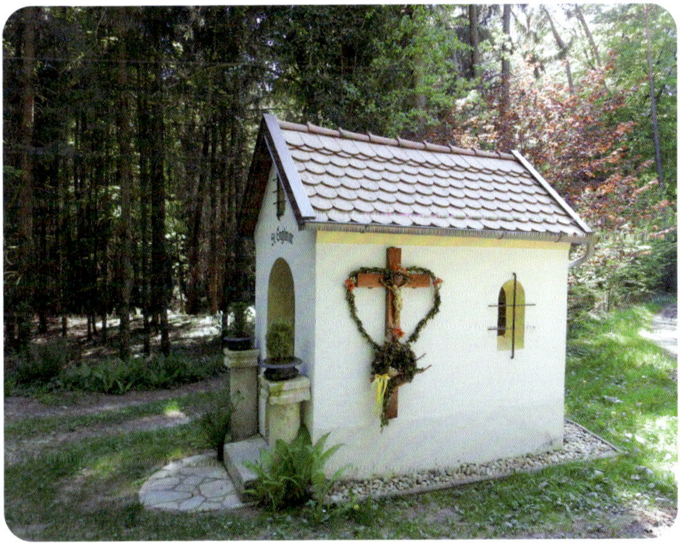

*Der **Einsiedler Englmar** war ein Wundertäter im Bayerischen Wald. Er starb bei einem Raubüberfall. Sein Leichnam wurde unverwest gefunden und im nach ihm benannten Ort begraben. Jedes Jahr zu Pfingsten wird dort das Englmari-Suchen veranstaltet.*

Etliche Ruhebänke laden zum Verschnaufen ein. Erfrischt streben wir nach links dem Waldrand zu. Eine wunderhübsche, lichte Birkenallee führt uns durch die sommerduftenden Felder und geleitet uns bis zu der Abzweigung (es ist die zweite asphaltierte, die von unserem Weg abgeht), mit der wir im Schatten von Linden und Ahorn nach rechts bergab unser Auto wieder erreichen. Und weil wir nun doch einen Wanderhunger verspüren, fahren wir ins nahegelegene Langquaid, wo wir es uns im **Gasthof Huberbräu** bei deftiger bayerischer Küche wohl sein lassen oder beim **Pillmeier Bräu** in der Brauerei Pillmeier Selbstgebrautes probieren können.

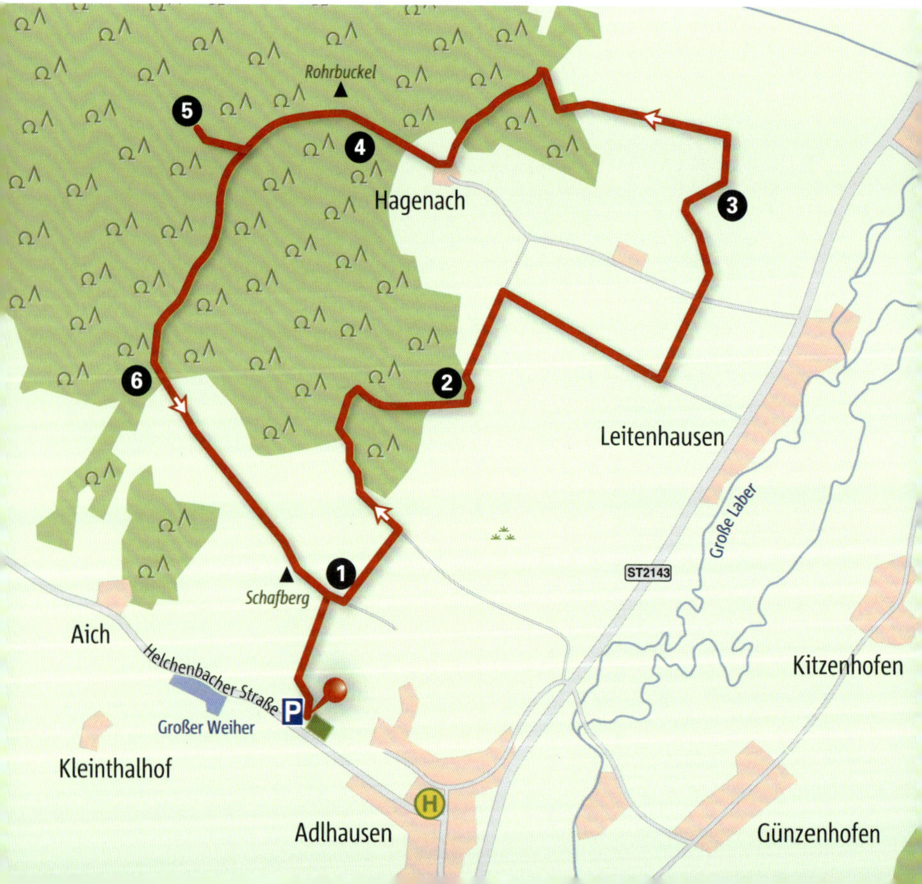

ALLES AUF EINEN BLICK

Entspannung ●●●●○
Abenteuer ●●●●●
Vielfalt ●●●●○

WIE & WANN

Asphaltstraße, Wald-, Schotter- und Wiesenwege; ganzjährig möglich.

HIN & WEG

Auto: Parkplatz am Sportplatz des SV Adlhausen an der Helchenbacher Straße, 84085 Langquaid/Adlhausen (GPS: 48.78898, 12.00742)
ÖPNV: Haltestelle Adlhausen, Schloßstraße

ESSEN & ENTSPANNEN

Während der Tour gibt es keine Einkehrmöglichkeit.
Bitte an Rucksackverpflegung denken.

Abseits der Route empfehlenswert:
Gasthof Huberbräu, Marktplatz 8, 84085 Langquaid, Tel. (0 94 52) 14 58, www.gasthof-huberbraeu.de
Pillmeier Bräu, Rottenburger Straße 28, 84085 Langquaid, Tel. (01 79) 9 07 91 11, www.pillmeier-braeu.de

ENTDECKEN & ERLEBEN

1. **Feldkreuz**
2. **13-Türme-Blick**
3. **Kapelle St. Koloman**
4. **Söldner-Gedenkkreuz**
5. **Sinsburg**
6. **Kapelle St. Englmar**

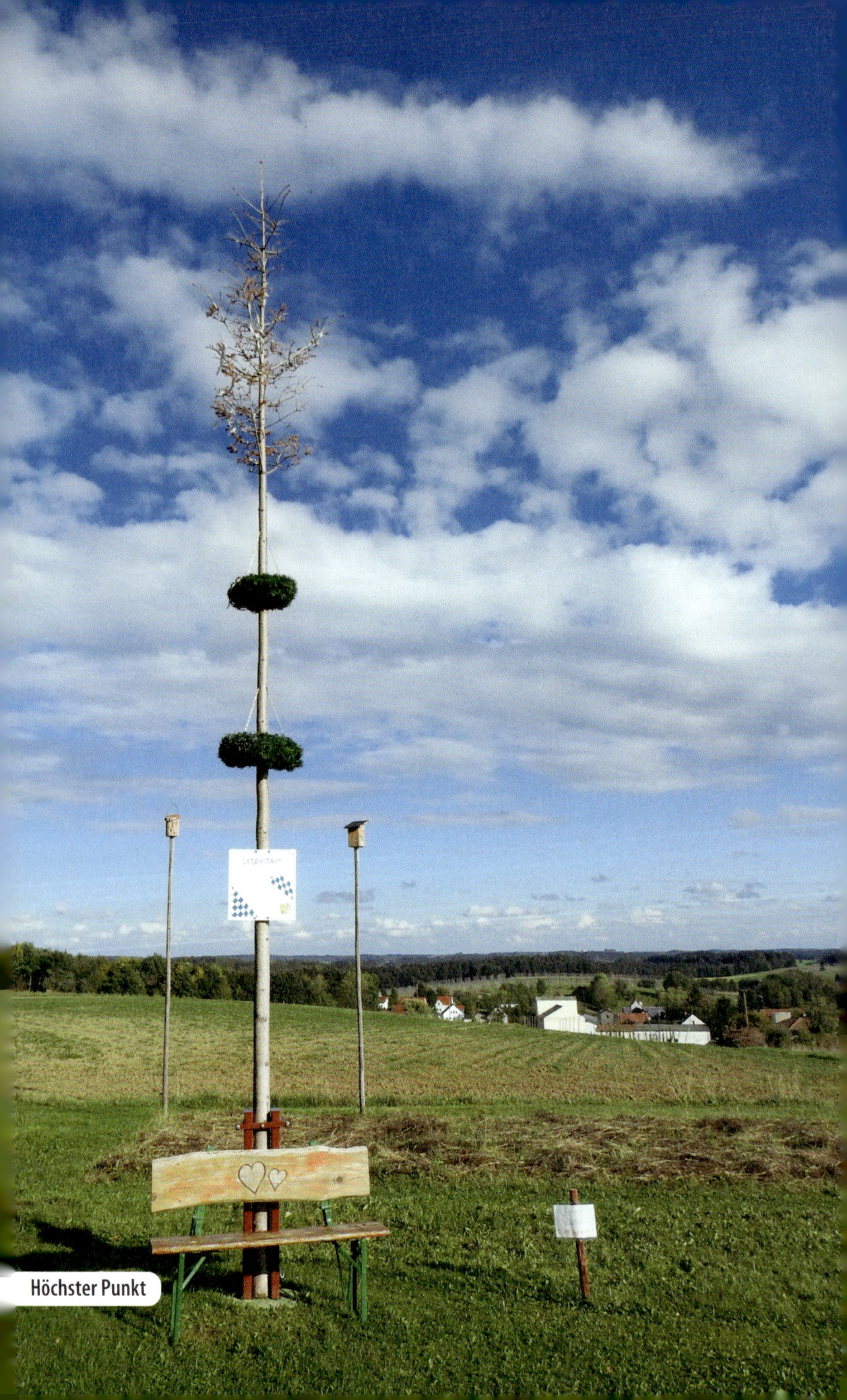

Höchster Punkt

Gipfelstürmer

Nach Osselts- & Rudertshausen

Diese lange Wanderung durch den inneren Kern der lieblichen Holledau lässt sich bequem in zwei etwa gleich lange Etappen aufteilen: Von diesen hat die erste besonders die herrliche Natur der Holledau im Fokus, während die zweite an einigen Höhepunkten christlichen Glaubens vorbeiführt. Im Frühjahr, wenn die Bauern die zarten Hopfentriebe mit Zäunen gegen die Reh-Leckermäuler schützen, können allerdings einige Abschnitte versperrt sein und Umwege erfordern.

Bei der Familie Siebler in **Egg,** unserem Startpunkt, kann man auf dem ❶ **Bauernhof** günstig übernachten. So lässt sich um diese Tour ein entspanntes Wochenende zaubern – eine Auszeit vom Alltag in ländlichem Idyll inmitten von Feldern und Wäldern. An der Straße vor dem ❷ **Landgasthof Siebler** beginnen wir unsere Wanderung und folgen ihr zunächst in Richtung Wolnzach aus dem Weiler heraus. Von der Höhe aus öffnet sich uns ein freier Blick über die geschwungene Landschaft mit ihren kleinen Ansiedlungen inmitten grüner Felder und Hopfengärten. Bei nächster Gelegenheit biegen wir links ab nach **Weingarten.** Jetzt verlassen wir die Höhe und tauchen ins Tal. Vor dem Kruzifix biegen wir nach rechts und erblicken rechts über uns eine ❸ **Allee,** die uns wie eine Hommage an die typischen Baumstraßen der Toskana erscheint. Nur übernehmen hier einheimische Pappeln und Eichen die Funktion der Pinien und Zypressen, die dort für die prägende Silhouette sorgen. Die Einöde, deren Zufahrt so hübsch geziert ist, heißt **Wilhelm –** und das mitten in Bayern.

Kilometer: 16

Höhenmeter: 130

Stunden: 5

RUNDWEG

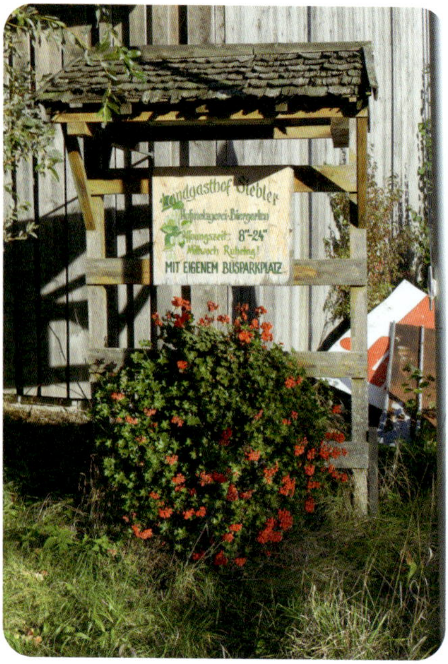

Wir erreichen zu unserer Linken den Waldrand. An dessen Ende führt ein Wanderwaldweg nach links weg von der Straße und begleitet das **Gschwender Bächlein** durchs Tal. Eine Auenlandschaft, wie sie in feuchtem Gelände gerne entsteht, frischt und klärt die Luft um uns und kleidet sich im Frühling zu einem herrlichen Blütenteppich aus Buschwindröschen, während sich auf der anderen Seite teils überraschend schroffe Abhänge erheben.

Nach etwa 1 Kilometer überqueren wir mit dem Schotterweg nach rechts das Bächlein und überwinden eine kleine Anhöhe. Tief hat sich der Weg in den Sandboden gegraben, wobei die Wurzeln der Bäume dem losen Sandboden Halt bieten. Wir verlassen den Schutz des Waldes und wandern mit dem rechten Weg mitten in die Felder. Direkt vor dem ersten Hopfengarten zu unserer Rechten biegen wir nach rechts und erreichen nach einer Linksbiegung die ersten Gebäude von **Gschwend.** Dort queren wir die Durchgangsstraße und halten erneut auf hohe Hopfenstangen zu. Das Bauernhaus, an dem wir vorbeikommen, trägt stolz den Hausnamen **Beim Gojer,** wie uns ein Schild verrät. Sein für diese Gegend typischer hoher Turm beherbergt eine Hopfendarre.

An der Gabelung auf der Kuppe bleiben wir links. Im Herbst treffen wir etliche *Schwammerlsucher,* deren Körbe mit Steinpilzen und anderen delikaten Pilzsorten gefüllt sind. Stolz präsentieren sie ihre duftenden Funde. Links über dem Tal haben wir einen weiten **4 Ausblick nach Egg,** unseren Ausgangspunkt, das wie eine Burg über den Baumwipfeln thront. Anschließend durchqueren wir nach rechts ein kleines Waldstück.

Dahinter schwenken wir nach links und erreichen mit dieser Forststraße den Weiler **Holzhof.** Ab hier nehmen wir wieder ein Stück Asphaltstraße, indem wir vor dem mit Solarzellen gekrönten Hopfenschuppen nach links einbiegen. Im fröhlichen Auf und Ab vollziehen wir die sanft schwingende Landschaft nach. Ein stattliches Wegkreuz unter einer alten Eiche wartet mit einer Sitzgelegenheit auf.

Am Ende der Straße halten wir uns kurz links und folgen dann dem Schild zum Gestüt **Holzjackl** nach rechts. Auch hier halten wir auf einen imposanten Baumriesen zu, unter dessen Astwerk sich ebenfalls ein Wegkreuz versteckt. Wir bleiben geradeaus und kommen an einigen Pferdekoppeln vorbei, durchqueren ein Stück Wald und erreichen hinter einer kleinen Anhöhe schließlich einen Hopfengarten. Vor ihm biegen wir nach rechts, folgen der Linkskurve des Weges bis nach **Osseltshausen** und wandern nach rechts in die **Schäfflerstraße.** Sonn- und feiertags können wir uns im **5 Holledauer Wirtshaus,** das nur wenige Schritte die Straße entlang liegt, mit deftig-bayerischer Küche und einem kühlen Bier verwöhnen lassen.

Für die Seele

Wenn Natur und Kultur einander ergänzen, haben wir einen wertvollen Gipfel menschlichen Lebens erreicht.

Um nach der Pest wieder Hoffnung und Freude zu stiften, führten die Schäffler in München ihren besonderen ***Zunfttanz*** *vor. Auch in Osseltshausen gibt es eine Tanzgruppe, die alle 7 Jahre in der traditionellen Tracht die Figuren aufführt.*

Blick nach Egg

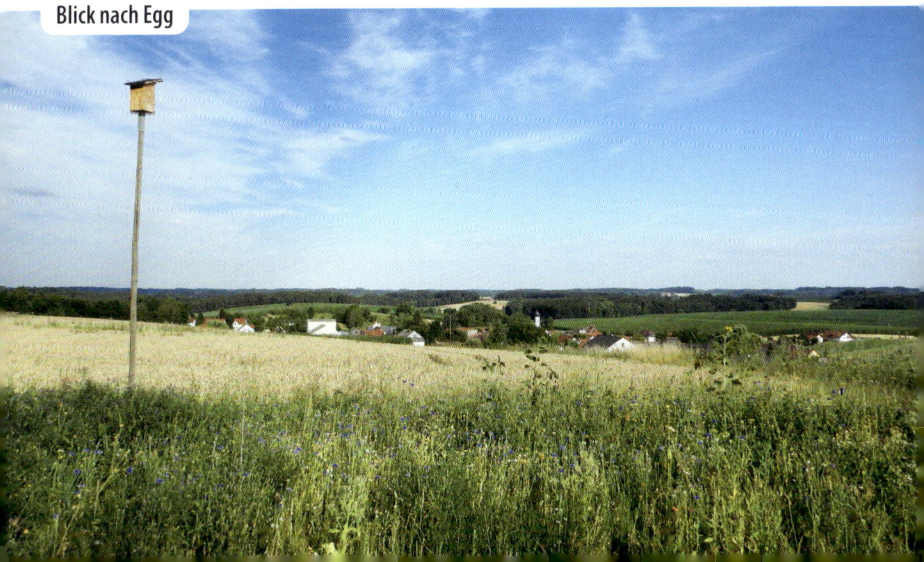

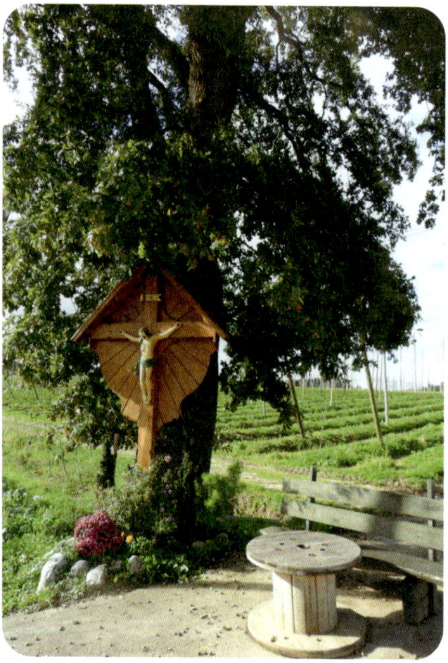

Wir biegen kurz darauf nach links in die Straße **Am Riegelacker,** halten uns vor der vor uns liegenden Garage der Hausnummer 4 wiederum links und verlassen das Dorf auf dem Feldweg. Dieser strebt nach einer scharfen Rechtskurve auf den Höhepunkt der Holledau, den sogenannten **6 Höchsten Punkt** (534 Meter), zu. Auf dem Gipfel der Kren, hoch über den Dächern von Osseltshausen, wurde liebevoll ein kleiner Wohlfühlort geschaffen. Verschiedene Bänke stellen Aussichtsgelegenheiten bereit, ein Kühlschrank bietet Getränke gegen eine Spende, verschiedene Spielgeräte laden zu körperlicher Ertüchtigung ein und sogar ein Gipfelbuch gibt es. Viele fleißige Bergbesteiger haben darin bereits ihre Eindrücke festgehalten und so wollen auch wir ein paar Zeilen des Dankes an die Menschen niederschreiben, die diesen Platz so fantasievoll und durchdacht gestaltet haben und pflegen. Mag es sich vielleicht nicht um die metermäßig höchste Erhebung der Hallertau handeln, so ist es sicherlich die schönste.

Nach der Erkundung dieses Highlights ließe sich der Naturteil der Wanderung beenden, indem man den sorgfältig per Hand geschriebenen Wegweisern in Richtung Egg folgt. Ebenso lässt sich an dieser Stelle mit dem Kulturteil beginnen. Haben wir bisher die bäuerlich geprägte Landschaft in Wald und Feld genossen, treffen wir ab jetzt vermehrt auf unterschiedliche kulturelle Sehenswürdigkeiten. Dazu wandern wir am Waldrand weiter Richtung **Rudertshausen.** Auf einer Weide hinter hochstämmigen Obstbäumen treffen wir im Herbst auf ein paar zottelige Hochlandrinder, die ihr Leben in Fülle und Abwechslung sichtlich genießen. Mittlerweile haben sie sogar eine eigene Taktik der Apfelernte entwickelt, indem sie die unteren Zweige heftig schütteln, bis ihnen das reife Obst direkt vor die Füße fällt. Rudertshausen liegt bereits zu unseren Füßen und grüßt mit seinem Kirchturm zu uns herüber.

Wir überqueren die Asphaltstraße und bestaunen an dieser Stelle zwei einander gegenüberliegende Wegkreuze: Das eine ziert ein hinsichtlich der Kreuzesgröße zu klein geratener Christus, der andere hingegen ist so von Efeu überwuchert, dass er kaum noch einen Blick auf die Umgebung werfen kann. Wenn wir hier der Straße nach links folgten, träfen wir bald auf das Haus des bekannten 7 **Bildhauers Hex,** der hier lebt und arbeitet. Aus seinem Garten leuchten etliche Metallskulpturen vor dem Panorama der Hopfenstangen hervor. Geradeaus gehen wir an den Gebäuden des **Hopfenhofes** entlang in die Felder bis zum Waldrand. Der Wind, der über die Hügel streicht, bringt die aufgespannten Hopfendrähte in Schwingung und uns begleitet ein mystisches Rauschen auf unserem Weg.

Inmitten der Holledau fertigt der ***Stahlbildhauer Hex*** *Werke mit dem Schweißgerät. Sein Ziel ist, mit dauerhaftem Material gegen die Vergänglichkeit anzuarbeiten. Er wurde in die Royal British Society of Sculpture aufgenommen – welch große Auszeichnung.*

Am Ende der Felder unter mächtigen alten Eichen biegen wir scharf nach links ab und durchqueren anschließend ein Hopfenfeld. Nach dem kleinen Gehölz haben wir die Kirche von Rudertshausen wie einen Leuchtturm vor uns, den wir nicht mehr verfehlen können. Nachdem wir den Dorfrand passiert haben, halten wir uns in der Ringstraße rechts und erreichen bald darauf die Ortsdurchgangsstraße, über die wir aufmerksam wandern. Wir folgen dem **Waldweg** und biegen dann in den **Buchholzweg.** Von ihm lassen wir uns über die Felder vorbei an einem weiteren Kruzifix bis an den Waldrand führen. Ein kleiner, leicht zu überse-

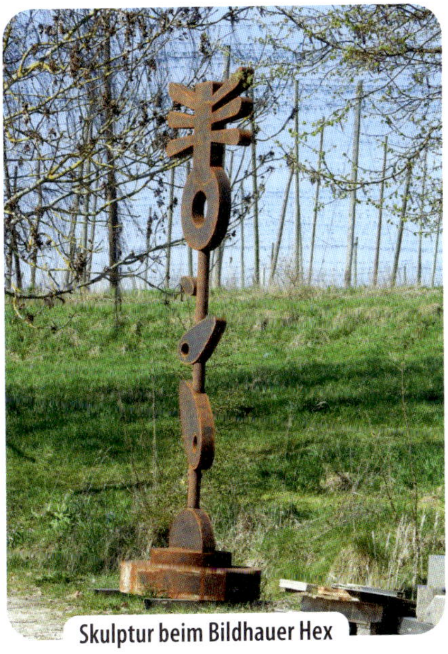

Skulptur beim Bildhauer Hex

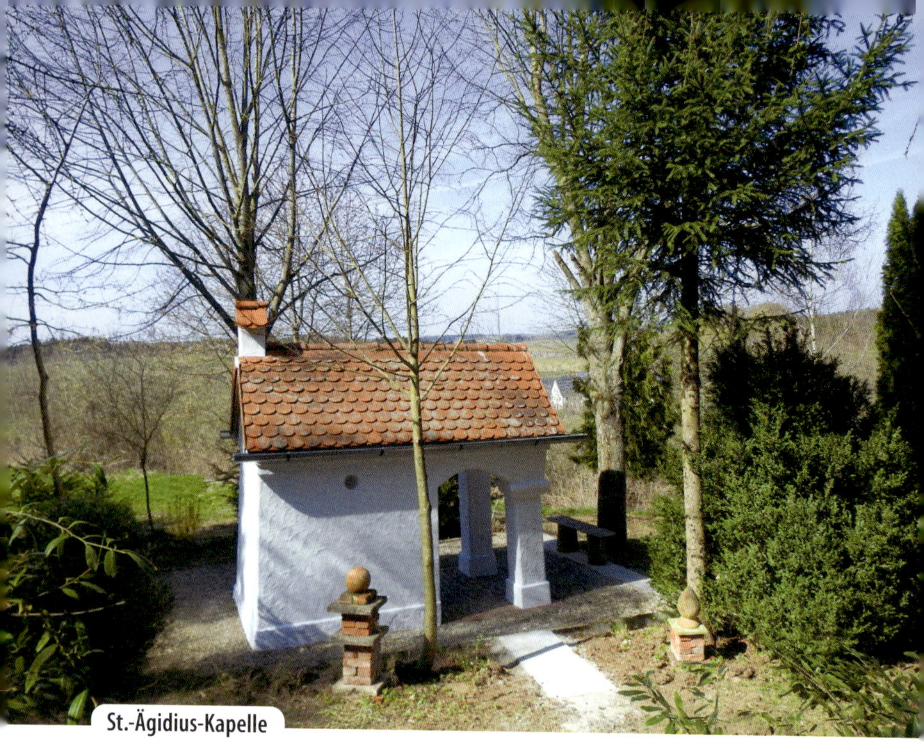

St.-Ägidius-Kapelle

hender Trampelpfad, auf den eine etwas verwitterte Tafel hindeutet, verschwindet hier rechts parallel zu unserem Weg im Unterholz. Mit ihm erreichen wir die kleine **8 Maria-Hilf-Kapelle** mitten im Wald. Die brennenden Kerzen im Innern zeugen von der lebendigen Verehrung, die der Gottesmutter zuteilwird.

*Weil seine Frau krank und auch sein Sohn verkrüppelt war, betete ein Bauer um Hilfe. Nachdem er beide gesund antraf, als er nach Hause kam, stiftete er ein Marienbild, das bald als wundertätig galt. Darum baute man die **Maria-Hilf-Kapelle.***

Nachdem wir uns andächtig umgesehen und die besondere Atmosphäre des Ortes tief in uns aufgenommen haben, kehren wir auf dem Weg nach Rudertshausen zurück, auf dem wir gekommen sind, und überqueren dort wieder die Durchgangsstraße, halten uns aber diesmal bei der ersten Abzweigung der Ringstraße rechts. An ihrem Ende wenden wir uns nach links und biegen vor dem Haus **Perlestraße 14** rechts in den Schotterweg zurück nach Egg ab. Wir bleiben beharrlich auf dieser Hauptfeldstraße (zweimal links bleiben), bis wir rechter Hand ein junges Wäldchen durchquert haben. An dessen Ende führt ein kleiner Weg vor der Lichtung durch einen Rosenbogen scharf nach rechts hinten zwischen die Stämme. Dieser Abstecher zur kleinen 9 **St.-Ägidius-Kapelle** lohnt sich, liegt sie doch ganz romantisch abgeschieden mitten im Grünen, ganz wie es sich für den Schutzpatron der Jäger und Hirten geziemt. Bestimmt kommt auch bisweilen eine Hirschkuh hierher, mit der der Heilige dargestellt wird, hat sie ihn doch mit ihrer Milch ernährt.

Wenn wir anschließend am Gehölz entlang nach links gehen, treffen wir erneut auf ein verstecktes Kleinod: Wenige Meter nach links steht eine offene Brotzeit-Hütte aus Holz. Weil sie in der Vorweihnachtszeit in eine Krippe verwandelt wird, nennt man sie auch liebevoll den 10 **Bethlehem-Stall.** Von hier aus kehren wir auf unsere Schotterstraße zurück und folgen ihr weiter nach rechts. Wir haben nochmals einen bezaubernden Blick über die sanft hügelige Holledauer Landschaft. Kurz vor unserem Auto erregt schließlich noch ein Naturdenkmal, eine über 200 Jahre alte 11 **Stieleiche,** am linken Straßenrand hinter einem alten Schuppen unsere Aufmerksamkeit.

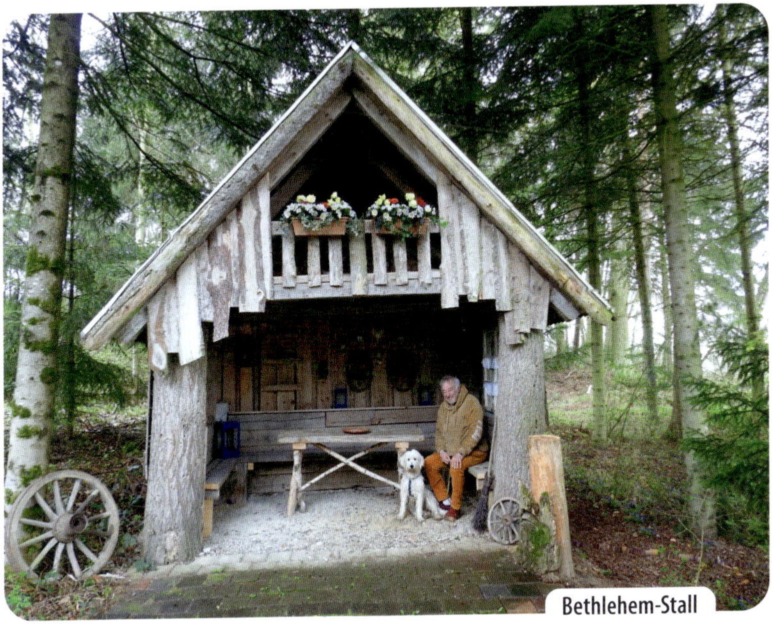

Bethlehem-Stall

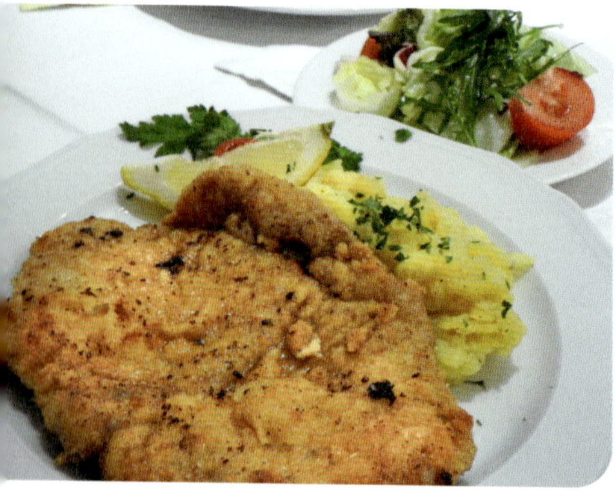

Erfüllt mit so vielen herrlichen An-, Aus- und Einsichten kehren wir beim **Landgasthof Siebler** ein, den wir bereits zu Beginn unserer Tour kennengelernt haben und der neben Speisen und Getränken Produkte aus der einheimischen Metzgerei anbietet – und das auch am Sonntag. Hier können wir beliebte Hopfenprodukte wie die Hopfenschnapssalami oder den Hopfenschinken kosten und als Erinnerung mit nach Hause nehmen. Ein genussvoller Ausflug findet so einen krönenden Ausklang.

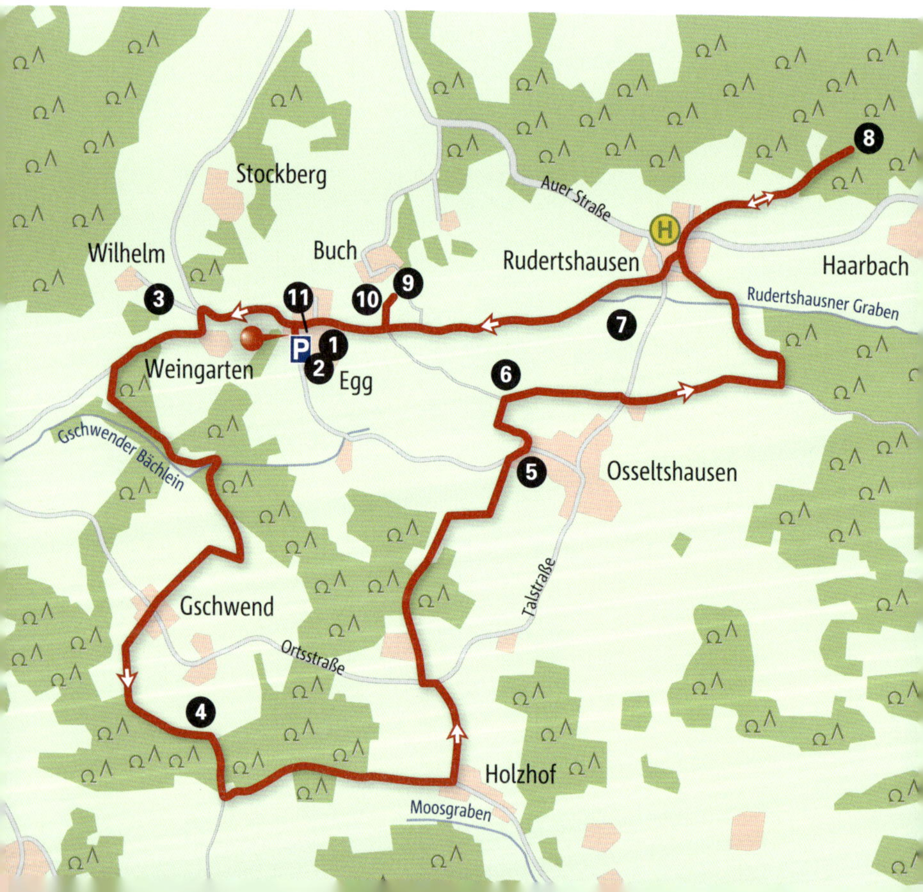

ALLES AUF EINEN BLICK

Entspannung

Abenteuer

Vielfalt

WIE & WANN

Asphaltstraße, Wald-, Schotter- und Wiesenwege; ganzjährig möglich.

HIN & WEG

Auto: Parkplatz beim Landgasthof Siebler, Egg 9, 85283 Wolnzach/Egg (GPS: 48.56752, 11.65989)

ÖPNV: Haltestelle Rudertshausen; hier Einstieg in die Wanderung

ESSEN & ENTSPANNEN

1 **Siebler Übernachtung am Bauernhof,** Egg 10, 85283 Wolnzach/Egg, Tel. (0 84 42) 36 86, https://siebler-uebernachtung-egg.de

2 **Landgasthof Siebler,** Egg 9, 85283 Wolnzach/Egg, Tel. (0 84 42) 36 95, www.siebler-egg.de

5 **Holledauer Wirtshaus,** Schäfflerstraße 29 a, 84072 Au in der Holledau/ Osseltshausen, Tel. (0 87 52) 74 05, www.holledauer-wirtshaus.de

ENTDECKEN & ERLEBEN

3 **Toskanische Allee**

4 **Ausblick nach Egg**

6 **Höchster Punkt der Holledau**

7 **Haus des Bildhauers Hex**

8 **Maria-Hilf-Kapelle**

9 **St.-Ägidius-Kapelle**

10 **Bethlehem Stall**

11 **Naturdenkmal Stieleiche**

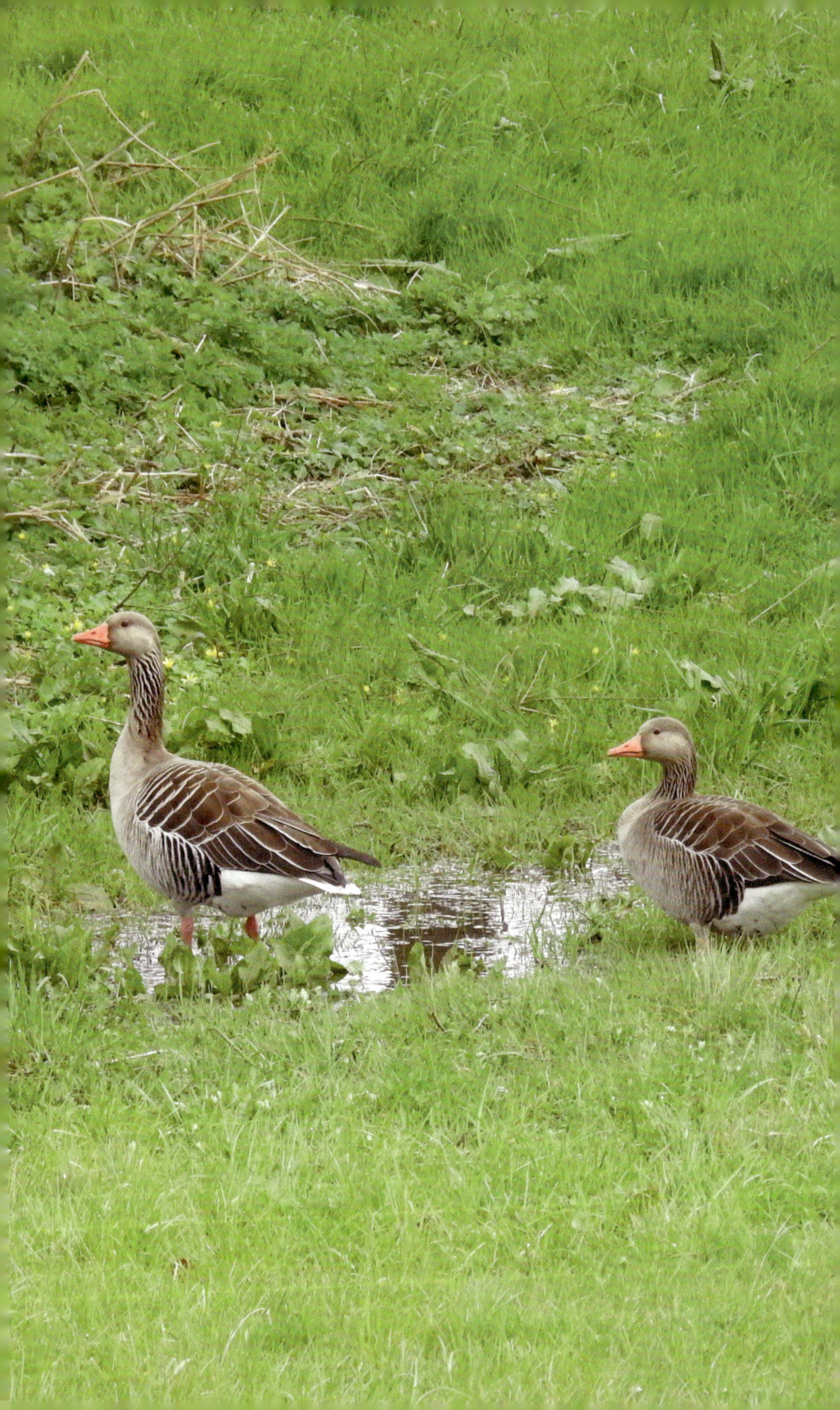

Auen schauen

Auf Deichen um Bad Gögging

Unsere Tour startet beim ❶ **Eisvogel,** einem überregional bekannten Wellnesshotel in Bad Gögging. In jahrzehntelanger liebevoller Arbeit entstand hier aus einem Café ein Freizeitparadies für Jung und Alt. Wir aber wollen wandern, darum merken wir uns den Minigolfplatz für später, biegen davor nach rechts und gehen auf dem Abens-Uferweg am Gasthaus vorbei. Gleich hinter den Häusern erwarten uns bunte Rinder und schwarzköpfige Schafe auf ihren Weiden. Hier biegen wir nach rechts auf den Hochwasserdamm ab und halten direkt auf eine kleine runde Kapelle zu. Dreimal am Tag ertönt an dieser besinnliche Musik und lädt zum Innehalten ein. Selbst die Kühe scheinen die Klänge zu genießen und käuen genüsslich wieder. Die ❷ **Familienkapelle Eisvogel** wurde als Dank für die Geburt gesunder Enkel gebaut. Der seltsame Geruch nach fauligen Eiern, der uns hier in die Nase steigt, entströmt dem kleinen Gewässer unterhalb des Gotteshauses, dessen milchig-blauer Schimmer vom **Schwefel** zeugt, dem gesunden Naturheilwasser Bad Göggings.

*Schon die Kelten und Römer hatten die Schätze Moor und Schwefel, die die hiesige Gegend birgt, entdeckt und für sich nutzbar gemacht: Unter der romanischen Andreaskirche finden sich Teile einer **antiken Therme** – heute ein Museumskleinod.*

Wir setzen unseren Weg auf dem Damm entlang einiger Gärten fort. Das Wasser trägt hier den bezeichnenden Namen „Kleiner Stinker“, denn die Schwefelquellen sind frei auslaufend und somit für alle riechbar. Nun bleiben wir für längere Zeit auf dem **Limesweg,** der mit einem römischen Wachturm ausgezeichnet ist. Dazu queren wir den asphaltierten Radweg Richtung Römerkastell Eining und halten auf einige Hopfenfelder zu. An der vor uns liegenden Gabelung bleiben wir links.

Kilometer: 13
Höhenmeter: 25
Stunden: 4
RUNDWEG

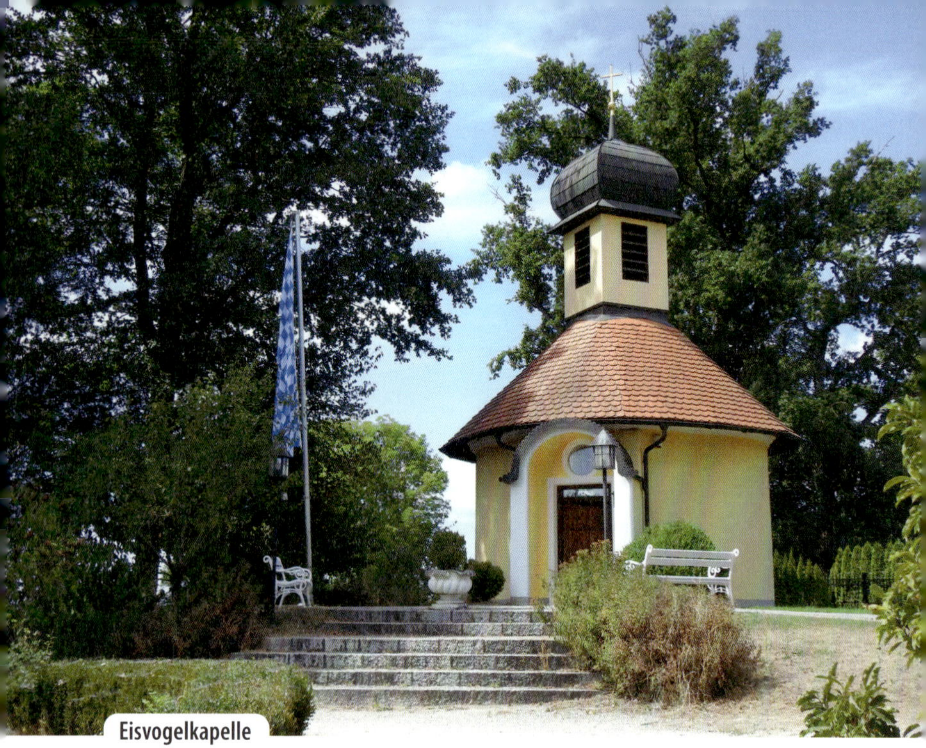

Eisvogelkapelle

Zu unserer Linken sehen wir den spitzen Kirchturm von Neustadt, der wie eine Nadel in den Himmel sticht. Anschließend erhalten wir einen Vorgeschmack auf die Flussauen, die wir später durchwandern werden. Wildgänse finden hier genauso ein Zuhause wie das Blesshuhn und der Biber, vor dessen fleißigen Zähnen die Bäume mit Drahtgeflecht geschützt werden.

Wir setzen unseren Weg auf der Krone des **Hochwasserdamms** fort. Von hier aus haben wir einen erhabenen Blick über die Hopfengärten rechts und das Röhricht zu unserer Linken. Das ist Nordseefeeling mitten in Bayern! Ein Feldhasenpärchen hoppelt flink durch die Stangen – wohl auf der Suche nach wohlschmeckendem Grün. An einer Stelle wird unser Hochweg durchkreuzt, wir aber bleiben so lange auf der Höhe, bis der Damm in eine Schotterstraße ausläuft. Tipp: Um den „Geh-nuss" zu verdoppeln, könnten wir die lange Tour an der Stelle, an der der Damm durchbrochen wird, halbieren und nach links mit der Brücke die Abens überqueren. Bei der Bank „Für Oma Edith" geht's dann weiter. Ein idealer Ausgangspunkt für den zweiten Teil ist der Parkplatz am Römerkastell.

Mit dieser Schotterstraße biegen wir nach links und wenden uns dann rechts Richtung Staatsstraße. Kurz vor dieser führt ein Grasweg nach links. Fast ohne es zu merken, haben wir eine Steigung erklommen und werden mit einem weiten Blick in die Landschaft belohnt. Da kommt uns die Ruhebank am Wegesrand gerade recht.

Für die Seele

Auf Deichen wandernd treffen wir auf Relikte der alten Römer und sehen Flussläufen beim Küssen zu.

Nun durchqueren wir den **Walnusshain.** Eine Infotafel klärt uns über die Herkunft etlicher Bäume aus dem Mittelmeerraum auf. Die Römer waren die Importeure dieser Leckereien. Zum Schutz der Magerrasen hat man den Wanderweg hier parallel zur Staatsstraße verlegt, sodass wir ein kleines Stück mit der modernen Zivilisation in Kontakt kommen. Doch hinter einer Picknickbank biegt er schon wieder nach links Richtung Hangkante und verläuft nun den Abhang entlang rechts weiter direkt auf das ③ **Römerkastell Eining** zu. Wir

Römerfest „Salve Abusina"

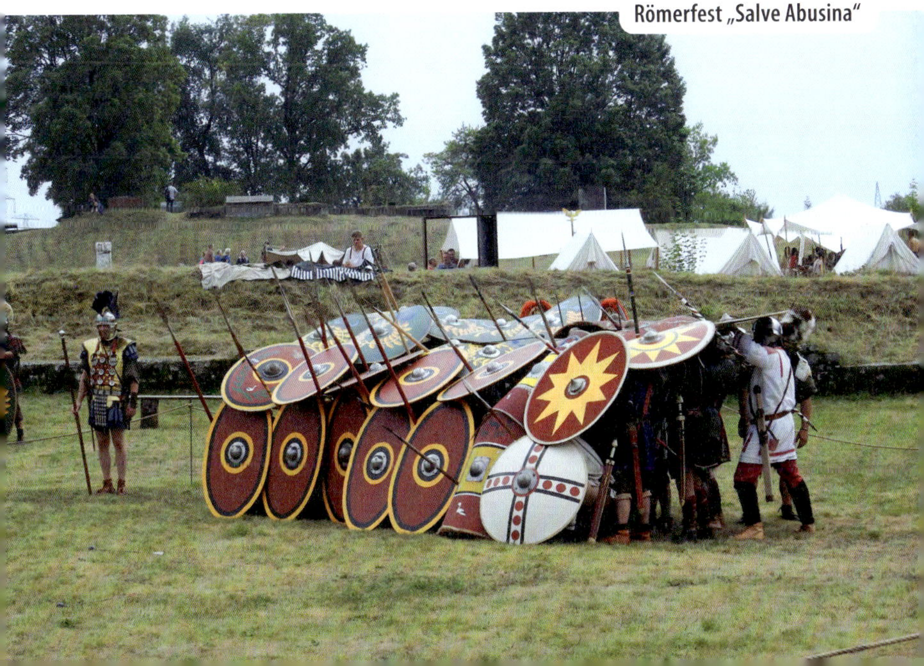

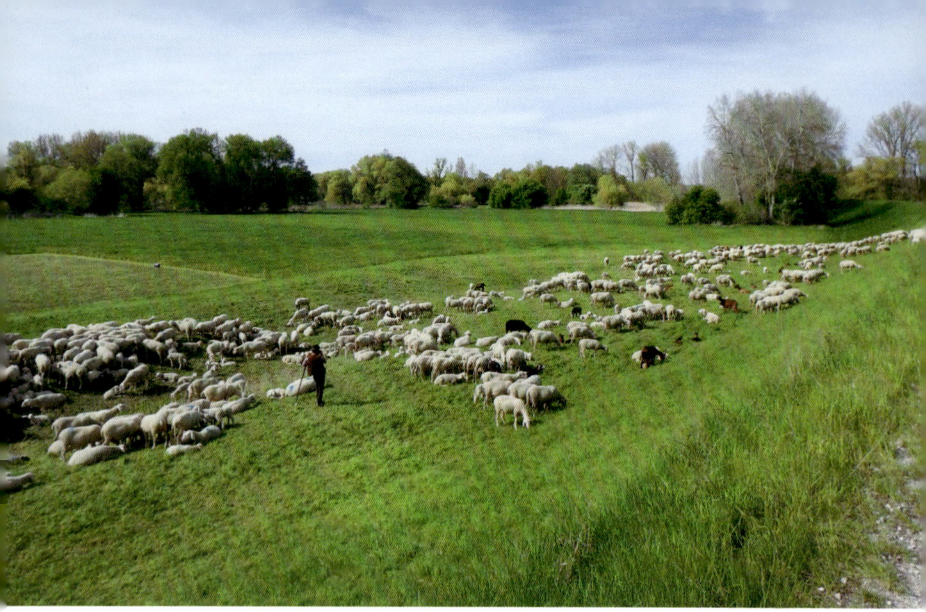

durchqueren dieses kostenlose und frei zugängliche Freilichtmuseum mit seinen vielen Informationstafeln und staunen über die eindrucksvollen Überreste aus antiker Zeit.

Zur Sicherung ihrer Grenzen hatten die Römer Kastelle errichtet. Das an der Abens gelegene ***Römerkastell Eining*** *erwacht zweijährlich Mitte August zum Leben, wenn beim Römerfest „Salve Abusina" Gladiatoren, Soldaten und Händler die Antike wiedererwecken.*

Auf der gegenüberliegenden Seite erwartet uns eine Aussichtsplattform und lässt uns aus der Höhe auf die Bodendenkmäler blicken. Hier finden sich auch öffentliche Toiletten. Wir verlassen das Lagergelände, überqueren den Parkplatz und nehmen vorsichtig den Fußweg auf der anderen Straßenseite an der **Ottilienkapelle** vorbei, der uns ins Dorf **Eining** führt. Am Gebäude der Feuerwehr nehmen wir den Weg links hinter der **4 Dorflinde** hinunter zur **Brücke** über die Abens. Von hier haben wir einen romantischen Blick nach rechts auf die Georgskirche in Hienheim, die sich in der **5 Mündung der Abens** in die Donau spiegelt.

Auf der anderen Brückenseite nehmen wir den zweiten Weg nach links, der uns durch Viehweiden mitten in die **6 Donauauen** führt. Weil das Gelände bei Hochwasser bisweilen überschwemmt wird, wachsen hier vor allem hochwasserresistente Bäume wie Weiden, Pappeln und Erlen. Auf dem Abhang zu unserer Linken können wir das Römerlager erahnen, das wir gerade erkundet haben. Wie eindrucksvoll muss es für unsere Vorfahren gewesen sein, dieses riesige, strahlend weiße Gebäude auf dem Steilufer thronen zu sehen. Hinter einem kleinen Gehölz stoßen wir schließlich auf die mächtige Donau. Breit wälzt sie sich durch das Tal. Eine Kolonie Pestwurze hat sich dort angesiedelt und verzaubert mit ihren kleinen Blüten im Frühling das Ufer.

Dann durchkreuzt der Weg wieder die Auenlandschaft und führt zum Hochwasserdeich. Wir erklimmen ihn und nehmen auf der **Bank „Für Oma Edith“** Platz. Links fließt das kleine Abens-Flüsschen, rechts hinter den Wiesen blitzt die Donau auf – ein Paradies für Wasserbewohner aller Art. Erfrischt geht es nun weiter. Wir haben die Wahl: Entweder bleiben wir mit Weitblick auf der Deichkrone oder am Fuß des Damms in seinem Schutz. Nach knapp 1 Kilometer verzweigt sich links der Wasserlauf und ein Schild mit der Kilometerangabe 0,0 verrät, dass wir Zeuge eines weiteren Flusstreffens werden: Hier vereinigt sich die **7 Ilm** mit der Abens. Dann kehrt sich die Donau wieder in unsere Richtung und wir schweben zwischen Donau und Ilm. Vor uns tauchen die Gebäude der DLRG auf. Ein **8 rot-weiß-geringelter Leuchtturm** setzt einen Farbakzent ans Ufer. Der Künstler Toni Schaller wollte ihn mit den Hochwassermarken als Mahnmal für den Schutz der Natur verstanden wissen. Hier verlassen wir den Deich, überbrücken die Ilm nach links und durchqueren ein kleines Gewerbegebiet. Schon nach etwa 100 Metern erreichen wir einen weiteren Hochwasserdeich und biegen nach links ab. Wieder haben wir die Wahl des Deichwegs oben oder unten. Wir entdecken einen **Übungsdeich,** wo Hilfswerke aktiv Deichbau

Im Mündungsgebiet von Ilm und Abens wurde 1965 in einem eigens dafür geschaffenen kleinen Reservat der damals in Bayern fast ausgerottete ***Biber*** *wieder angesiedelt – und hat von hier aus seinen Siegeszug durch das gesamte Land angetreten.*

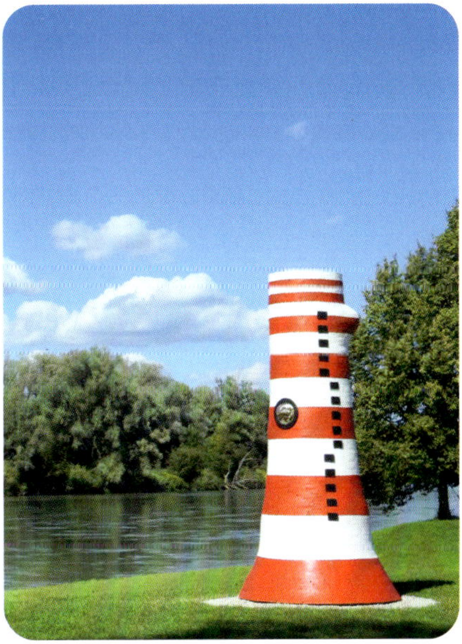

Nachdem die Gegend von etlichen Hochwasserereignissen heimgesucht wurde, beschloss man, einen ***Übungsdeich*** *zu errichten, um gezielt solche Gefahren simulieren und darauf reagieren zu können. Dieses Projekt ist bayernweit einzigartig.*

und -rettung üben können, passieren eine Viehweide und erreichen das **9 Wildgehege am Kögelhaufen.**

Dann machen wir mit dem Damm eine Rechtskurve, passieren ein Stauwehr und erfahren auf dem Gewässerlehrpfad viel Interessantes über die einheimische Fischwelt. Der zweite Weg, der den Deich durchschneidet (an der Tafel der Äsche), bringt uns an der Abens entlang zurück zu unserem Ausgangspunkt.

Ein Besuch der **10 Limes-Therme,** in der wir unter anderem das gesunde Schwefelwasser und verschiedene Mooranwendungen – sie werden wegen ihrer entspannenden Wirkung auch Schwarze Daune genannt – genießen können, rundet den Ausflug gebührend ab.

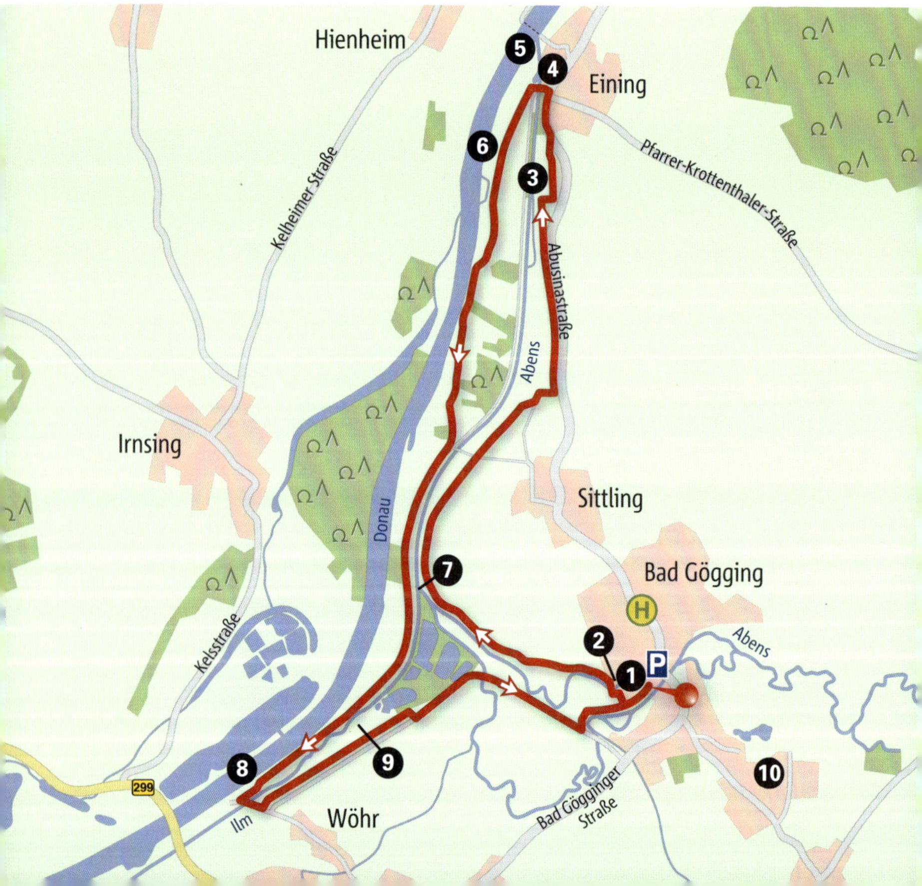

ALLES AUF EINEN BLICK

Entspannung ●●●●●
Abenteuer ●●●●○
Vielfalt ●●●●○

WIE & WANN

Asphaltstraße, Schotter- und Wiesenwege; bei trockenem Wetter ganzjährig möglich. Sonnenschutz nicht vergessen!

HIN & WEG

Auto: Parkplatz am SpielGolf-Platz beim Hotel Eisvogel, An der Abens 20, 93333 Neustadt an der Donau/Bad Gögging (GPS: 48.82374, 11.77954)
ÖPNV: Haltestelle Bad Gögging, Römer

ESSEN & ENTSPANNEN

1 **Wellness- & Genusshotel Der Eisvogel,** An der Abens 20, 93333 Neustadt an der Donau/Bad Gögging, Tel. (0 94 45) 96 90, www.hotel-eisvogel.de
10 **Limes-Therme,** Am Brunnenforum 1, 93333 Neustadt an der Donau/Bad Gögging, Tel. (0 94 45) 2 00 90, www.limes-therme.de

ENTDECKEN & ERLEBEN

2 **Familienkapelle Eisvogel**
3 **Römerkastell Eining**
4 **Dorflinde**
5 **Abensmündung**
6 **Donauauen**
7 **Ilmmündung**
8 **Leuchtturm**
9 **Wildgehege am Kögelhaufen**

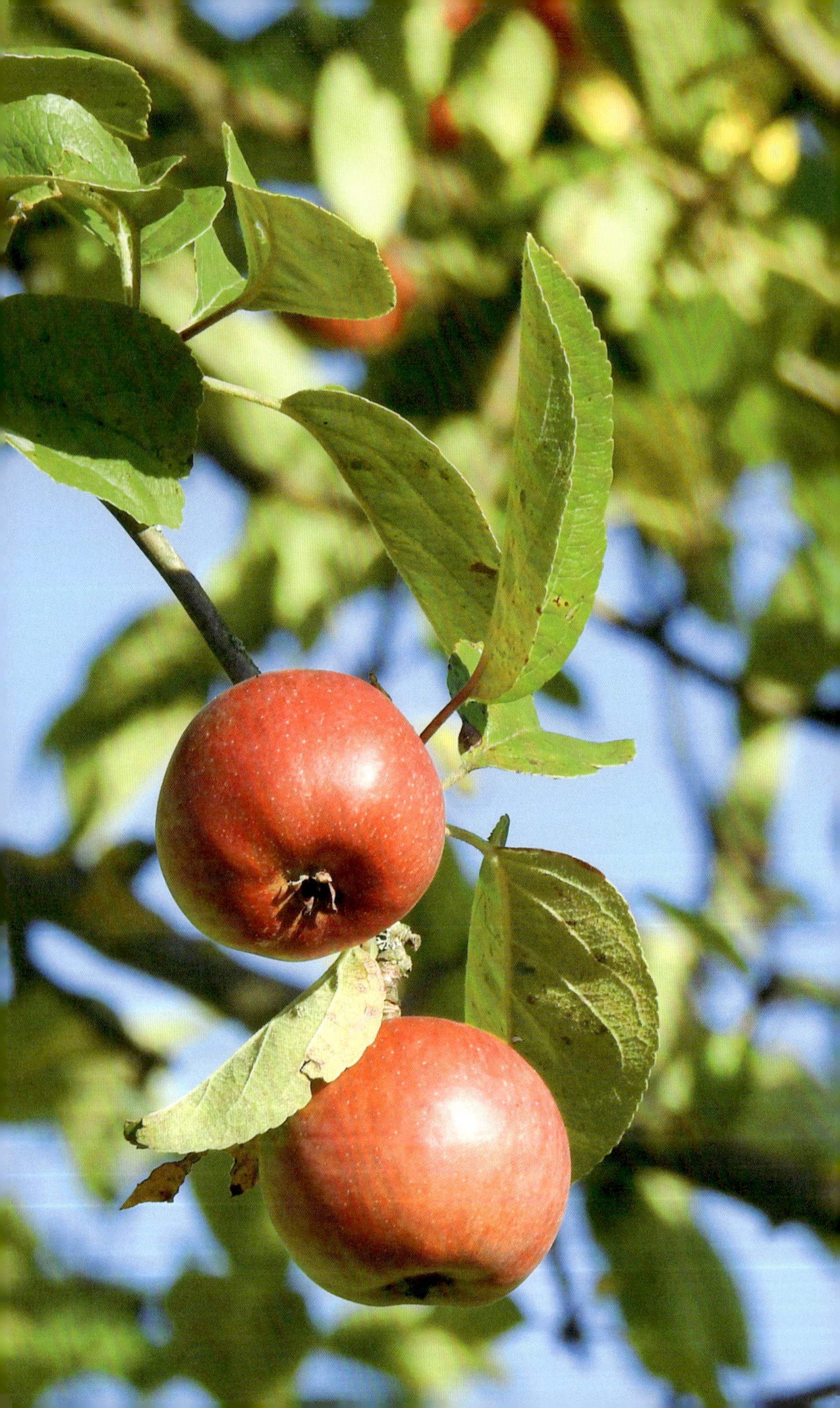

Asams Äpfel

Rund ums niederbayerische Rohr

Der kleine Markt Rohr ist schon von Weitem an seiner markanten Klosterkirche zu erkennen. Welch genialer Schachzug war es dereinst, mit dem Aufbau der nach dem Dreißigjährigen Krieg zerstörten Stiftskirche den jungen Architekten Egid Quirin Asam zu beauftragen, der hier sein erstes eigenständiges Werk erschuf – es gilt als eines seiner besten. Das wollen wir uns natürlich ansehen.

Dazu parken wir unser Auto auf dem Parkplatz an der **Schulsporthalle –** haben sich die Benediktinermönche doch der Bildung der Jugend verschrieben und ein Gymnasium in den Klostergebäuden eingerichtet. Von hier aus gehen wir die Sackgasse Richtung Kirche, biegen hinter dem Gebäude **Am Klostergarten 1** links in den Fußgängerdurchgang und gelangen auf den Vorplatz der Schule. Ob es uns wohl gelingt, an der **1 Sonnenuhr** die richtige Zeit abzulesen? Es ist zwar deutlich schwieriger als von einem Handy, verdeutlicht aber die Wurzeln unseres Denkens in der Abhängigkeit von Natur und Gestirnen.

Am Gymnasium gehen wir rechts entlang auf den **2 Gasthof Sixt** zu. Hier kann man noch typische Speisen der Hallertau genießen. Im Frühjahr wird beispielsweise Hopfenspargel zubereitet – die unterirdischen Triebe der Hopfenpflanze werden dazu von Hand geerntet und zu einem gesunden, leckeren Gemüse verarbeitet. So zählt diese Spezialität zu den teuersten Gemüsen. Wir freuen uns schon darauf, am Ende unserer Tour hier einzukehren.

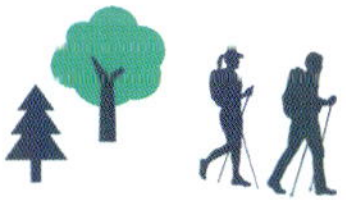

Kilometer: 10,5
Höhenmeter: 120
Stunden: 3
RUNDWEG

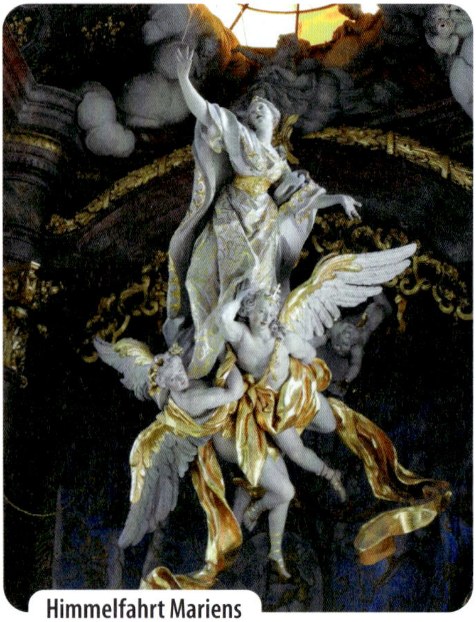

Himmelfahrt Mariens

Nun biegen wir nach rechts und gehen direkt auf die mächtige **3 Klosterkirche Mariä Himmelfahrt** – eine der bedeutendsten Barockkirchen Deutschlands – zu. Ein Besuch des *theatrum sacrum* – des heiligen Theaters am Hochaltar – ist unbedingt zu empfehlen. In der Altardarstellung werden wir direkt mit in die Aufnahme Mariens in den Himmel einbezogen. Wir sehen die Gottesmutter in der Luft schweben, während die Apostel um sie herum ungläubig staunen – und wir mit ihnen.

Es drängt uns hinaus. Wir verlassen das Kirchengebäude, gehen geradeaus bis zur **Hauptstraße** und zweigen nach rechts ab. Nach der ehemaligen **Asam-Apotheke** mit der Hausnummer 36 biegen wir in den kleinen Fußgängerdurchlass nach links auf den **Schulweg** ab. Wir wandern über den Parkplatz hinunter zur Regensburger Straße, überqueren sie und laufen bergan geradeaus auf den Umsetzer zu. Jetzt passieren wir das Rohrer Freibad und das Sportgelände. Knapp unterhalb des Gipfels schwenken wir in den ersten Feldweg nach rechts ein, dem wir bis zu seiner Einmündung in eine Asphaltstraße geradeaus folgen. Hier wenden wir uns nach rechts bis zur nächsten Kreuzung, überqueren die Straße und nehmen den Feldweg, der geradeaus abzweigt und uns in einem Z durch die Felder bis zu einem **4 Aussichtsbankerl** hinauf geleitet, auf dem wir uns niederlassen und den Blick ins Tal auf uns wirken lassen. Anschließend folgen wir dem berganführenden Wirtschaftsweg geradeaus weiter bis zu seiner Einmündung, biegen kurz nach links und hinter dem Feld gleich wieder nach rechts ab. Links von den Strommasten bleiben wir zunächst noch auf der

*Bei der Schlacht um Abensberg 1809 haben sowohl der österreichische Erzherzog als auch Napoleon kurz hintereinander in demselben **Rohrer Gasthof** genächtigt. Ob sich der Lauf der Geschichte wohl geändert hätte, wenn sie miteinander ein Bier getrunken hätten?*

Höhe und wenden uns erst nach 250 Metern nach rechts mitten durch die Felder zurück ins Tal. Die warme Sommerluft ist schwer vom süßen Duft reifer Brombeeren, die hier reichlich gedeihen.

Unten wandern wir auf dem Radweg nach links weiter und gelangen mit einer Rechtskurve direkt zum **5 Streuobstlehrpfad** allergikerfreundlicher Apfelsorten in der Rohrbachaue. Ihm folgend erfahren wir Interessantes und Wissenswertes über die besondere Kulturform der Streuobstwiese, lernen Apfel- und Birnbäume bereits an der Wuchsform zu unterscheiden und machen Bekanntschaft mit vielen wohlklingenden Obstarten wie dem Galloway Pepping. Mittels eines QR-Codes kann man die verschiedenen Sorten sogar direkt ansteuern. Einen Apfel zu probieren, ist ausdrücklich erlaubt und wir merken uns für den Heimweg, dass im nahegelegenen **6 Bio-Streuobst-Hof Stöckl** der erfrischende Saft zu erwerben ist, natürlich, regional und in reiner Bioqualität.

Für die Seele

Nachdem wir Maria in den Himmel aufsteigen sahen, laben wir uns auf Hügelgipfeln am Bio-Obst am Wegesrand.

Rechts von uns mäandriert der renaturierte Rohrbach. Einige Bänke verschaffen müden Füßen will-

Klosterkirche Mariä Himmelfahrt

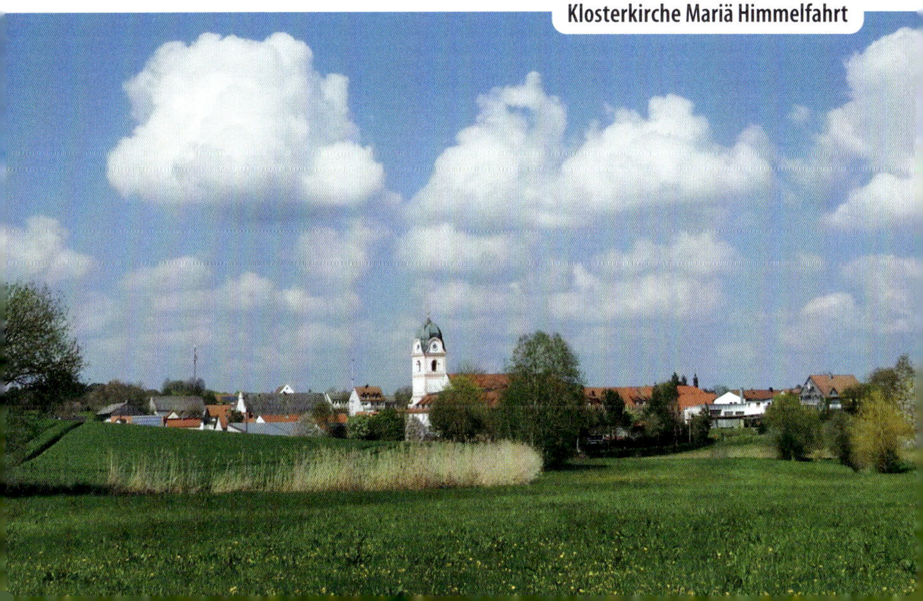

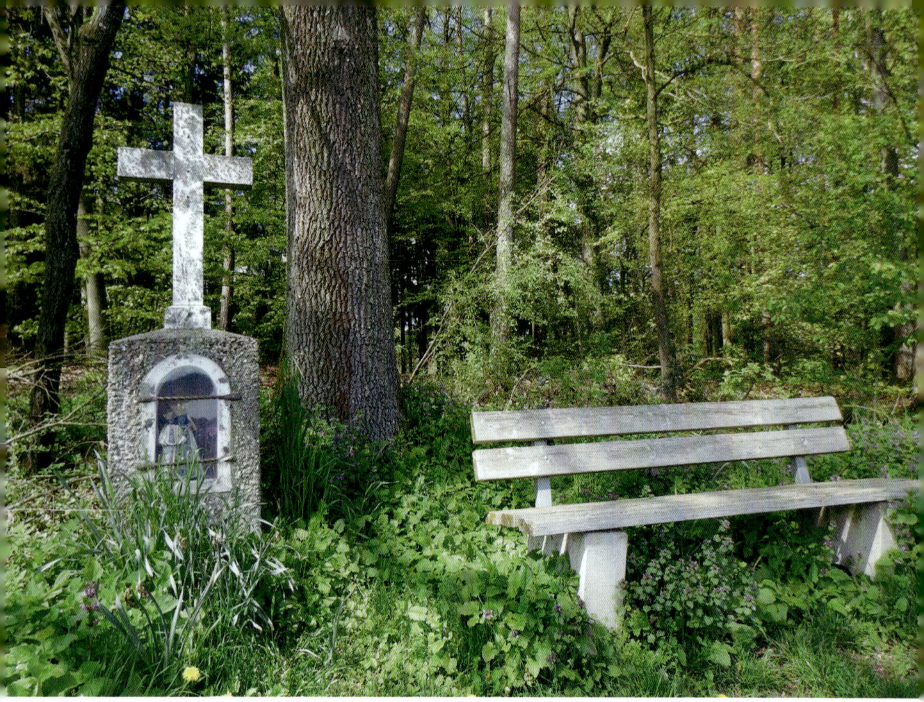

kommene Wohltat. Dort, wo zu unserer Linken ein großer Schuppen auftaucht und ein Gedenkkreuz die Einfahrt schmückt, überqueren wir achtsam die Verkehrsstraße nach rechts und steigen geradeaus zwischen den Feldern hügelaufwärts. Links im Tal reckt die **Wallfahrtskirche von Laaberberg** ihren Turm gen Himmel. Ihr wundersamer Gesundbrunnen soll sogar Herzog Ludwig den Reichen zu einer Pilgerfahrt veranlasst haben. Noch heute kommen viele Gläubige zum lebensgroßen Mariengnadenbild nach Laaberberg. Die Kirche wurde übrigens von einem der berühmten Asam-Brüder ausgemalt.

__Streuobstwiesen__ sind die traditionelle Weise, Obst anzupflanzen. Zwischen den Bäumen wachsen neben Gräsern viele Blumen und Kräuter, die nur zweimal im Jahr gemäht werden. So finden hier viele Insekten, Vögel und Kleinlebewesen einen wertvollen Lebensraum.

Der Hase, der gerade noch ein Staubbad in der Abendsonne genossen hat, holt uns mit einem Satz ins Maisfeld aus unseren Gedanken. Bei der nächsten Gelegenheit biegen wir nach rechts in den Schotterfeldweg, machen mit ihm einen Linksschwenk und haben nun das Gefühl, direkt in den Himmel hineinzuspazieren. Der Anstieg wird mit einem weiten **7 Labertalblick** in beide Richtungen belohnt. Wir gehen nach rechts auf ein kleines Waldstück zu, umrunden es auf der linken Seite und erreichen ein Flurkreuz mit Bank unter einer Linde. Hier beginnt die Asphaltstraße, der wir bis zur nächsten Rechtsbiegung folgen. Dort nehmen wir den Feldweg unterhalb einer Baumreihe, der geradeaus auf das nächste Gehölz hinauf zuhält. Dieses lassen wir links von uns und erreichen eine weitere Streuobstwiese der Stöckls. Hier halten Waldschafe das Gras als natürliche Rasenmäher kurz. Am Holzschuppen biegen wir kurz nach rechts und gleich darauf nach links ab, queren die Verbindungsstraße und bleiben auf dem Schotterweg Richtung Obereulenbach 19 ½. Wir erreichen das Loretto-Holz, bleiben bei der Grundstückseinfahrt geradeaus und nehmen nach dem **8 Kreuz mit der schwarzen Madonna von Altötting** im Sockel auf dem Gipfel des Klosterbergs die zweite Abzweigung nach rechts.

Beinahe schweben wir durch das Loretto-Holz immer leicht bergab bis kurz vor die Hochspannungsleitung. Hier zweigt unser Weg nach links ab und führt schließlich unter dem sirrenden Energieträger hindurch. Am Rande des Gehölzes blickt ein farbenfroher Jesus vom Kreuz zu uns. Wir bleiben bis zur **Högetsinger Straße** geradeaus. Dort biegen wir nach rechts und sehen den markanten Turm der Rohrer Klosterkirche vor uns aus den Feldern aufleuchten. Irgendwann er-

Zu den bedeutendsten Marien-Wallfahrtsorten Bayerns zählt Altötting. Die Lindenholzstatue der ***Madonna*** *ist vom jahrhundertelangen Kerzenrauch geschwärzt. Seit dem 16. Jahrhundert wird sie je nach Anlass in verschiedene Gewänder gehüllt und verehrt.*

Lorettokapelle

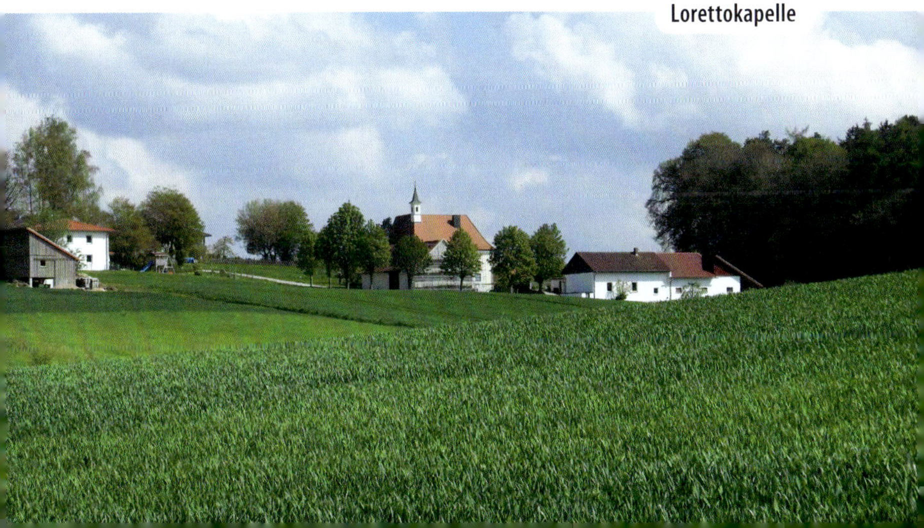

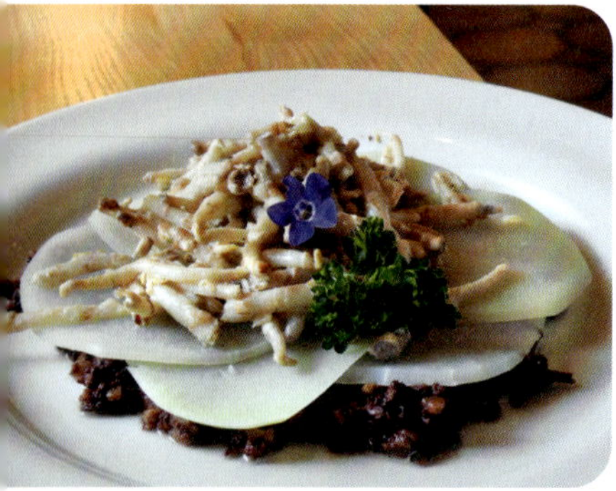

blicken wir rechts über uns die kleine **9 Lorettokapelle,** die dem Holz seinen Namen gab. Früher hieß der ganze Ortsteil nach der ehemaligen Einsiedelei. Heute ist das Gotteshaus in Privatbesitz und öffentlich nicht zugänglich. Gelegentlich finden Andachten in dem liebevoll gepflegten Kleinod statt.

Ein letztes Gedenkkreuz grüßt uns am Wegesrand, bevor wir das Ortsschild von Rohr erreichen und auf der eingeschlagenen Straße unser Fahrzeug erreichen. Endlich haben wir uns die Einkehr im Biergarten vom **Gasthof Sixt** mit einer deftigen Brotzeit redlich verdient.

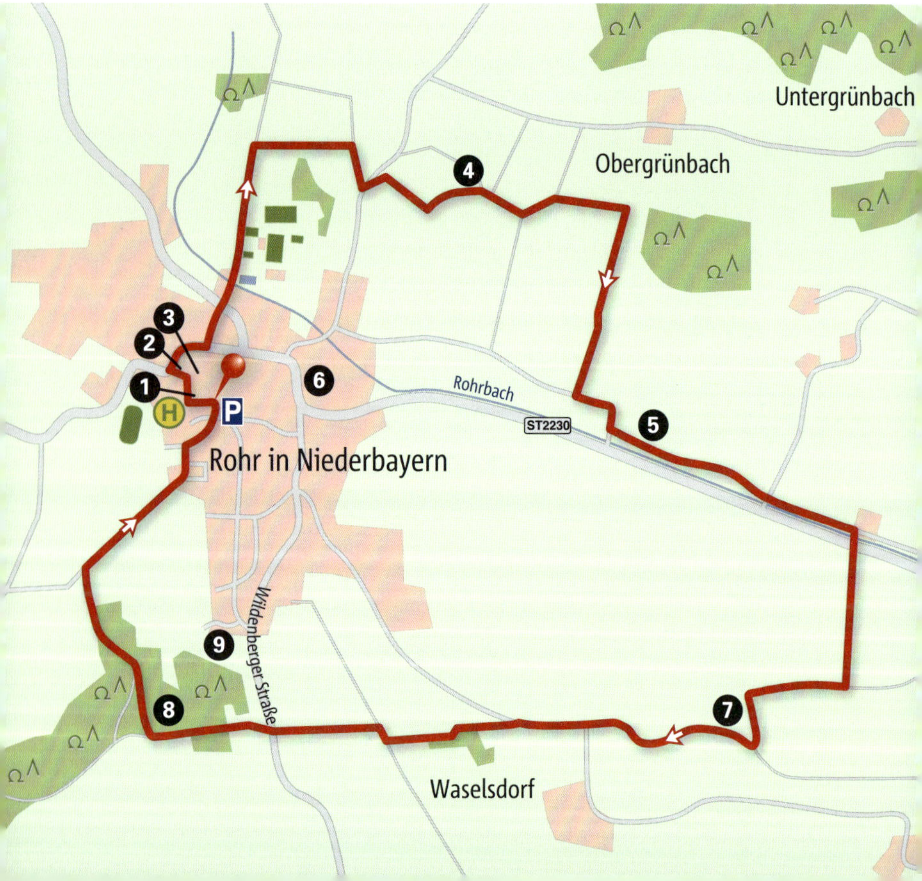

ALLES AUF EINEN BLICK

Entspannung 4/5
Abenteuer 3/5
Vielfalt 4/5

WIE & WANN

Asphaltstraße, Wald-, Schotter- und sandige Feldwege; ganzjährig möglich.

HIN & WEG

Auto: Parkplatz am Klostergarten, 93352 Rohr in Niederbayern
(GPS: 48.76784, 11.96778)
ÖPNV: Haltestelle Rohr, Gymnasium

ESSEN & ENTSPANNEN

2 **Gasthof Sixt,** Asamstraße 1, 93352 Rohr in Niederbayern,
Tel. (0 87 83) 9 69 60, www.hotel-gasthof-sixt.de

6 **Bio-Streuobst-Hof Stöckl,** Hauptstraße 6, 93352 Rohr in Niederbayern,
Tel. (0 87 83) 6 79, www.streuobsthof-stoeckl.de

ENTDECKEN & ERLEBEN

1 **Sonnenuhr**
3 **Klosterkirche Mariä Himmelfahrt**
4 **Aussichtsbankerl**
5 **Streuobstlehrpfad**
7 **Labertalblick**
8 **Kreuz mit der schwarzen Madonna von Altötting**
9 **Lorettokapelle**

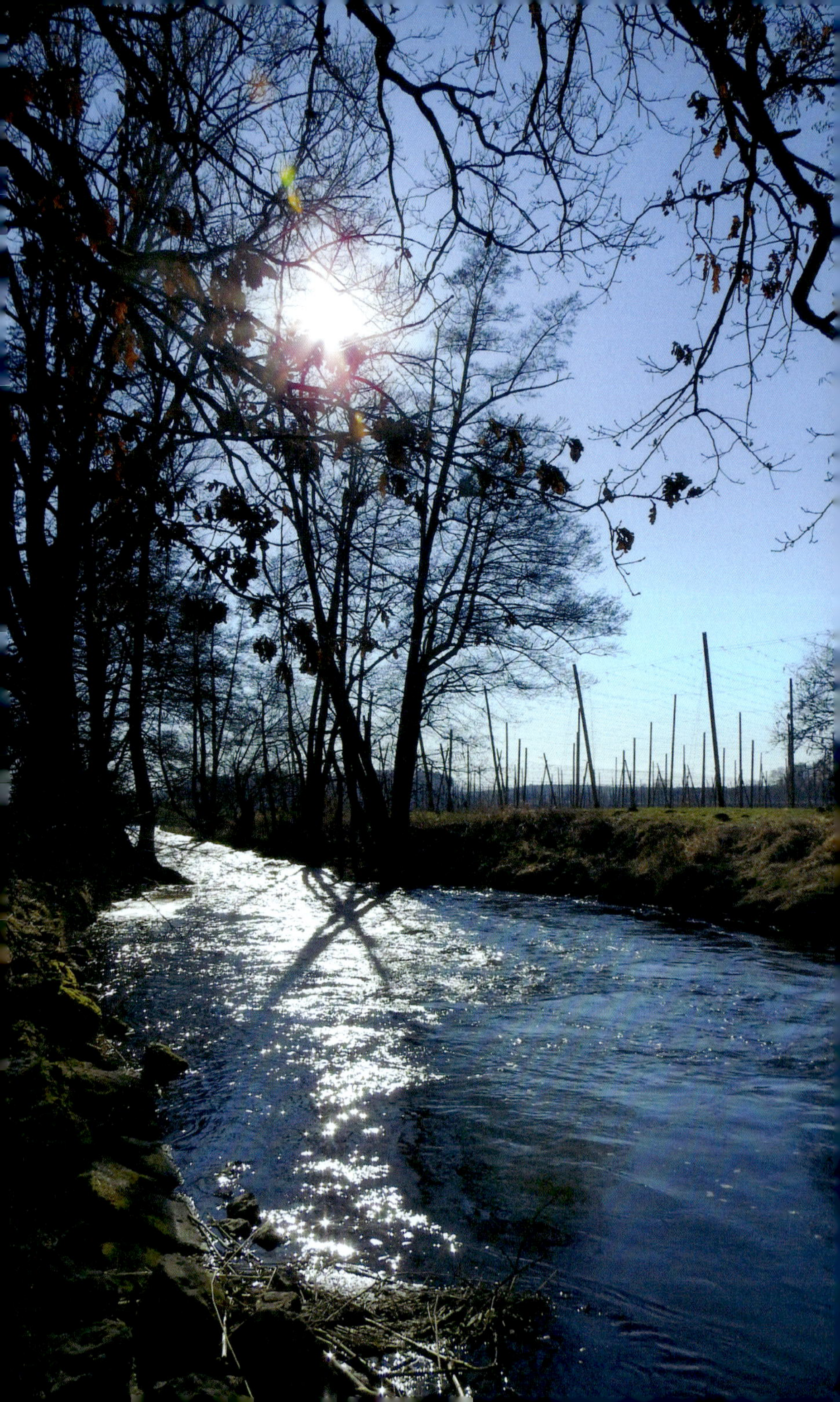

Alles im Fluss

Bei Geisenfeld im Ilmtal

Das kleine Ainau bei Geisenfeld besteht aus einer Ansammlung einiger Bauernhöfe – hat aber eine lange und spannende Vergangenheit, deren Zeugnisse uns auch heute noch verzaubern. Wir starten am Ortsausgang von Zell, wo die **Waldstraße** auf die **Münchener Straße** trifft. Dort schmückt ein goldenes Kruzifix den Eingang ins Gehölz. Nachdem wir das Haus der Bayerischen Staatsforsten passiert haben, führt uns eine breite Schotterstraße sanft bergauf in den abwechslungsreichen Mischwald. An der großen Kreuzung bleiben wir geradeaus Richtung **Wolnzach.**

__Wolnzach__ hat sich dem Hopfen verschrieben: Neben einem Hopfenlehrpfad kann man seine Geschichte und Anbautechniken im Deutschen Hopfenmuseum erleben. Und im Hopfenforschungszentrum werden immer neue Sorten gezüchtet und getestet. Unbedingt besuchen.

Wir entdecken im Unterholz neben Heidel- und Brombeeren auch einige Heidesträucher, die im Spätsommer violette Farbakzente auf den Waldboden setzen. Ansonsten rollt das Moos einen sattgrünen Teppich aus, auf dem sich unterschiedliche Pilze gruppieren – *Schwammerl,* wie wir in Bayern sagen. Ein kleines gemaltes *Marterl* erinnert an einen Mann, der bei der Waldarbeit von einem Baum erschlagen wurde. Noch heute ist die Arbeit im Holz nicht ungefährlich. Anschließend klärt uns eine Tafel über den Nutzen von Totholz als Lebensraum auf. Nun betrachten wir die vielen Baumstümpfe und Wurzeln mit anderen Augen und lassen unserer Fantasie dabei freien Lauf. Plötzlich sehen wir Waldgeister, die uns fröhlich zuwinken, oder geheimnisvolle Fratzen unter den Zweigen hervorblicken.

Erst dort, wo der Weg wieder abwärtsführt und uns aus unserem Bergaufmodus holt, realisieren wir, dass wir bisher einen leichten,

Kilometer: 7,5

Höhenmeter: 40

Stunden: 2,5

RUNDWEG

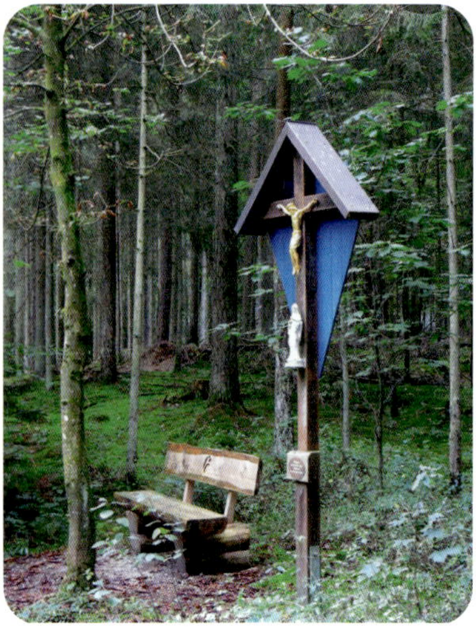

aber stetigen Anstieg bewältigt haben. Von links kommend vereinigt sich ein weiterer Schotterweg und wir sehen vor uns das ❶ **blaue Kreuz** durch die Stämme blitzen. Unter ihm wartet eine Ruhebank auf entspannungsfreudige Wanderer. Hier biegen wir nach rechts ab. Der lang gezogene Ruf eines Bussards begleitet uns.

Tiefe Furchen und Bodenwälle im Untergrund lassen vermuten, dass dieser romantische Flecken Natur vor Zeiten anderen Zwecken gedient hat. Als Bodendenkmäler hat sich an vielen Stellen Kulturgut aus früheren Zeiten erhalten – unerforscht und voller Geheimnisse. Der folgende Querweg liegt etwas über dem Waldbodenniveau und wir müssen ein Stück hinaufklettern. Dort halten wir uns kurz links, um gleich darauf rechts in den **Rundweg Hügelgräber** einzuschwen-

Gräber aus der Bronzezeit

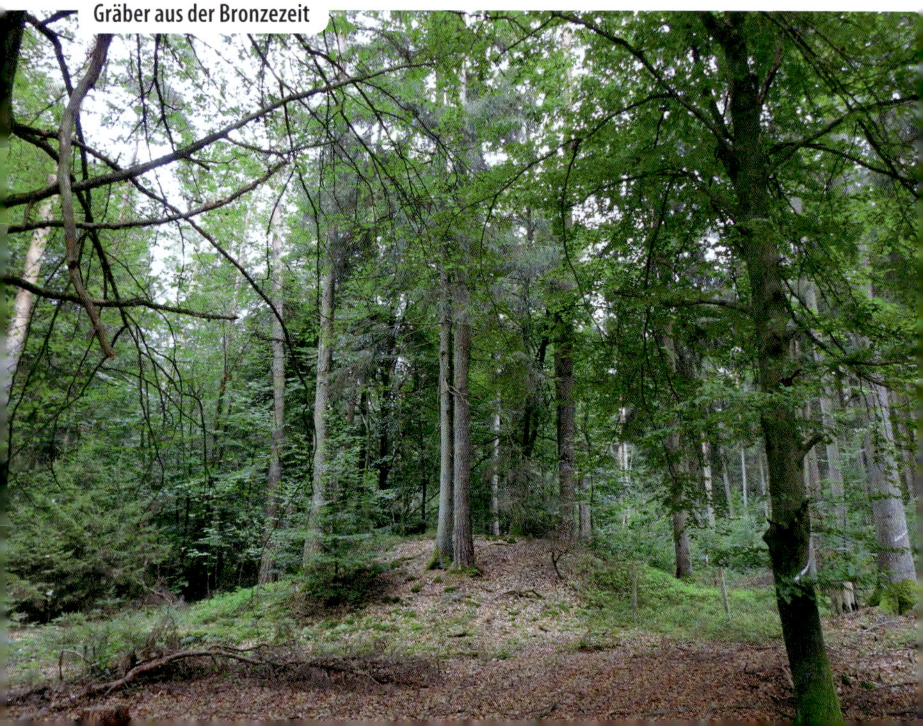

ken. Am rechten Wegesrand erspähen wir eine flache Marienskulptur, die an einen Baumstumpf gebunden wurde. Hier hat sich jemand ein eigenes kleines Heiligtum geschaffen und pflegt es liebevoll. Beiderseits des Weges fallen uns nun viele kleinere Hügel auf, die von Bäumen bewachsen sind. Wie übergroße Maulwurfshaufen wirken sie auf uns. Es handelt sich dabei um ein **2 bronzezeitliches Hügelgräberfeld** – vor rund 3500 Jahren haben unsere Vorfahren hier ihre Toten mit etlichen Beigaben, die uns Einblicke in ihre Lebensweise gewähren, auf die letzte Reise geschickt. Mit beinahe 200 Grabhügeln gehört das Feld zu den ausgedehntesten Bodendenkmälern seiner Art in ganz Süddeutschland. Eine Picknickgelegenheit lässt uns verweilen und die Informationstafel klärt uns über die geschichtlichen Zusammenhänge auf.

Für die Seele

Nach dem kühlen Wald weitet sich die Seele am Ufer der Ilm, bevor der kühle Gerstensaft durch die Kehle rinnt.

Nun kündigt sich bereits die Staatsstraße an, die wir nach Kurzem erreichen. Wir überqueren sie vorsichtig und nehmen den Wiesenweg, der schräg links von uns auf die Gebäude von **Stadelhof** zuführt. Von der leichten Anhöhe haben wir einen schönen Blick in die weite, fruchtbare Landschaft mit ihren Feldern und Hopfengärten.

Wir wandern nach rechts durch den **3 Biohof der Familie Grabmaier.** Bereits seit dem Ende der 1980er-Jahre ist sie auf Ökolandbau umgestiegen und hat sich auf die Aufzucht von Geflügel spezialisiert. Auf einer Wiese leben etliche Truthühner, die sofort auf uns zulaufen und uns mit ihrem kehligen Gurren begrüßen. Der kleine Hofladen bietet neben Eiern, Nudeln und Kartoffeln auch Wild aus eigener Jagd zum Kauf auf Vertrauensbasis an. Eine kleine Hofkapelle ist im Sommer romantisch von Kletterrosen eingerahmt. Das Krähen eines Hahns lässt uns auf der anderen Hofseite neugierig über den Zaun blicken. Eine riesige Schar weißer Hühner pickt hier fröhlich im grünen Gras und

*Nicht weit von hier bietet die **Lehenmühle** neben eigenen Erzeugnissen liebevoll zusammengestellte regionale Produkte je nach Saison an, vor allem selbst gemahlenes Mehl und Nudeln aus eigener Produktion. Ein Besuch dort ist wie ein kleiner Urlaub.*

klettert auf Gehölze. Stolz reckt der Gockel den roten Kamm, um für Ordnung unter seinen Damen zu sorgen – hier möchte man auch Huhn sein.

Geradeaus verlassen wir die Hofstelle und wandern in die flachen Auen zwischen Feldern und Wiesen der **4 Ilmauen.** Bisweilen dreht ein Flugzeug über uns seine Kreise, das vom links gelegenen Flugplatz gestartet ist und die Aussicht über die herrliche Landschaft aus anderer Perspektive genießt. Besonders Wagemutige dürfen gegen einen Obolus auch eine Runde mitfliegen.

Ab und an setzen einzeln stehende Laubbäume Akzente in die Ebene und spenden wohltuenden Schatten. Ein windschiefes Schild warnt vor Wegeschäden durch den Biber. Die Ilm beendet schließlich unsere Auenüberquerung und wir folgen dem Flüsschen nach rechts stromabwärts. Leise gurgelnd begleitet uns das Wasser und gerät an einigen Stromschnellen in Aufruhr. Die Hopfenstangen spiegeln sich malerisch im Wasser. Gelegentlich schrecken wir Enten auf, die sich im Uferdickicht versteckt hatten. Mit lautem Flügelschlag und schnatternd erheben sie sich in die Luft.

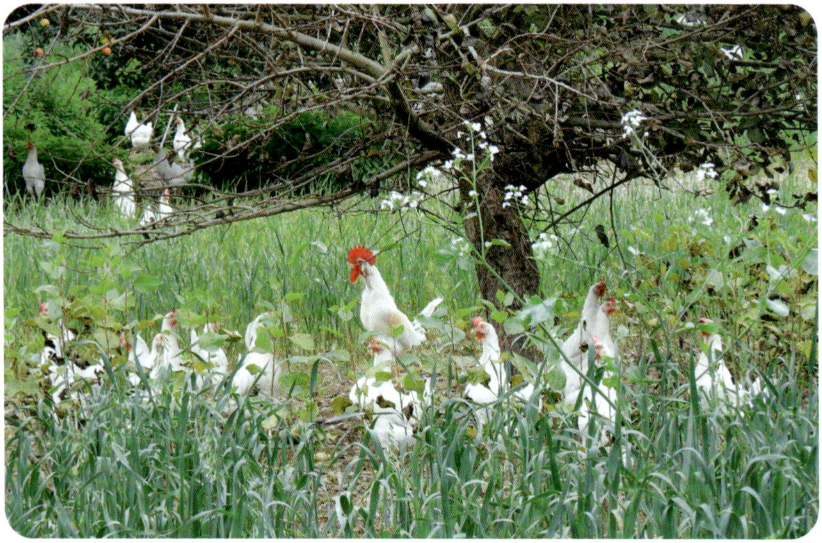

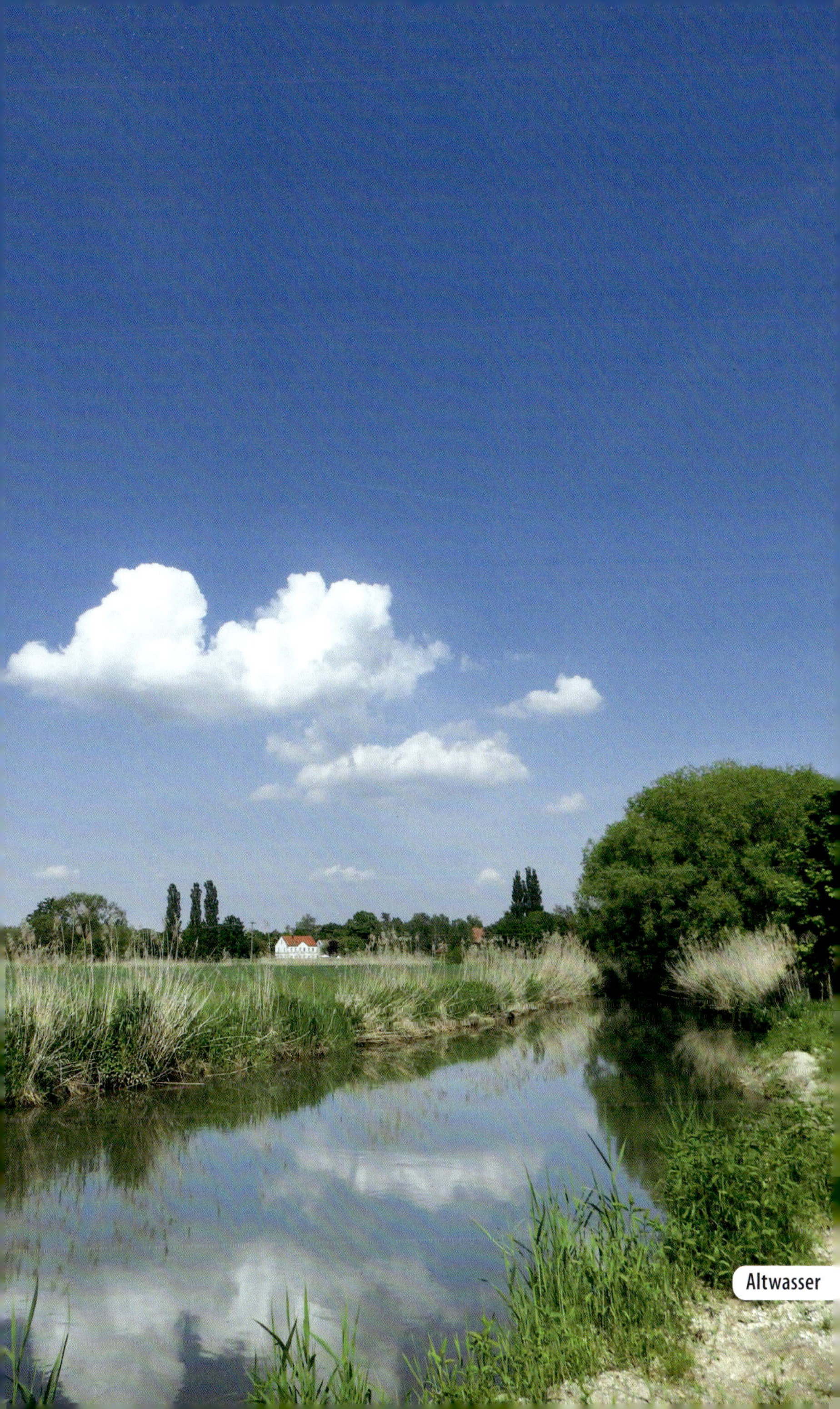
Altwasser

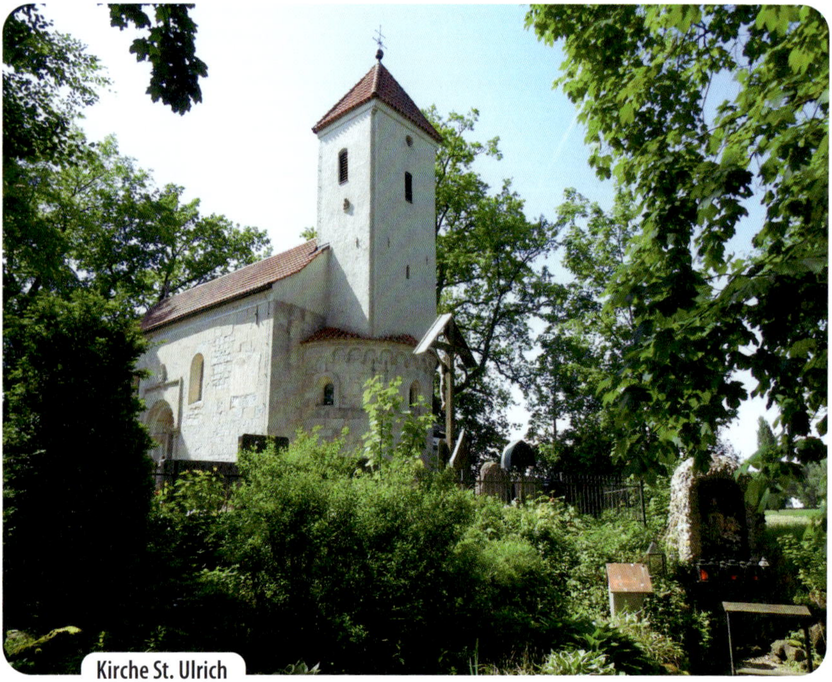

Kirche St. Ulrich

Mit 41 Katholiken ist die Gemeinde Ainau die kleinste der Diözese. Der Patron ist **Ulrich von Augsburg,** der wegen seiner Askese verehrt wird. Er soll durch seine Fürbitte die „heidnischen" Ungarn bei der Schlacht auf dem Lechfeld abgewehrt haben.

Kurz vor dem **Wehr** biegen wir nach rechts ab. Hier trennt sich der Flutkanal von einigen Ilm-Altwassern, die nun zu unserer Linken in Schleifen die Ebene durchziehen. Im Hintergrund grüßt der Turm der **Geisenfelder Kirche** zu uns herüber. Diese Gemeinde rühmt sich, der Ursprungsort des Hallertauer Hopfenanbaus zu sein. Zumindest bietet die Hopfenapotheke am Marienplatz viele Produkte bis hin zu einem Hopfenduschgel an, in denen die heilsam entspannende Kraft dieser Arzneipflanze zu spüren ist. Ein Storchenpaar flankiert unseren Weg, lässt sich aber durch unsere Anwesenheit nicht von der Jagd auf Frösche ablenken. Langbeinig staksen sie über die Wiese.

Nun taucht vor uns ein kleines Wäldchen auf einer Anhöhe auf, die von einem flachen Graben umgeben ist. Ein idealer Ort für eine Festung, denken wir. Tatsächlich thronte hier wohl vor langer Zeit eine kleine

Wasserburg. Heute erwartet uns ein herrliches Kleinod, die romanische **5 Kirche St. Ulrich.**

Besonders eindrucksvoll ist das Portal, auf dem ein Mann in einem Tuch vier Köpfe hält. Man vermutet, dass Abraham dargestellt ist, der die Seelen in seinem Schoß hält. An der Apsis finden sich verschiedene Häupter, die wohl das Böse vertreiben sollen – ein magischer Kraftort, der uns innehalten lässt.

Unterhalb der Apsis versteckt sich eine kleine **Lourdes-Grotte,** die stets mit Blumen und brennenden Kerzen geziert ist. Nun passieren wir in direkter Nachbarschaft des Kirchleins den eindrucksvollen **Pfarrhof** mit seinem markanten Treppengiebel, um den sich geheimnisvolle Erzählungen ranken. Hier biegen wir nach rechts (Richtung Hügelgräber) und gleich bei nächster Gelegenheit wieder nach links, überqueren den kleinen Graben und halten uns geradeaus über die

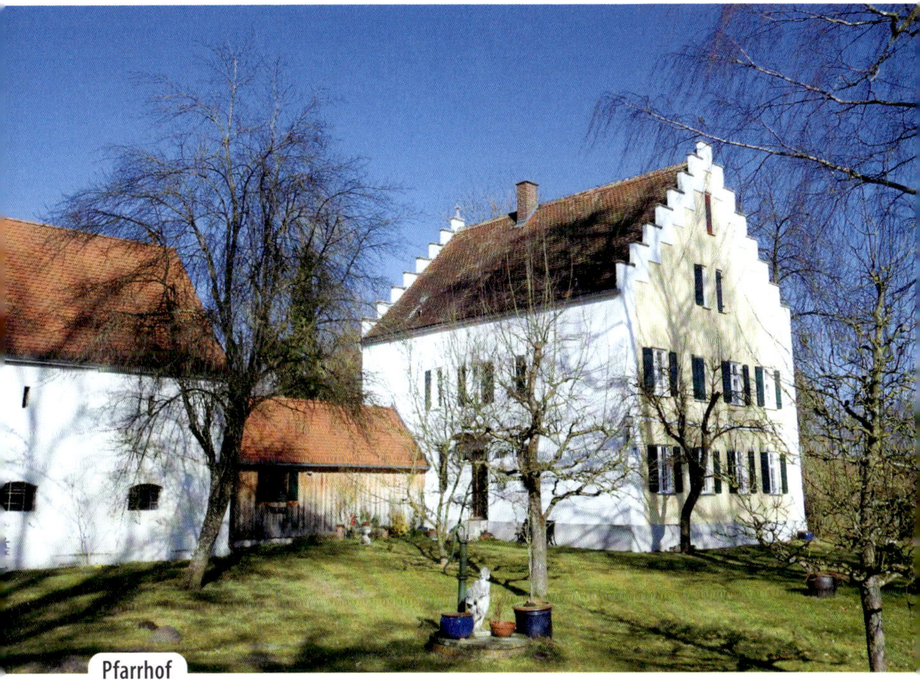

Pfarrhof

querende Feldstraße auf den Sandweg am Hopfenfeld entlang.

Bevor wir wieder auf die **Münchener Straße** treffen, erspähen wir links einen Garten, der mit etlichen Kunstwerken geschmückt ist. Er gehört zum **6 Hofladen Kreidenweis,** in dem es neben Töpfereiprodukten auch saisonal frischen Spargel und eigenen Honig gibt. Nachdem wir die Münchener Straße überquert haben, haben wir das goldene Kreuz wieder vor Augen, bei dem wir unsere Wanderung begonnen haben.

Was gäbe es nun für einen passenderen Ausklang als eine Einkehr in einem traumhaften Biergarten unter ausladenden Kastanienbäumen, wie sie der **7 Gasthof Birnthaler** bietet!

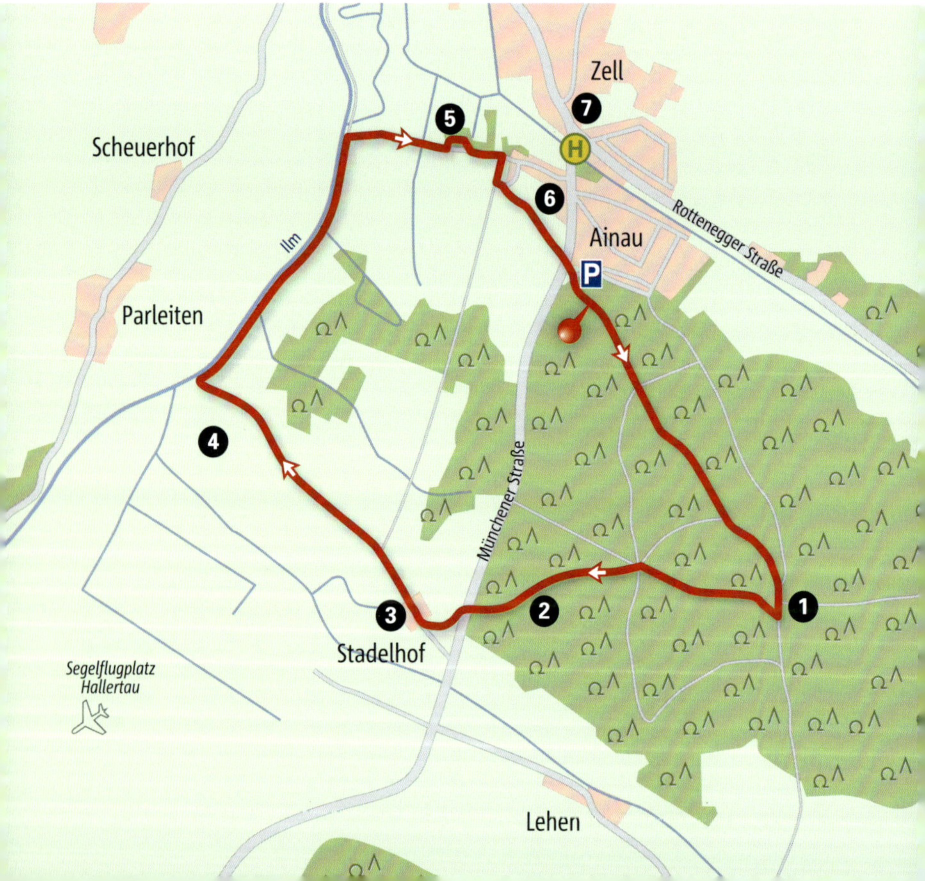

ALLES AUF EINEN BLICK

Entspannung 5/5
Abenteuer 4/5
Vielfalt 4/5

WIE & WANN

Asphaltstraße, Wald-, Schotter- und Wiesenwege; ganzjährig möglich.

HIN & WEG

Auto: Parkplatz vor dem Kruzifix an der Einmündung zur Münchener Straße, Waldstraße, 85290 Geisenfeld/Ainau (GPS: 48.66452, 11.62369)
ÖPNV: Haltestelle Zell, Dekan-Trost-Straße

ESSEN & ENTSPANNEN

3 **Biohof Grabmaier,** Stadelhof 3, 85283 Wolnzach, Tel. (0 84 52) 7 35 00 38, www.diebiohennen.de/die-bauern/bauernhof-grabmaier
6 **Hofladen Kreidenweis,** Münchener Straße 118, 85290 Geisenfeld/Ainau, Tel. (0 84 52) 29 24
7 **Gasthof Birnthaler,** Münchener Straße 115, 85290 Geisenfeld/Zell, Tel. (0 84 52) 3 90, www.gasthof-birnthaler.de

Abseits der Route empfehlenswert:
Lehenmühle, Lehen 1, 85283 Wolnzach/Lehen, Tel. (0 84 52) 5 14, www.lehenmuehle.de

ENTDECKEN & ERLEBEN

1 **Blaues Kreuz**
2 **Bronzezeitliches Hügelgräberfeld**
4 **Ilmauen**
5 **Kirche St. Ulrich**

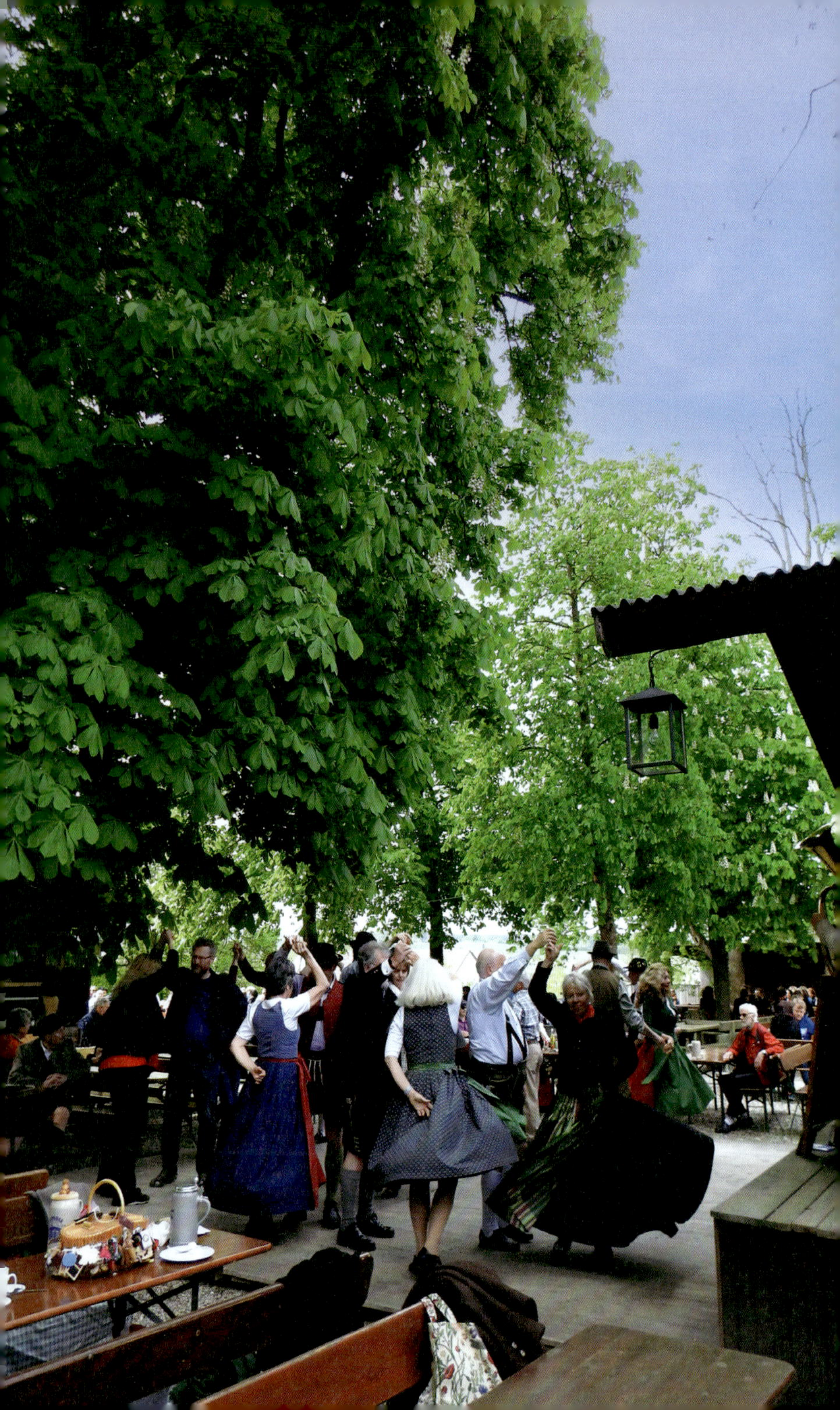

Hopfentoskana

Hopfen & Wiesen um Ratzenhofen

Einer der bekanntesten **Biergärten** der Gegend, nämlich der beim ❶ **Schloss in Ratzenhofen,** ist Ausgangspunkt und Ziel der heutigen Wanderung. Im Sommer erklingt hier sonntags bei gutem Wetter Livemusik, der *Steckerlfisch* duftet, das Bier schäumt in den Krügen und auf dem Tanzboden drehen Paare – teilweise in traditioneller Tracht – ihre Kreise, dass die Röcke fliegen: Das ist Bayern, wie es im Bilderbuch steht. Wir freuen uns schon darauf, am Ende der Tour hier einzukehren.

Zunächst wenden wir uns mit dem Schloss im Rücken dem Wirtschaftsweg zu, der bergauf zwischen den Feldern auf die ❷ **Wallfahrtskirche St. Anton** hinführt. Wir sehen sie bereits über uns thronen und weit ins Tal blicken. Einige Ruhebänke am Wegesrand erleichtern den Anstieg. Bei der Kapelle der 14 Nothelfer mit ihrem modernen Andachtsbild biegen wir nach links direkt auf das Gotteshaus zu. Wir kommen am Denkmal des heiligen Isidor vorbei, dem ein Engel bei der Feldarbeit geholfen haben soll, während er selbst betete. Dadurch wurde dieser spanische Heilige zu einem Schutzpatron der Bauern.

Nun erhebt sich der gelbe Bau mächtig vor uns, links davon steht das *Herrenhäusl* und dahinter bietet sich uns ein weiter Ausblick ins Abenstal. Die Kirche selbst ist eine Kriegergedächtnisstätte und dem heiligen **Antonius von Padua** gewidmet – den Anlass zum Bau bildete ein Votivbild direkt aus dieser italienischen Stadt, das noch heute im Altarraum zu bestaunen ist. Ein kleiner Gedächt-

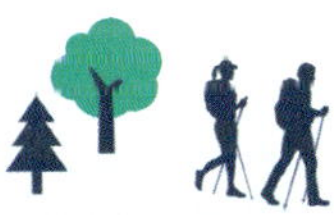

Kilometer: 10

Höhenmeter: 90

Stunden: 3

RUNDWEG

Wallfahrtskirche St. Anton

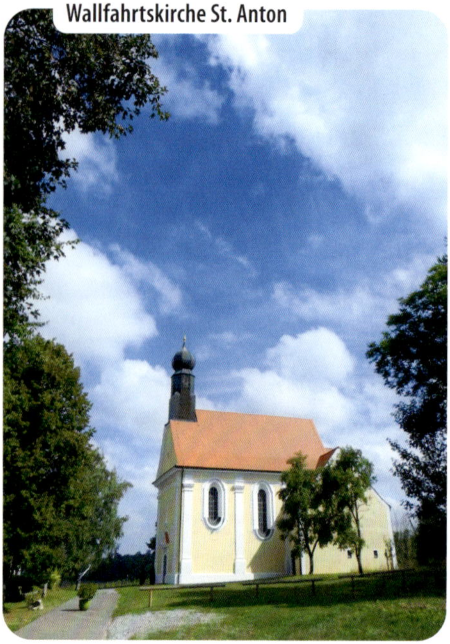

nisstein unter Bäumen mahnt zum Frieden – ein Ort zum Denken und zum Schauen.

Kunstgeschichtlich ist die Kirche sehr interessant, stammt ihre Ausstattung doch vom selben Künstler, der auch in der berühmten Wieskirche gearbeitet hat. Zudem beherbergt sie eine Statue der Kümmernis. Diese Fürstentochter wurde mit einem Bart verunziert, weil sie nicht heiraten, sondern Christus dienen wollte, und darum soll ihr Vater sie ans Kreuz genagelt haben. Leider ist das Gotteshaus nicht immer zugänglich, denn es wird nur noch für besondere Gelegenheiten geöffnet. So wählen es junge Paare gerne aus, um hier den Bund fürs Leben zu schließen.

Nach diesem Abstecher kehren wir zur **Nothelferkapelle** zurück und folgen dem Wirtschaftsweg weiter nach links, bis er in eine Asphaltstraße mündet. In den Baum an der Ecke hat jemand ein Kruzifix gehängt, das nun auf uns herabblickt. Hier wenden wir uns nach rechts Richtung Tal, um bei der nächsten Gelegenheit wieder nach links bergauf abzubiegen. Die Hügel, die wir durchwandern, haben der Gegend den liebevollen Beinamen „Bayerische Toskana" verliehen. Ab und zu dringt das trockene Husten eines Fasans zu uns herüber. Vor dem vor uns liegenden Waldstück macht unsere Straße eine Linkskurve, hinter der wir nach rechts in einen Sandweg biegen und nun zwischen Waldrand und Hopfenfeld weiterwandern. Wir folgen den Stangen nach links und halten dann auf die Straße nach rechts zu, in die wir nach rechts einschwenken. An ihrem Ende wenden wir uns wieder nach links in die Allee.

__Antonius__ wird als Hilfe angerufen, wenn man etwas Verlorenes zurückbekommen möchte. Außerdem soll er zu Fischen gepredigt haben, weil die Menschen nicht auf ihn hörten. Sein Attribut ist unter anderem ein Schwein.

Kurz bevor wir die nächste kleine Ansiedlung erreichen, streckt rechts eine ③ **uralte Eiche** ihre weit ausladenden Äste in den Hopfengarten. Wir verlassen kurz unseren Weg, um dieses Naturdenkmal genauer zu betrachten: Mit den Armen messen wir ihren gewaltigen Umfang. Das Alter des Baumes wird auf über 500 Jahre geschätzt. Dann bestaunen wir die tiefen Furchen, die die Zeit in die Rinde gegraben hat. Nicht nur uns beschert das Alter Falten, denken wir schmunzelnd beim Weitergehen.

Für die Seele

Ein Biergarten im Schloss, eine Kirche im Grünen und ein Himmel im Hopfen – Wandergenuss mit allen Sinnen!

④ **Randlkofen,** das nun rechts von uns liegt, hat oberhalb einiger Teiche eine hübsche kleine Marienkapelle, in der wir ein wenig verweilen. Auch das Herrenhaus, dessen Vorplatz im Frühling von Hunderten von Winterlingen in einen goldenen Teppich verwandelt wird, ist sehenswert.

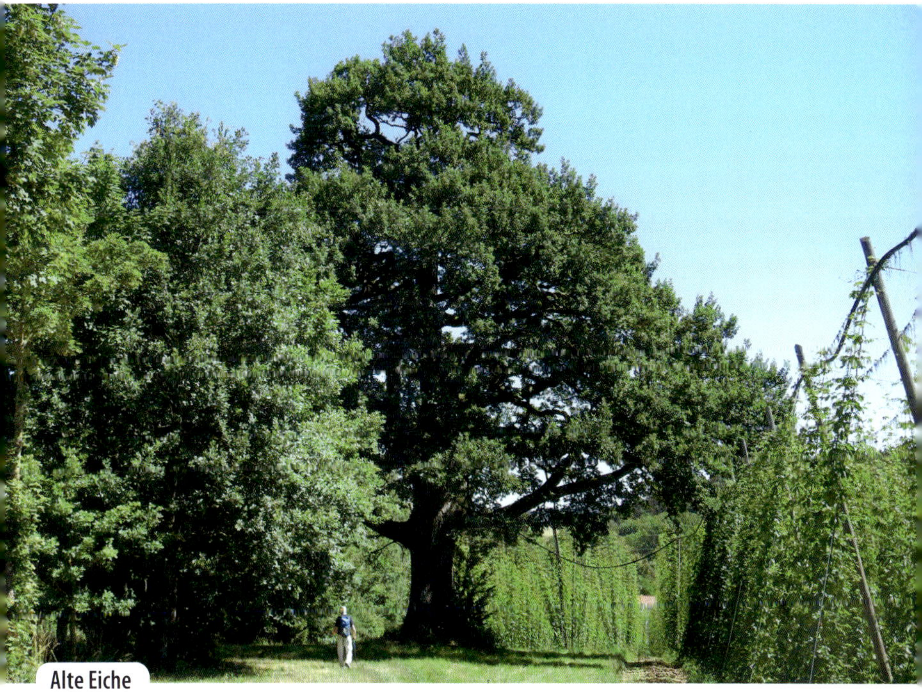

Alte Eiche

*Der rechtswindende **Hopfen** muss in mühsamer Handarbeit dazu gebracht werden, an den gespannten Drähten emporzuwachsen. Dazu werden die stärksten Triebe ausgewählt und immer wieder kontrolliert. Der Hopfen will täglich seinen Herrn sehen – heißt es.*

Dann folgen wir der Allee weiter in Richtung **Mitterstetten** durch die Hopfenfelder. Vor dem Ort biegen wir nach einer leichten Rechtskurve mit dem Schotterweg nach links direkt durch die Hopfenfelder. Im Frühjahr können wir hier beobachten, wie der Hopfen von vielen fleißigen Händen dazu „angeleitet" wird, an den Drähten nach oben zu wachsen. Im Durchschnitt schafft er dabei 10 Zentimeter pro Tag.

Unser Weg biegt nach rechts und läuft hinunter auf die ersten Häuser von **Landersdorf** zu. Dort wenden wir uns nach links und passieren einen Pferdehof für therapeutisches Reiten. An dem alten Kilometerstein am Ende dieser Straße halten wir uns links. Vor uns liegt nun der **5 Landersdorfer Hopfenhimmel,** eine Aussichtsplattform über den Hopfenstangen. Was für eine nette Idee, die die Familie Kirzinger verwirklicht hat.

Dieser Wirtschaftsweg mündet in einen weiteren, in den wir nach rechts biegen. Hier eröffnet sich vor uns zwischen zwei Kirschbäumen ein berückender **6 Blick auf das Abenstal** mit seiner hügeligen Landschaft. In einer lang gezogenen Linkskurve gelangen wir nun ins Tal. Wir überqueren die Verkehrsstraße und wenden uns hinter dem nächsten Hopfenfeld nach rechts. Nun haben wir die **Abensauen** zu unserer Linken und blicken rechts auf Hopfengärten und die ersten Häuser von Elsendorf. Bevor wir in die Ortschaft gelangen, entdecken wir links einen kleinen Maibaum. Hier biegen wir in den Glaser Gangsteig und überqueren mit ihm das Flüsschen. In der Abenddämmerung können wir von dort aus einen Bisam beim Markieren seines Reviers beobachten. Wir überschreiten ein

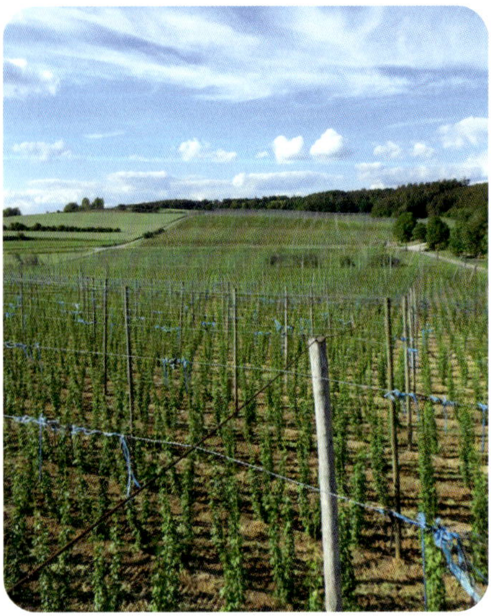

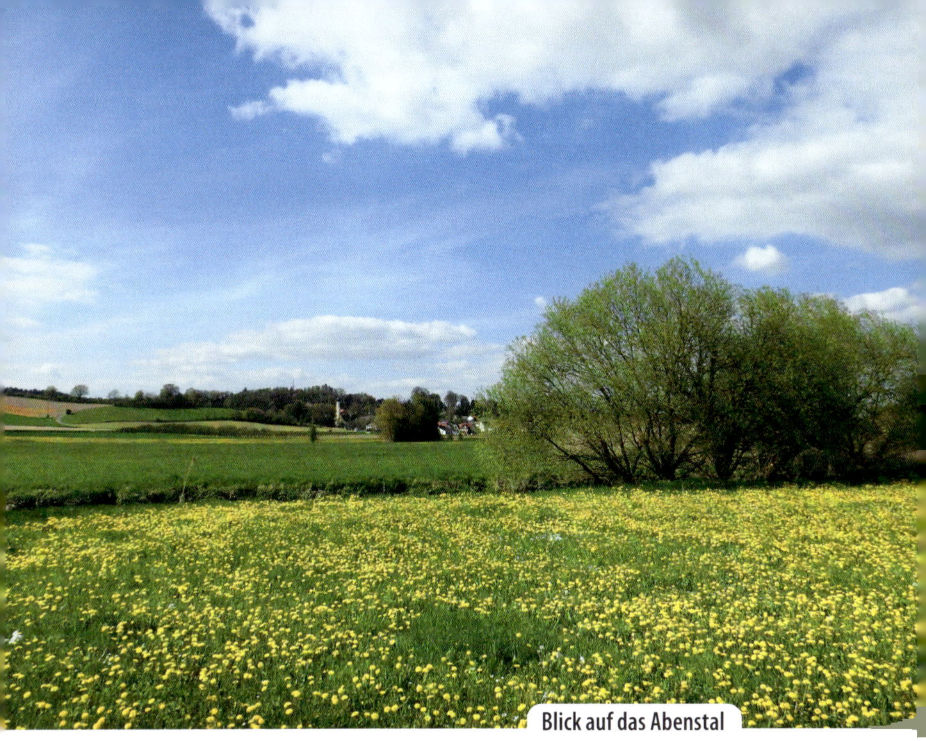

Blick auf das Abenstal

weiteres kleines Bächlein und wenden uns dann wieder nach links mitten durch die Flussauen.

Ein kleiner Tipp für Schleckermäuler: Wenn wir an dieser Stelle dem Glaser Gangsteig bis zur B 301 geradeaus folgen, diese überqueren, uns rechts halten und nach einigen Metern links in den Neutalweg biegen, können wir in der **7 Honigmanufaktur Abenstal** leckere und gesunde Honigkreationen erwerben – von unterschiedlichen Sorten bis hin zu Spezialitäten wie Hopfen in Honig wird alles regional produziert und vertrieben.

Bei **Appersdorf** kommen wir an einer **8 Haselnussplantage** des Biohofes Hilz vorbei. Wenn wir hier einen kleinen Abstecher nach rechts machen, können wir uns im Herbst mit nahrhaften Nüssen an der Selbstbedienungskasse des Hofes versorgen. Der betörende Duft der Traubenkirsche geleitet uns auf unserem weiteren Weg durch die bezaubernde Wiesenlandschaft. Dort, wo unser Weg auf die Straße nach **Ratzenhofen** trifft, wenden wir uns nach links – Vorsicht, hier fahren Au-

*Da zum Brauen die aromatischen weiblichen Dolden des **Hopfens** verwendet werden, müssen per Gesetz alle männlichen Pflanzen vernichtet werden. Diese sorgen nämlich für eine mindere Qualität des Ertrags. Übrigens gehört der Hopfen zu den Hanfgewächsen.*

Um das **Schloss Ratzenhofen** erhalten zu können, haben sich die Besitzer einiges einfallen lassen: So öffnen sie ihren Festsaal und die kleine Kapelle für private Feiern wie Hochzeiten. Welch stilvoller Ort, um den Bund fürs Lebens zu feiern.

tos! – und überqueren einen Abens-Arm. Anschließend biegen wir wieder nach rechts in den asphaltierten Wiesenweg, der uns nah an das mäandrierende Flüsschen bringt. An seinem Ende folgen wir dem Radweg links über die Abens zurück in den Ort Ratzenhofen. An einigen Informationstafeln lesen wir Interessantes über das Bierbrauen. Sie sind Teil des Hopfen- und Biererlebnispfads, der von Mainburg aus startet.

Nun kommen wir unterhalb des **Schlosses** vorbei, halten uns im Anschluss links und lassen uns von unserer Nase direkt in den **Biergarten** führen. Bei schlechtem Wetter gibt es auch die Möglichkeit, seine Brotzeit im Wintergarten zu verzehren. Diesen kulinarischen Abschluss haben wir uns redlich verdient.

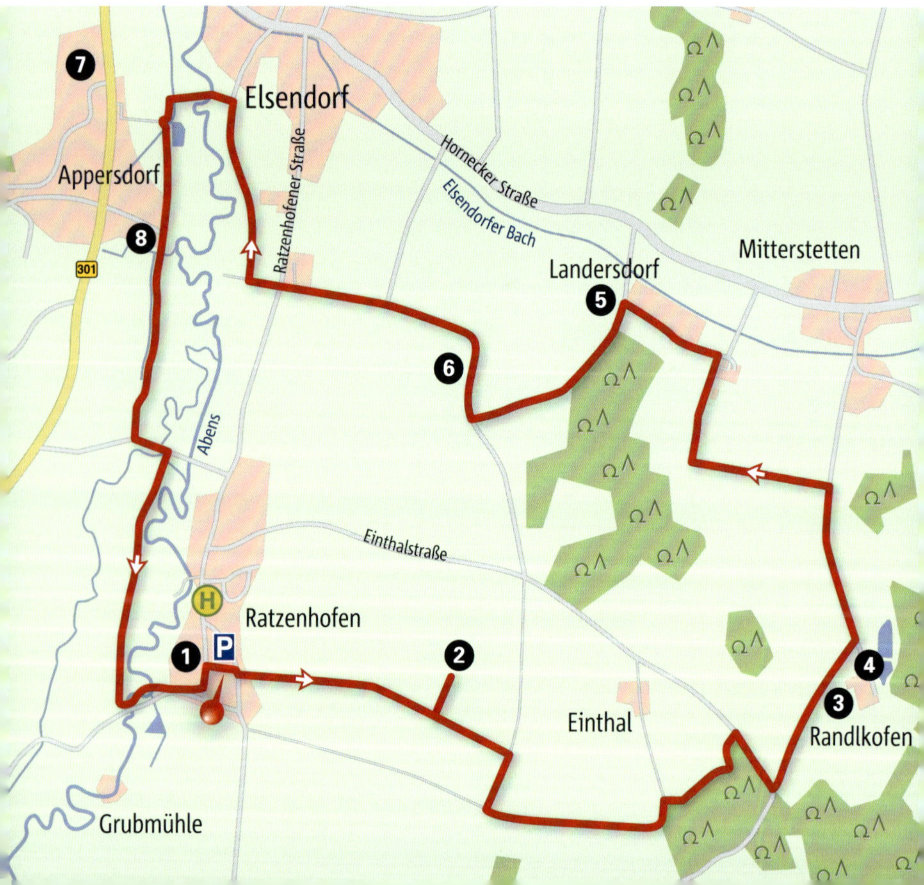

ALLES AUF EINEN BLICK

Entspannung
Abenteuer
Vielfalt

WIE & WANN

Asphalt-, Wald- und Feldwege; zu jeder Jahreszeit möglich, am genussvollsten aber am Wochenende zur Biergartenzeit von Mai bis September.

HIN & WEG

Auto: Parkplatz beim Schloss Ratzenhofen, Dorfstraße 35, 84094 Elsendorf/Ratzenhofen (GPS: 48.69047, 11.80551)
ÖPNV: Haltestelle Ratzenhofen, Feuerwehr

ESSEN & ENTSPANNEN

1 **Biergarten beim Schloss Ratzenhofen,** Dorfstraße 32, 84094 Elsendorf/Ratzenhofen, Tel. (0 87 53) 91 00 20, www.ratzenhofen.de
7 **Honigmanufaktur Abenstal,** Neutalhang 14, 84094 Elsendorf/Appersdorf, Tel. (0 87 53) 91 09 24, www.honigmanufaktur-abenstal.de

ENTDECKEN & ERLEBEN

2 **Wallfahrtskirche St. Anton**
3 **Alte Eiche**
4 **Randlkofen**
5 **Landersdorfer Hopfenhimmel**
6 **Ausblick ins Abenstal**
8 **Haselnussplantage**

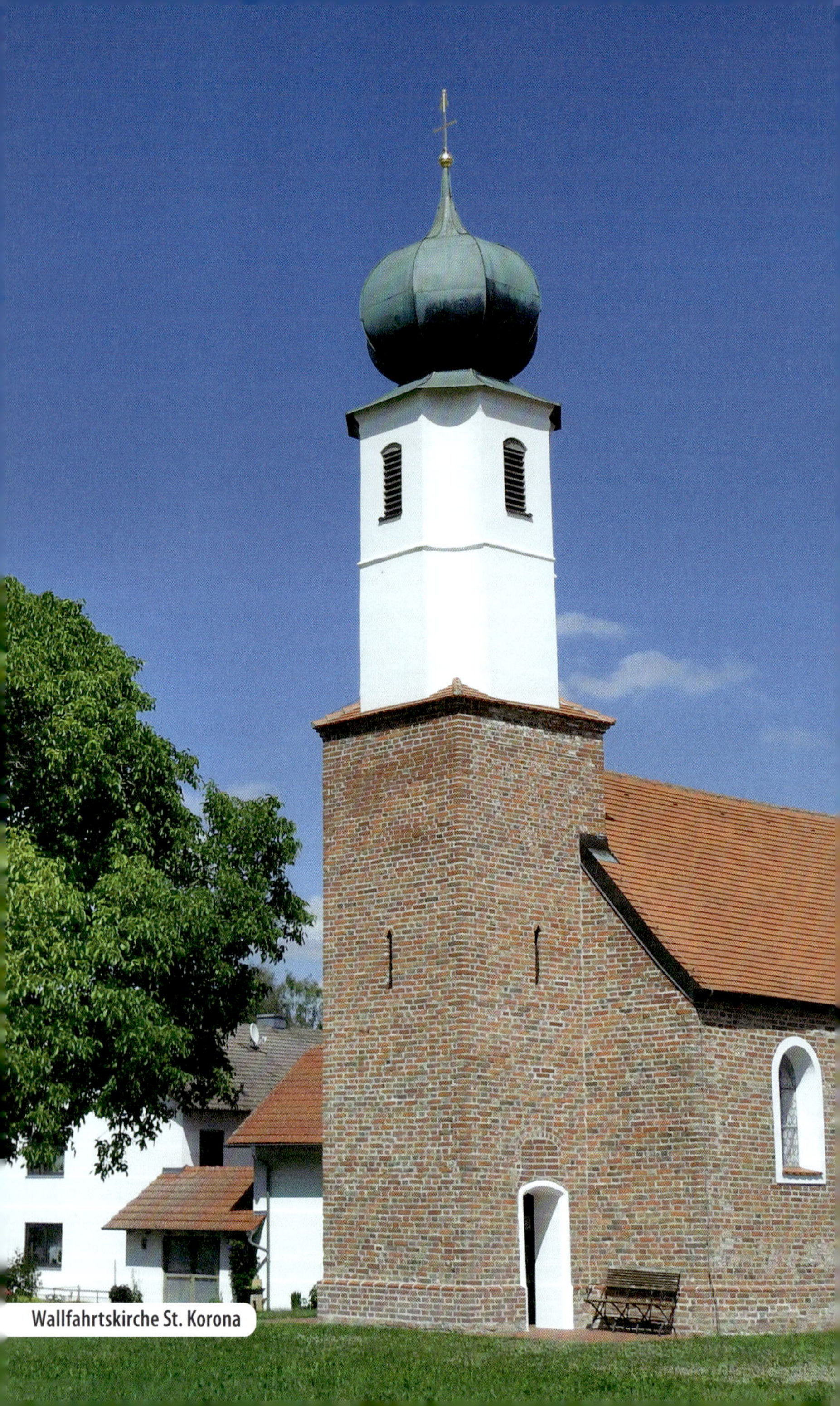

Wallfahrtskirche St. Korona

Zur Korona

Von Pfaffendorf nach Koppenwall

Schon lange, bevor durch die Pandemie Corona in aller Munde war, gab es in der Nähe von Pfeffenhausen ein kleines Gotteshaus mit demselben Namen, in dem ein ganz besonderer Altar steht, eines unserer Ziele.

Wir starten in **Pfaffendorf** mit der Besichtigung der **❶ Kirche Mariä Opferung.** Neben dem barocken Altar, der von vielen Engeln geschmückt wird, ist das kleine Heiliggeistloch hinter dem Altarbogen zu beachten, an dem jährlich zu Pfingsten der Heilige Geist in Form einer Taube herabgelassen wird. Mit solchen geistlichen Spielen wurde früher der Inhalt des christlichen Glaubens seh- und erlebbar gemacht. Wir entdecken den Vogel auf dem Lochdeckel, während er inmitten von Feuerzungen auf uns herniedersinkt.

Nun verlassen wir das Gotteshaus, kehren zur befahrenen Durchgangsstraße zurück und biegen links ab. Am Ortsausgangsschild wenden wir uns nach rechts. Es geht leicht bergaufwärts und nach kurzer Zeit lockert sich der Straßenbelag zu Schotter. Sanft wellig-hügelig erheben sich Felder und **Hopfengärten** um uns herum. Hinter der Kuppe vollziehen wir mit dem Feldweg vor dem Hopfenfeld eine Linksbiegung, die uns schließlich bergab in Richtung der ersten Häuser von **Koppenwall** bringt. Über den Dächern sehen wir bereits die zwei Kirchtürme mit ihren Zwiebelkuppeln auftauchen. Auffällig sind die hohen, mehrstöckigen Wirtschaftsgebäude neben den Gehöften. Hier wird der Hopfen getrocknet, um ihn zum Bierbrauen verwenden zu können.

*In Hopfendarren werden die **Dolden** in verschiedenen Schichten getrocknet und fallen bei Erreichen der idealen Feuchtigkeit in die nächste Trocknungsstufe. Hierbei ist ein ideales Verhältnis von Temperatur, Luftzirkulation und Zeit entscheidend.*

Kilometer: 7,5

Höhenmeter: 80

Stunden: 2,5

RUNDWEG

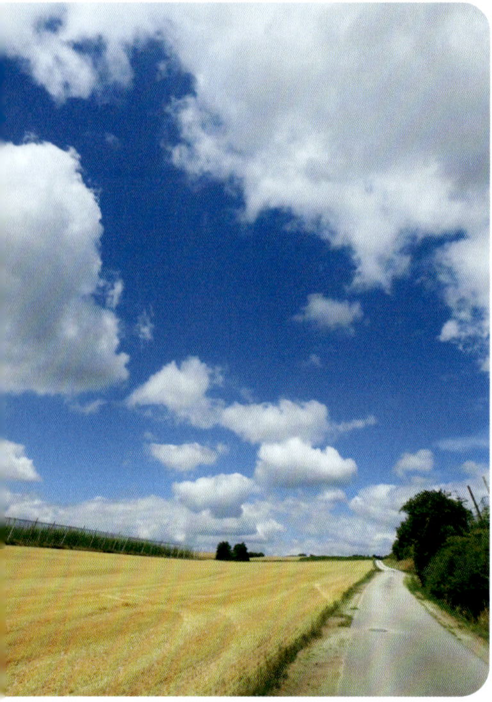

Am Ende des Weges treffen wir auf ein rosengeschmücktes ❷ **Kruzifix** unter einer Linde. Hier wenden wir uns nach links auf die Dorfmitte zu. Auch an der nächsten Straßeneinmündung biegen wir nach links. Rechter Hand bietet der kleine Verkaufsraum des **Biohofes Meier** Eier und Biohühner an. Wir passieren das ❸ **Gasthaus Zieglmaier,** das auf Anfrage öffnet. Hinter einem opulenten Taubenkobel führt eine Treppe nach rechts in den Friedhof der **Bartholomäus-Kirche.** Das Gotteshaus ist meist verschlossen, aber es lohnt sich ein Blick in den äußeren Eingangsbereich. Gegenüber des Kirchenportals sind in einem Karner etliche Totenschädel samt Knochen eingemauert und erinnern uns an die Vergänglichkeit des Lebens.

Wir durchqueren den Friedhof und verlassen ihn auf seiner Rückseite wieder. Nun haben wir die kleine ❹ **St.-Korona-Kirche** direkt vor uns. Wir gehen über den Wiesenweg am liebevoll gepflegten Bauerngarten vorbei auf das ziegelrote Bachsteingebäude zu. Welch ein Luxus, zwei Gotteshäuser in direkter Nachbarschaft zu haben.

Um einem weiteren Schwund an Votivtafeln und anderen Schätzen Einhalt zu gebieten, ist das Tor unter der Woche verschlossen. Familie Zettl, deren Hof direkt angrenzt, sperrt aber auf Anfrage auf und lädt Interessierte zu einer individuellen und informativen Kirchenführung ein. So erfahren wir nicht nur etliches über die Kirchenpatronin und ihr Martyrium, sondern auch über die Geschichte dieses Kraftortes und seiner Einrichtung. Die große Besonderheit ist

*Wohl als Wallfahrtskirche wurde **St. Korona** neben der Dorfkirche errichtet. Später sollte sie zugunsten eines Schulhausbaus verkauft werden. Ihre Funktion als Landesvermessungspunkt bei der Setzung von Grenzsteinen verhinderte das zum Glück.*

aber der **Altarstein,** durch den man hindurchkriechen kann. Dieses „Bögeln“ ist bereits seit Urzeiten bekannt: Während man sich durch den engen Durchgang zwängt, streift man auf magische Weise seine Krankheiten ab. So krochen hier vor der Ernte die Knechte und Mägde prophylaktisch hindurch, um die Anstrengungen der Feldarbeit heil zu überstehen. Da es dabei wohl zu unsittlichen Szenen gekommen ist, etwa wenn jemand aufgrund des Körperumfangs stecken blieb, wollte die Kirchenleitung diesen Brauch untersagen – vergeblich. Selbstverständlich krabbeln auch wir hindurch und sind froh, heil und ohne Hexenschuss durch den engen Durchlass gekommen zu sein. Nach dieser Besichtigung kehren wir zur Friedhofsmauer der Bartholomäus-Kirche zurück und umrunden sie nach rechts. Zurück an der Dorfstraße stoßen wir auf ein Kruzifix, an dem wir nach rechts und gleich wieder rechts auf den Feldweg einschwenken. Bald sind wir von **Hopfenstangen** umgeben und haben je nach Jahreszeit einen Blick in die weite Landschaft oder auf die reifenden Reben, die sich wie

Für die Seele

Wir streifen mit der heiligen Korona alles ab, was uns bedrückt, und genießen in neuer Frische Wald und Feld.

In Ermangelung eines Tierarztes oder um sich dessen Kosten zu sparen, trieb man früher auch die Kälber durch den ***Durchlass.*** *Ob das erfolgreich war, ist aber nicht überliefert.*

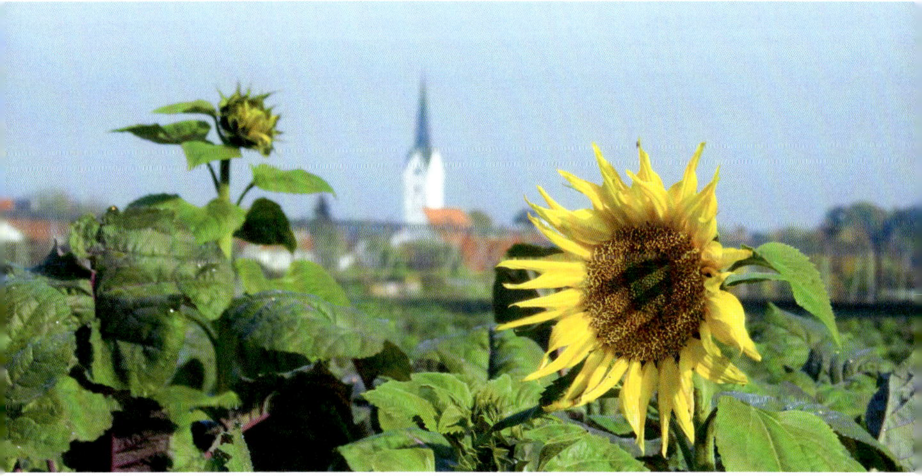

Das gelbe ***Lupulin,*** *das aus den Dolden gewonnen wird, gibt dem Bier – je nach Hopfensorte – seine Würze und macht es zudem haltbar. Aber auch in der Heilkunst ist es von Bedeutung, wirkt es doch antiseptisch und beruhigend.*

ein grünes Spalier zu unseren Seiten bis zu 7 Meter hoch emporschlängeln. Zur Erntezeit im Spätsommer ist die Luft schwanger vom bitter-herben Duft der Dolden.

Tief füllen wir unsere Lungen mit der gehopften Luft und fühlen augenblicklich, wie sich Entspannung in uns breit macht. Leicht und frei schweben wir gleichsam ins Tal hinab. An der querenden Kreisstraße müssen wir aber gut aufpassen, da hier die Autos rasch vorübersausen. Auf der anderen Straßenseite überqueren wir mit einer Brücke die kleine Große Laber, erkennen links die Pfaffendorfer Kirche wieder und sind nun von Baumstämmen umgeben. Hinter ihnen erhebt sich rechts ein seltsam konischer Kegelberg, die sogenannte **5 Koppenbergschanze.** Es handelt sich hierbei um eine künstlich angelegte Erhebung – vermutlich für eine frühmittelalterliche Wehranlage. Spontan fallen uns bei ihrem Anblick lustige Feuerzangenbowleabende ein, bei denen ein solcher Zuckerkegel mit Hochprozentigem entflammt wurde.

Große Laber

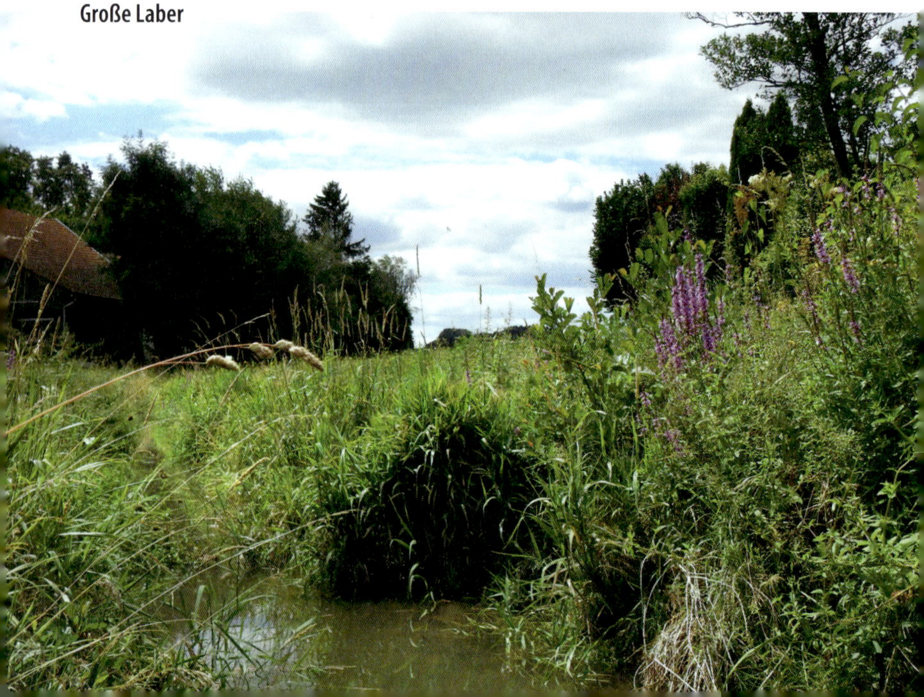

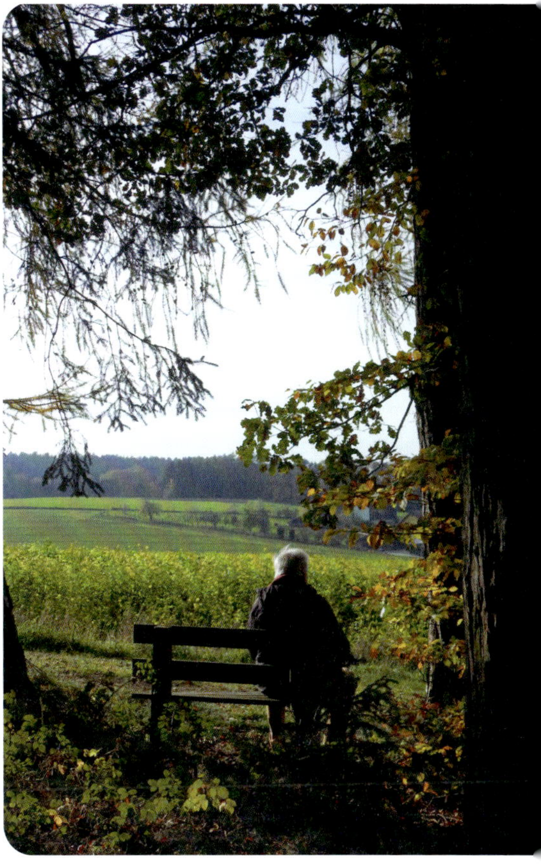

Wir bleiben auf unserem eingeschlagenen Weg geradeaus mit dem überdimensionierten Maulwurfshaufen zu unserer Rechten, halten uns an der folgenden Gabelung links und haben nun einen kleineren Anstieg vor uns. Tief ist der Weg in den Sandboden eingeschnitten. Hier soll früher die Landshuter Weinstraße entlanggeführt haben. Durch den Hohlweg schrauben wir uns immer höher im Gelände und wählen an der folgenden Abzweigung den rechten Weg. Auf der Höhe angelangt verlassen wir den Wald und halten auf einen Hopfengarten zu. Dort biegen wir nach links und wandern zwischen Misch- und Stangenwald entlang, bleiben zunächst geradeaus, bis der Weg auf der Hochfläche am Ende des Hopfens links talwärts einschwenkt.

Wieder nimmt uns der Wald in seinen Schutz – mit seinen Moosspielplätzen für Elfenkinder. An der folgenden Wegkreuzung bleiben wir geradeaus, umrunden die kleine Baumgruppe und gewinnen erneut ein wenig an Höhe. Wir bleiben so lange auf diesem Waldpfad, bis er wieder an Intensität zunimmt. Dann halten wir uns links und lassen uns talwärts nach **Pfaffendorf** zurückführen. An einer Lichtung können wir bis zum roten Backsteinkirchturm von Pfeffenhausen sehen. Manche bezeichnen den neugotischen Bau aufgrund seiner Größe auch als Dom der Hallertau. Auf einer Weide uns gegenüber entdecken wir eine Herde Damwild, die friedlich im warmen Sonnenlicht grast.

Am Ende des Waldes hat jemand ein Bänklein aufgestellt. Hier eröffnet sich uns ein weiterer bezaubernder **6 Schönblick** auf das Labertal mit seinen sanften Hügeln, in denen Pfaffendorf inmitten von Feldern eingerahmt liegt. Während wir abwärts wandern, gerät allmählich auch dessen Kirchturm in unser Blickfeld. Beim güldenen Kruzifix halten wir uns links dorfwärts. Die Ziegelsteinmauer, an der wir geradeaus weiterspazieren, ist hübsch mit verschiedenen Wappen verziert. Nachdem wir das Flüsschen überquert haben, können wir unseren Ausgangspunkt nicht mehr verfehlen.

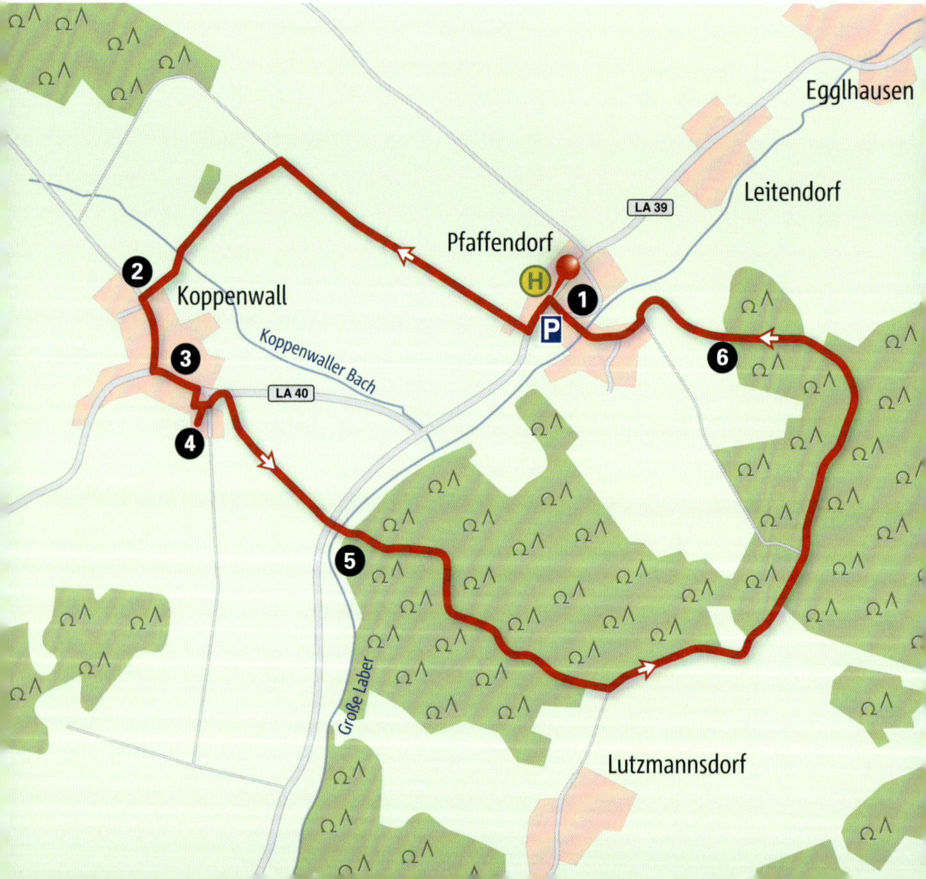

ALLES AUF EINEN BLICK

Entspannung 5/5
Abenteuer 3/5
Vielfalt 5/5

WIE & WANN

Asphaltstraße, Wald-, Schotter- und Wiesenwege; ganzjährig möglich.

HIN & WEG

Auto: Parkplatz an der Kirche, Pfaffendorf 4, 84076 Pfeffenhausen/Pfaffendorf (GPS: 48.64908, 11.92211)
ÖPNV: Haltestelle Pfeffenhausen, Pfaffendorf

ESSEN & ENTSPANNEN

3 **Gasthaus Zieglmaier,** Koppenwall 4, 84076 Pfeffenhausen/Koppenwall, Tel. (0 87 82) 12 03

ENTDECKEN & ERLEBEN

1 **Kirche Mariä Opferung**
2 **Kruzifix**
4 **Kirche St. Korona**
5 **Koppenbergschanze**
6 **Schönblick**

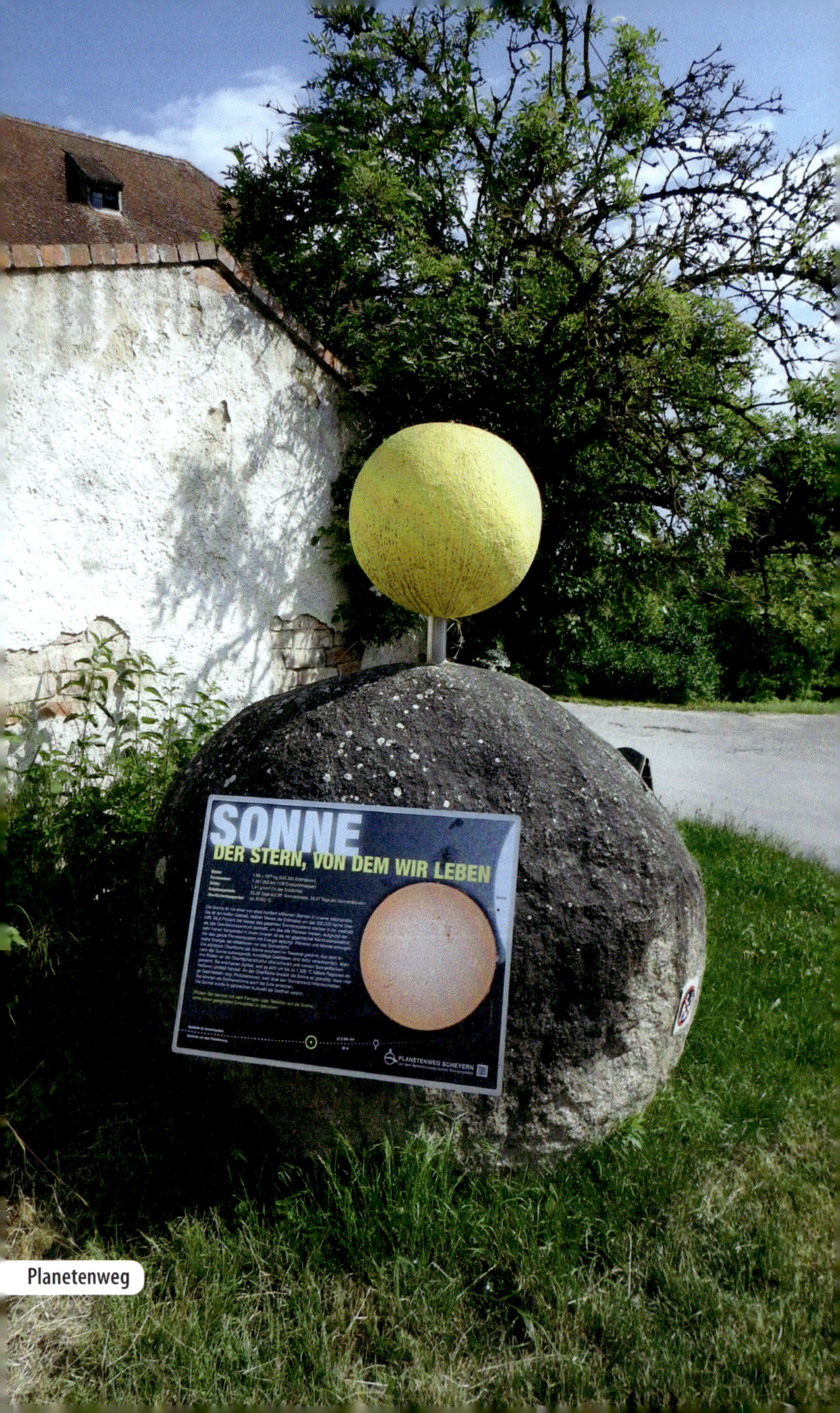

Planetenweg

In Raum und Zeit

Über die Höhen von Scheyern

Der frühere Stammsitz der Wittelsbacher in Scheyern ist heute ein lebendiges Kloster, in dem die Mönche ihrem Auftrag, die Schöpfung zu bebauen und zu bewahren, durch ökologische Landwirtschaft nachkommen. Ganz nach der Regel des **Ordensgründers Benedikt** liegt der Schwerpunkt ihrer Arbeit einerseits auf dem Gebet in der prachtvollen Barockkirche und andererseits auf der Arbeit in Feld und Wald, von der die gesamte Gegend geprägt ist. So ist der Kirchturm wie eine Kompassnadel eine Landschaftsmarke, an der wir uns auf unserer Wandertour orientieren können.

Wir starten an den Wirtschaftsgebäuden des Klosters, dem ❶ **Prielhof,** der etwas außerhalb des Ortes inmitten sattgrüner Hügel liegt. Samtig schimmern die Fischweiher vor den in die Jahre gekommenen Mauern und reflektieren das jahreszeitlich gefärbte Laub. Enten setzen bunte Akzente in das Idyll und Frösche geben mit lautem Quaken ihren Kommentar dazu ab. Das Hinweisschild auf die **Käserei** lässt uns in den alten Hof eintreten. Hier können wir aus einem Kühlschrank frische Ziegenkäseprodukte und Eis aus eigener Produktion entnehmen. Die Bezahlung erfolgt über eine Vertrauenskasse. Freitags ist zudem der kleine Laden geöffnet. Dort ist die Auswahl reichhaltiger.

Vor dem Hof fällt uns ein großer Stein ins Auge, auf dem eine gelbe Kugel thront. Die Infotafel erklärt, dass hier mit dem ❷ **Planetenweg** eine Reise durch das Sonnensystem beginnt. Die einzelnen Himmelskörper sind in der maßstabsgerechten Entfernung zueinan-

*Auf **Benedikt von Nursia** bezog sich auch Kardinal Ratzinger nach seiner Papstwahl. Die Ordensregel „Bete und arbeite" ist prägend für Klöster in der ganzen Welt. Geistig und körperlich soll sich der Mensch dem Dienst für Gott widmen.*

Kilometer: 8,5

Höhenmeter: 120

Stunden: 3

RUNDWEG

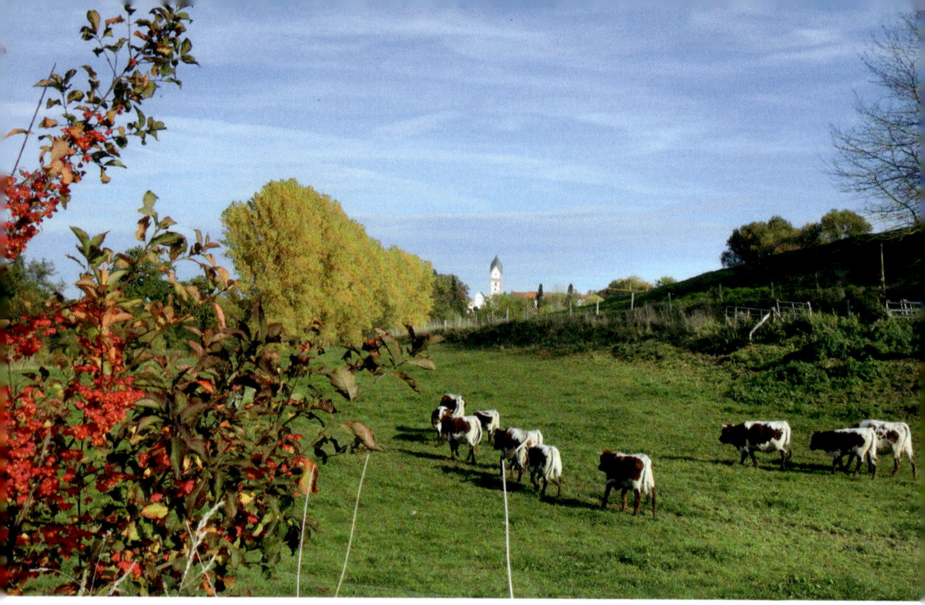

der auf Findlingen montiert, sodass wir einen Eindruck von der unermesslichen Größe des Universums erahnen können. Schon gleich erspähen wir weitere solcher Steine auf der anderen Straßenseite: Merkur, den sonnennächsten Planeten, gefolgt von der Venus, unserem Morgenstern. Unwillkürlich kommt uns der Spruch wieder ins Bewusstsein, mit dem wir uns die Reihenfolge der Planeten einprägten: „Mein Vater erklärt mir jeden Samstag unseren Nachthimmel." Und tatsächlich erreichen wir auch gleich darauf die Erde, die vom Mond begleitet wird.

Gegenüber erhebt sich das riesige moderne Wirtschaftsgebäude des Prielhofs. Hier leben viele **3 Thüringer Waldziegen,** eine alte Haustierrasse, die bekannt ist für ihre gute Milchleistung. Mit dem freien Auslauf über das gesamte Areal inklusive Klettermöglichkeit auf den Hackschnitzelbergen haben sie ein artgerechtes Leben. Ein Teil der Ziegen darf übrigens den Sommer auf der Klosteralm im Leitzachtal verbringen.

Mit dem heckengesäumten Schotterweg gewinnen wir langsam an Höhe. Rechts und links des Weges erklären uns Tafeln Interessantes über Natur und Kultur. Wenn wir dann auf den Findling mit Jupiter treffen, ergreift uns das Erstaunen über die Dimensionen unseres

Sonnensystems, haben wir doch für die unvorstellbar weite Entfernung von der Sonne zur Erde nur ein paar Schritte zurückgelegt. An einer Abzweigung nach rechts erweckt eine Birkengruppe auf der Hügelkuppe unsere Aufmerksamkeit. Neugierig machen wir den kleinen Abstecher zum Kometenfindling und genießen bezaubernde ④ **Ausblicke** auf die sanft hügelige Landschaft, die sich in heiterer Beschwingtheit bis nach Pfaffenhofen dehnt. Der Turm der Klosterkirche erhebt sich keck aus den Bäumen in den Himmel.

Für die Seele

Wir erfahren den besonderen Geist der Gegend, während wir gemächlich durch unser Sonnensystem spazieren.

Dann kehren wir zurück zum Abzweig, setzen den Planetenweg weiter fort und erreichen Uranus. Hohe Pappeln am Straßenrand spenden Schatten und wir inhalieren den verheißungsvollen Sommerduft. Nachdem wir ein kleines Waldstück durchquert haben, halten wir uns auf dem Gipfel des Fuchsberges links. Wir folgen dem Waldrand bis zum sonnenfernsten Planeten, Neptun. Dort verabschieden wir uns zunächst von der Reise durch das All und wandern geradeaus. Wir passieren ein Feldkreuz und wenden uns an der Straßeneinmündung nach links dem Feldrand entlang in den Wald. Zwischen schlanken Fichten geht es nun geradeaus talwärts. Der Berg zu unserer Linken trägt den kuriosen Namen Scheißberg. Bei der Einmündung in die **Schotterforststraße** nach etwa 1,5 Kilometern gehen wir wenige Meter nach links und biegen kurz vor der Talsohle wieder nach rechts ab.

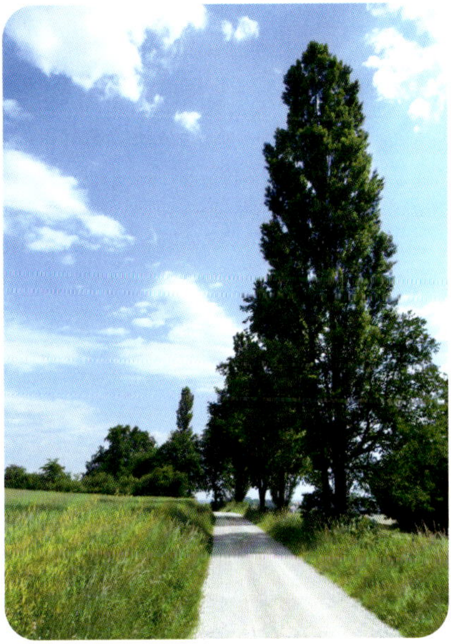

Am Ende dieses Weges haben wir die Möglichkeit zu einer Abzweigung in die Vergangenheit. Dazu wenden wir uns nach rechts und überqueren das **Herrnbächl,** das sich ab hier von Bäumen

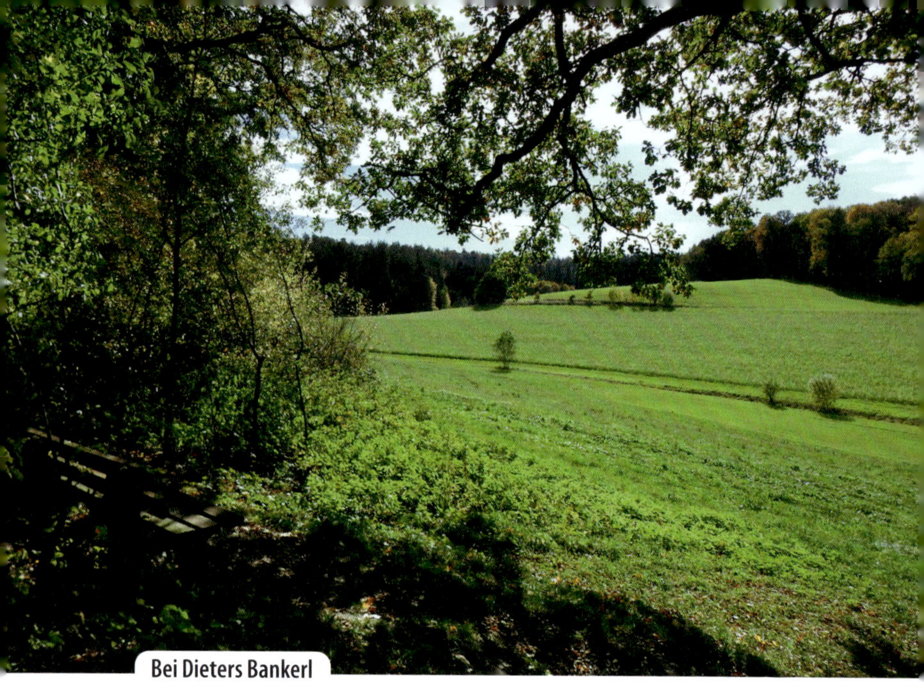

Bei Dieters Bankerl

gesäumt durch herrlich grüne Wiesen schlängelt und schließlich unter dem Namen Nöbach in die Ilm mündet. An der nächsten großen Kreuzung folgen wir dem Hinweisschild nach links und treffen linker Hand auf die Überreste einer alten **5 Keltenschanze,** die sich bis heute deutlich im Boden abzeichnet. Zudem illustriert eine Tafel den archäologischen Forschungsstand.

Da das Gebiet der ***Keltenschanze*** *archäologisch noch nicht erforscht ist, schlummern sicher etliche Überraschungen im Boden. Ein gefundenes Fressen für unsere Fantasie, die vor unserem geistigen Auge ein buntes Treiben früherer Zeit entstehen lässt.*

Nun kehren wir wieder zur „Abzweigung in die Vergangenheit" zurück und folgen der Forststraße in ihrem Verlauf geradeaus. Am Ende steigt das Gelände etwas stärker an, sodass wir froh sind, beim **6 Wegkreuz am Schnepfenberg** auf eine Ruhebank zu treffen, auf der wir einerseits verschnaufen, andererseits auch den wunderbaren Blick genießen können, der bei Föhn bis direkt in die Alpen geht. Kurz vor dem grünen Papierkorb biegen wir nach links Richtung Klostergut Prielhof ab. Zu beiden Seiten fällt das Gelände steil ab und staunend fragen wir uns, auf was für einem Bergkamm wir wandern.

An der folgenden größeren Wegkreuzung wenden wir uns nach rechts. Wir haben den Planetenweg wieder erreicht. Auch Papst Benedikt ist hier vor seiner

Wahl zum Oberhirten der katholischen Christen öfter entlangflaniert und hat Erholung und Kraft gesucht. Darum ist dieser Weg ihm gewidmet. Viele Menschen berichten von Kraftfeldern, deren positive Wirkung auf das Gemüt zu spüren ist. Beim Verlassen des Waldes sehen wir den **Kirchturm von Scheyern** wieder vor uns aufragen. Mobile Hühnerställe des Klosters bieten dem Federvieh Auslauf und Schutz. Ab und zu erreicht das Krähen eines Hahnes unser Ohr. Wenn Eier, dann von solch glücklichen Hühnern, denken wir bei diesem Anblick. Im Talgrund schimmert geheimnisvoll olivgrün der **Teufelsweiher** zu uns herüber.

*Um den geheimnisvollen **Teufelsweiher** ranken sich etliche Legenden. So soll der Leibhaftige hier Herzog Arnulf den Bösen versenkt haben. Im Abendlicht oder bei Herbstnebel spürt man die mystische Stimmung des Ortes besonders gut.*

Vor ihm wenden wir uns nach rechts und halten direkt auf **7 Dieters Bankerl** zu, das unter den ausladenden Ästen einer alten Eiche verträumt in die Landschaft blickt. Kurz darauf durchwandern wir ein kleines **Akaziengehölz –** eine Besonderheit für Mensch und Tier. Die Lichtung, ein früherer Zeltplatz, wird im Volksmund auch als Schwedenfriedhof bezeichnet. Hier finden bisweilen Gottesdienste mit anschließendem Lagerfeuer statt – welch ein traumhafter Ort für eine so besinnliche Veranstaltung.

Plötzlich erklingt leises Geläut, das sich beim Weiterwandern als der Klang von Kuhglocken herausstellt. Einige Mutterkühe ruhen sich im Schatten gemeinsam mit ihren Kälbern aus und käuen die frischen Kräuter wieder. Wir passieren **Konrads Linde** mit einem Bänklein in ihrem Schatten. Nun geht es stetig bergab – immer mit der Klosterkirche im Blick. Mit dem Wanderweg biegen wir nach links und danach wieder nach links auf ein kleines Stück Asphaltstraße, bevor wir an der alten Eiche erneut nach links abbiegen und zwischen Insel- und Sauweiher hindurchflanieren. Hier wächst sogar noch die Wassernuss, die andernorts als ausgestorben gilt. Hinter den Gewässern erspähen

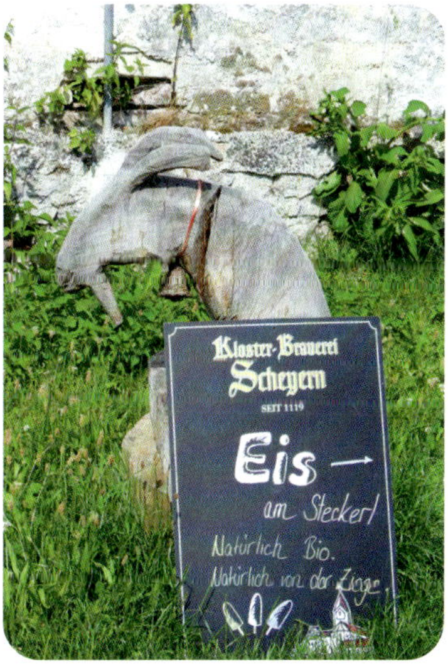

Die ***Brauerei*** *in Scheyern zählt als drittälteste Brauerei Deutschlands zu den ältesten der Welt. Hier wird großer Wert auf Regionalität und Nachhaltigkeit gelegt. So stammt der Hopfen aus dem nahen Hopfengarten und das Wasser aus dem Klosterbrunnen.*

wir zu unserer Rechten wieder die gelbe Sonne, den Beginn des Planetenwegs und unseren Ausgangspunkt.

Hungrig und durstig haben wir die Möglichkeit, in der **8 Klosterschenke** einzukehren und das Bier aus der klostereigenen **Brauerei** zu kosten. Welch eine Freude, die Produkte der Hallertau dort genießen zu können, wo sie entstehen.

In der gegenüberliegenden **Klostermetzgerei** können wir uns für daheim noch mit regionalen *Schmankerln* eindecken, um auch eine kulinarische Erinnerung an diese Tour zu haben. Und einen Besuch in der prachtvollen Basilika lassen wir uns anschließend natürlich auch nicht entgehen.

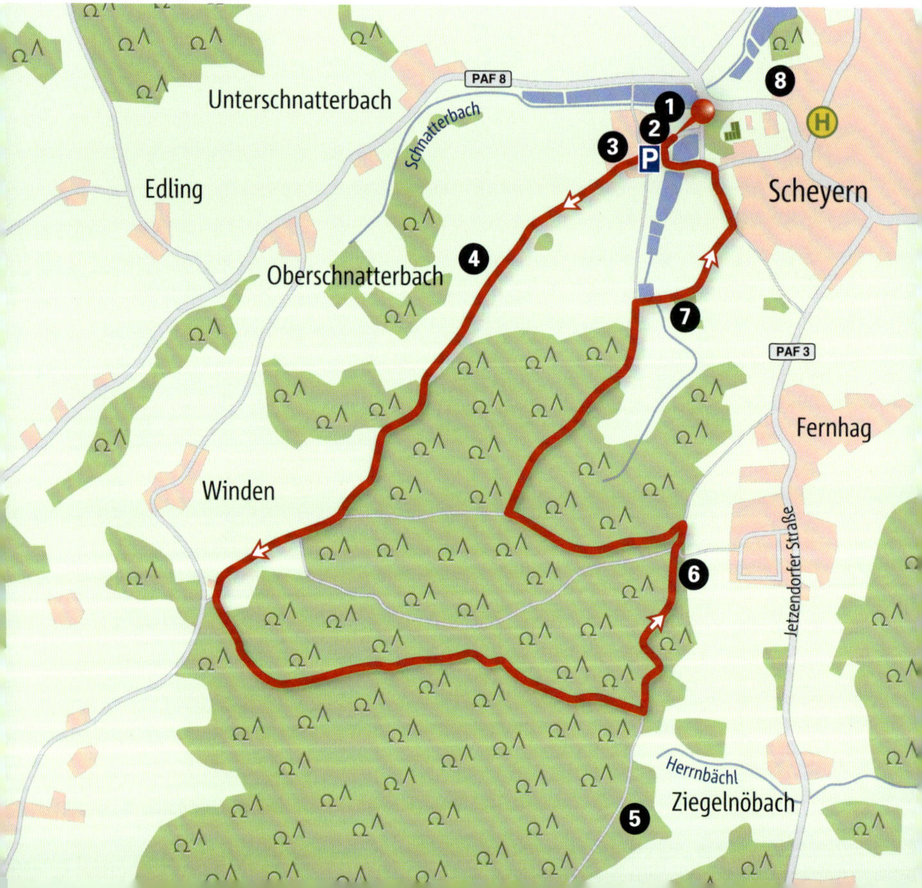

ALLES AUF EINEN BLICK

Entspannung

Abenteuer

Vielfalt

WIE & WANN

Asphaltstraße, Wald-, Schotter- und Wiesenwege; ganzjährig möglich.
Tipp: Diese Wanderung ist auch andersherum reizvoll.

HIN & WEG

Auto: Parkplatz vor dem Prielhof, 85298 Scheyern (GPS: 48.49948, 11.44470)
ÖPNV: Haltestelle Scheyern, Klosterportal oder Rufbus VGI-Flexi ab Pfaffenhofen, Tel. (08 00) 8 44 28 44, mit Haltestelle Scheyern, Prielhof

ESSEN & ENTSPANNEN

1 **Hofkäserei und Prielhofladen,** Prielhof 1, 85298 Scheyern, www.kloster-scheyern.de/kaeserei
8 **Klosterschenke,** Schyrenplatz 1, 85298 Scheyern, Tel. (0 84 41) 2 78 90, www.klosterschenke-scheyern.de

ENTDECKEN & ERLEBEN

2 **Planetenweg**
3 **Thüringer Waldziegen**
4 **Ausblicke**
5 **Keltenschanze**
6 **Wegkreuz am Schnepfenberg**
7 **Dieters Bankerl**

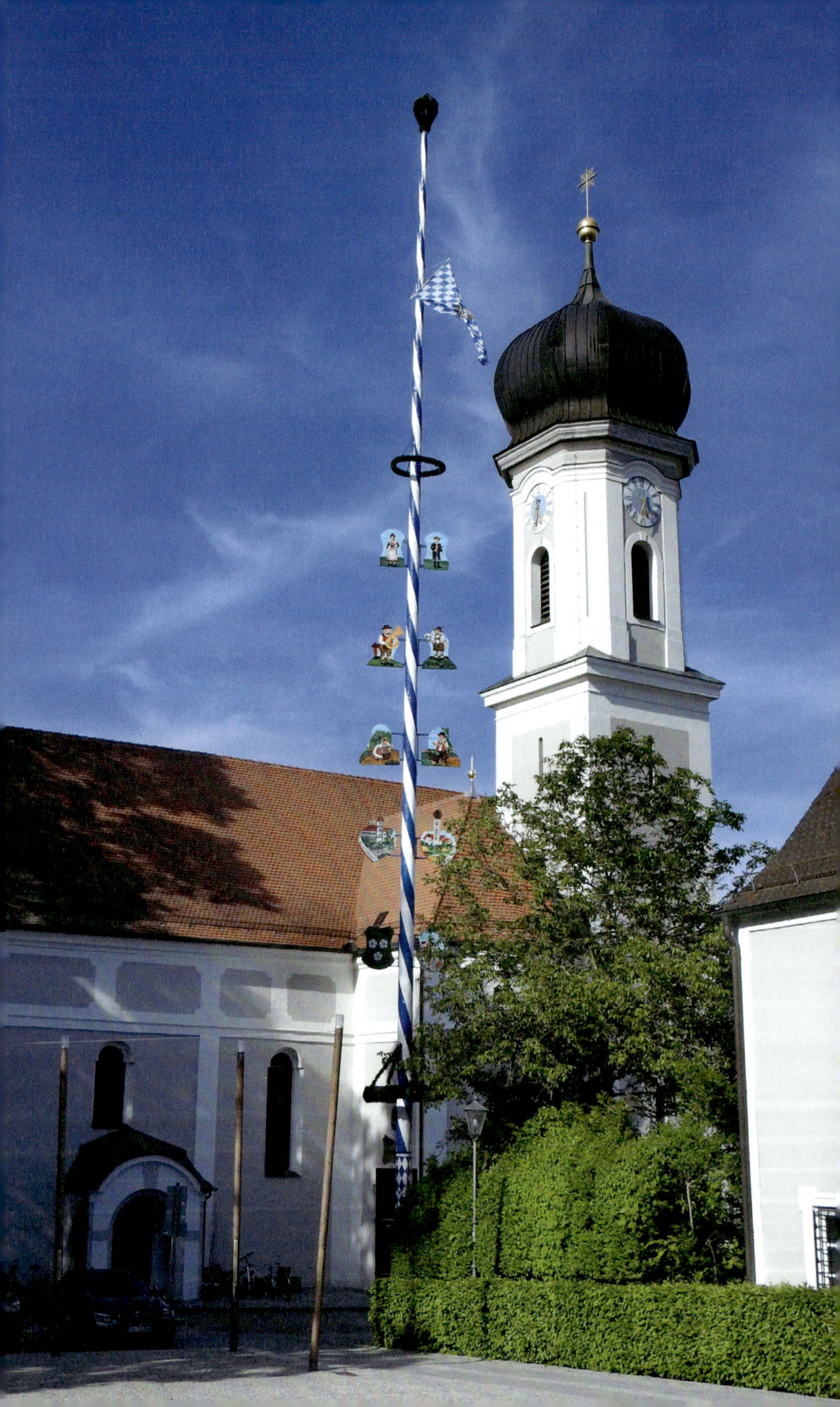

Hopfen im Herzen

Um den Schlossberg bei Au

In Au schlägt das Herz der Hallertau. Direkt an der deutschen Hopfenstraße gelegen hat sich der Ort dem Hopfenanbau verschrieben und der hiesige Hopfen soll besonders gut sein – nach der Überzeugung der Auer. Auf unserer Tour aber werden wir hauptsächlich Wald genießen und erst hinterher den Hopfen in flüssiger Form durch unsere Kehle rinnen lassen.

Im Gewerbegebiet am **Hopfenveredlungsbetrieb** können wir unser Auto abstellen. Wir folgen dem Hinweisschild zum **Bockerlradweg** und überqueren zwischen dem Supermarkt und den Betriebsgebäuden hindurch mit einem kleinen Brücklein die Abens. Es geht einen Abhang hinauf, wo wir an der Bank links in den Schotterweg einschwenken. Nun halten wir auf einen größeren ❶ **Weiher** zu. Das Gelände um das Gewässer wird vom Fischereiverein betreut und gepflegt. Wir gehen geradeaus, bis der Weg eine Rechtskurve beschreibt und unter einer Brücke hindurchführt. Auf den ersten Blick vermuten wir zunächst, dass es sich um eine Eisenbahnbrücke handelt. Direkt dahinter schwenken wir nach rechts und sind überrascht, einen asphaltierten Rad- und Fußweg zu erreichen, in den wir nach rechts einbiegen und nun die Brücke überqueren. Auf dieser Trasse brachte über 100 Jahre lang die alte ❷ **Bockerlbahn** einerseits die Erntehelfer, die sogenannten Hopfenzupfer, in die Region, andererseits wurde hiermit auch der Ernteertrag in alle Welt transportiert. Vor unserem inneren Auge erscheint das Bild einer kleinen schnaufenden Dampflok, die gemächlich über den Damm

*Da die Lokomotive in den Anfangsjahren des Bahnverkehrs häufiger wegen technischer Schwierigkeiten halten musste – also bockte –, bekam der Zug im Volksmund den liebevollen Kosenamen **Bockerl.***

Kilometer: 6,5
Höhenmeter: 75
Stunden: 2
RUNDWEG

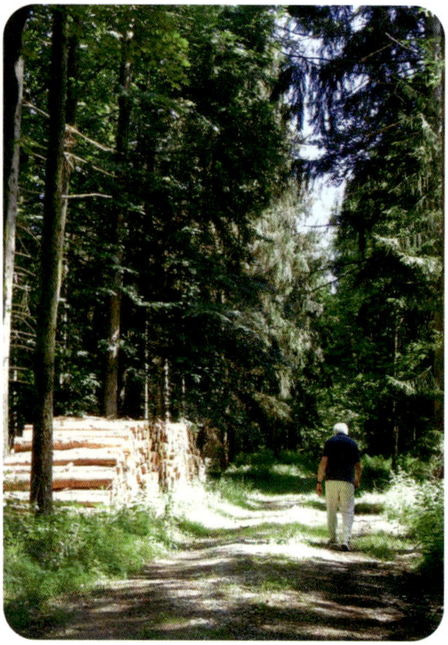

zockelt. Ab und zu lässt der Lokführer ein schrilles Pfeifen hören, wenn eine verirrte Kuh oder ein Reh auf den Schienen steht und die Weiterfahrt blockiert. Tatsächlich entdecken wir eine Ricke, die im hohen Gras am Abensufer direkt neben der Trasse ihr Frühstück genießt. Nachdem durch den zunehmenden Straßenverkehr der Betrieb der Bahn unrentabel wurde, legte man sie still und funktionierte die Strecke in einen Freizeitweg für Radfahrer, Wanderer und Skater um. Nach gut 1 Kilometer haben wir die Häuser und den Maibaum von **Enzelhausen** vor Augen.

An einer Bank verlassen wir die Bahntrasse nach rechts und biegen wiederum nach rechts in den Feldweg ab, der nach Kurzem in den Waldschatten eintaucht. In sanfter Steigung geht es stetig bergauf. Bei der ersten größeren Gabelung halten wir uns rechts, bei der zweiten links und bei der dritten nehmen wir den Waldpfad, der geradeaus bergauf führt. Wie angenehm nun der weiche Waldboden unsere Fußsohlen entspannt, während uns ein Specht mit fröhlichem Klopfen willkommen heißt. Am Wegesrand wachsen filigrane Schachtelhalme, der Waldmeister präsentiert seine Blütenpracht und weiches grünes Gras bewegt sich feenhaft in der Frühsommerbrise.

*In Enzelhausen steht die legendäre **Schimmel-Kapelle,** in die sich einst ein weißes Pferd unbemerkt begeben haben soll und schließlich verhungert ist, weil es für ein Jahr eingeschlossen wurde. Bis heute kann man seine Schreie hören, heißt es.*

Wir bleiben auf diesem Pfad so lange geradeaus, bis er in einen breiteren Forstweg mündet. Zu unserer Linken steht hier eine Bank unter einem **3 Wegkreuz,** das von Linden beschattet wird und uns die Möglichkeit bietet, nach dem Aufstieg zu verschnaufen und den frischen Duft des Waldes in uns aufzunehmen. Dann wenden wir uns nach rechts und stoßen kurz darauf auf die **4 Kapelle Maria Eich,** in deren Innerem der Freiherren von Beck-Peccoz, der Schlossherren von Au, gedacht wird. Der springende Steinbock, das Markenzeichen der Auer Brauerei, stammt übrigens aus dem Wappen dieser Adeligen.

Nur wenige Meter hinter dem Gebäude führt ein Pfad nach rechts zwischen die Bäume. Hier lohnt sich der kurze Abstecher zu einer uralten **Ringfestung** für alle, die Kraftorte lieben, an denen wir den Geistern unserer Vorfahren begegnen. Mächtig erheben sich an dieser Stelle noch Wall und Graben aus dem Waldboden und zeugen vom Schutzbedürfnis der Menschen früherer Zeiten.

Für die Seele

Die alte Bockerlbahn versetzt uns gedanklich in andere Zeiten, damit wir dann beim Waldbaden den Alltag vergessen.

Nach unserer Rückkehr auf den Waldweg erreichen wir rasch den Waldrand mit einem herrlichen Ausblick über den Markt Au, der durch die markante Zwiebelhaube der barocken Vitus-Kirche einen besonderen Reiz erhält. Nun können wir auf der roten Ruhebank die Aussicht genießen, die sich über die sanft gewellten Hügelkuppen mit ihren Feldern und Hopfengärten erstreckt und in der Mitte mit dem spitzen Turm der

Kapelle Maria Eich

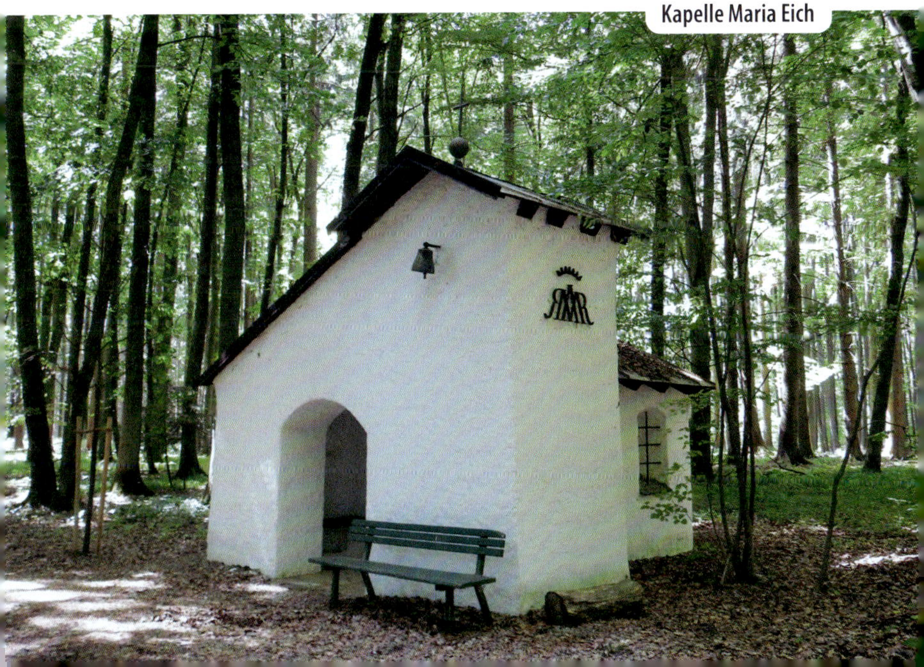

Kirche von Reichertshausen bekrönt wird. Bei so vielen verschiedenen Grüntönen unter bayerisch-blauem Himmel, auf dem kleine weiße Wolkenschäfchen weiden, erwacht der Künstler in uns.

Erfüllt von all dieser Schönheit machen wir uns an den weiteren Abstieg. Vor den ersten Gebäuden der Ortschaft Au erhebt sich rechter Hand ein hoher **Funkturm.** Hier verlassen wir die Schotterstraße, wenden uns nach rechts und folgen dem Waldweg, der rechts durch die Bäume stetig bergab führt. Schließlich schimmert ein kleiner Waldsee durch die Zweige. Wir halten uns links und erkennen die Bahnunterführung, hinter der wir nach links biegen und am See entlang der Schotterstraße bis kurz vor die ersten Häuser folgen. Jetzt biegen wir an der uns bekannten Bank nach rechts und erreichen kurz darauf unser Auto.

Neben seinen vielen Eigenschaften als Beruhigungs- und Konservierungsmittel wird Hopfen auch in Bibliotheken verwendet. Da er Feuchtigkeit und Insektenbefall verhindert, legt man gerne einige ***Hopfenzapfen*** *hinter die Bücher.*

Dass sich schräg gegenüber auf der anderen Straßenseite die **Hopfenbank Weihenstephan** mit der größten Sammlung verschiedener Bierhefen befindet, passt zur Gegend. Im nahe gelegenen Getränkemarkt können

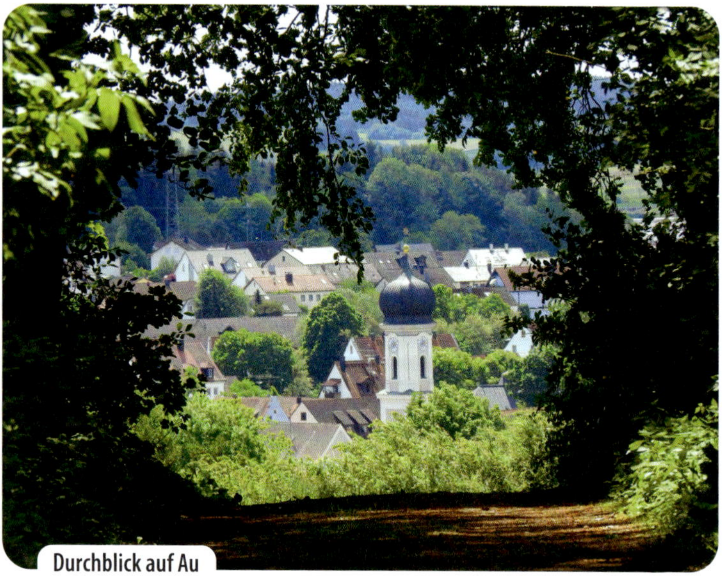

Durchblick auf Au

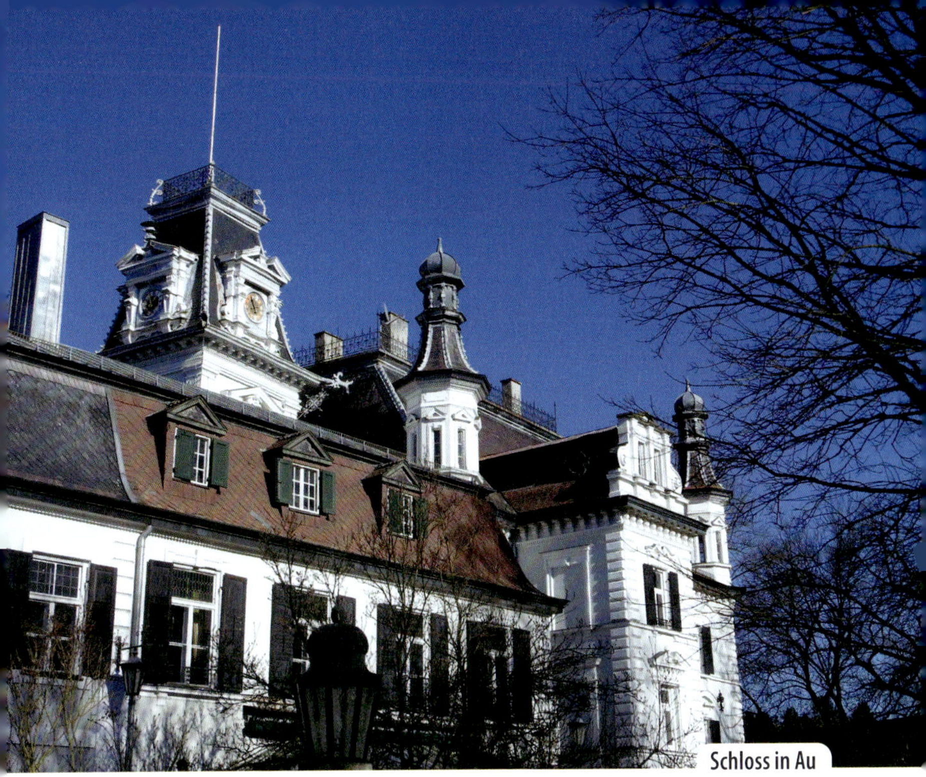

Schloss in Au

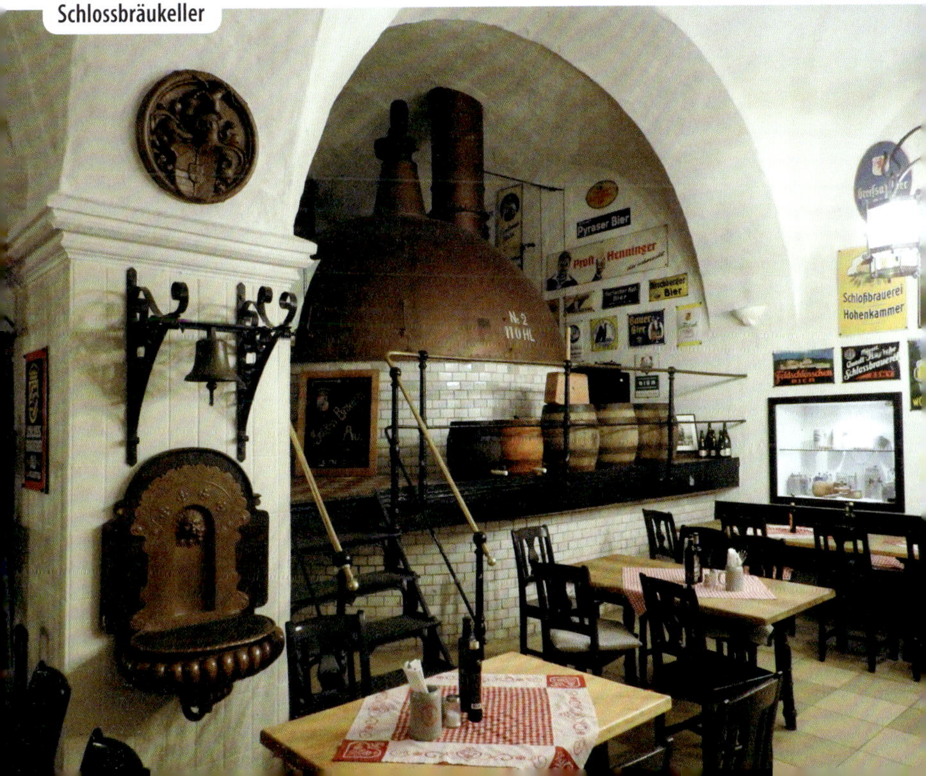

Schlossbräukeller

*Im **Schloss in Au** wird bereits seit mehr als 400 Jahren gebraut. Um sich neue Märkte zu erschließen, wird nun neben verschiedenen bayerischen Sorten auch thailändisches und chinesisches Bier hergestellt.*

wir uns zudem für daheim eine besondere Spezialität mitnehmen: den Holled'Auer, einen gehopften, feinherben Secco, oder auch einen speziellen Hopfenwodka.

Nun haben wir die Wahl: Wenn wir den Ausflug in einem Biergarten mit frisch gezapftem Hopfentrunk unter mächtigen alten Kastanien genießen wollen, ist die ⑤ **Schlossbrauerei in Au** eine gute Wahl. Hier sollten wir dann auch einen Blick ins Sudhaus und den Schlosskeller werfen. Jeder Raum dieser alten Gewölbe ist besonders und fantasievoll eingerichtet. Steht uns der Sinn dagegen mehr nach gepflegtem, exquisitem Slow Food, suchen wir im 4 Kilometer entfernten Osterwaal das **Gasthaus Spitzer** auf, das auf schonende Zubereitung und Regionalität besonders Wert legt.

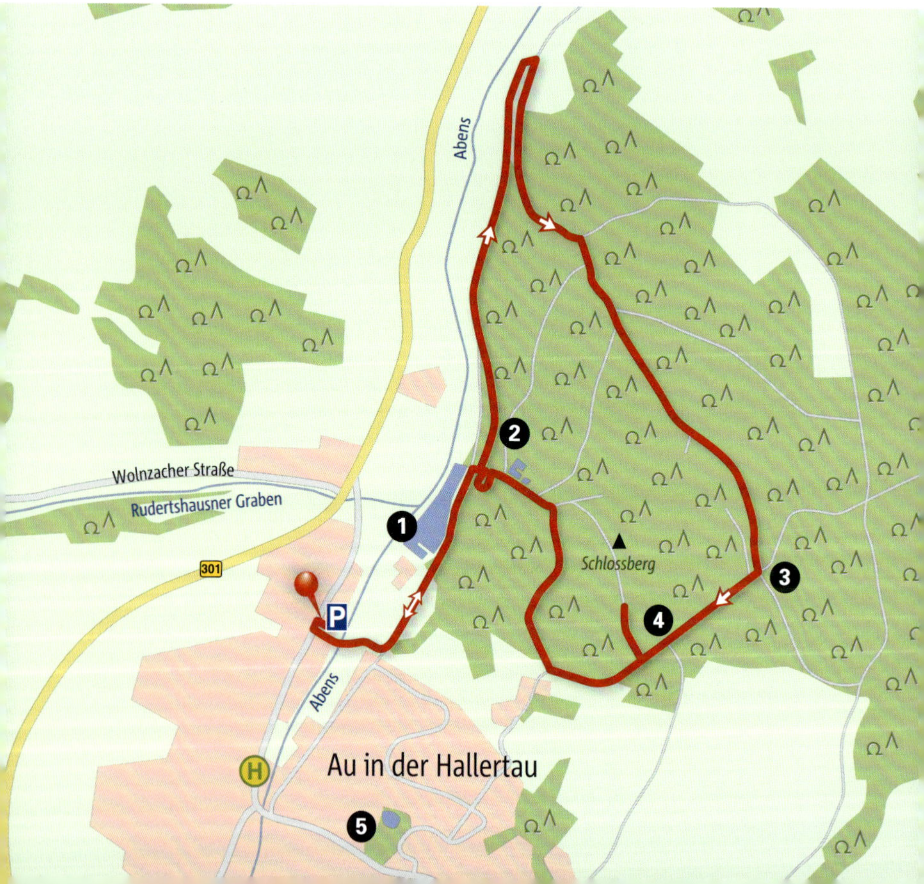

ALLES AUF EINEN BLICK

Entspannung 5/5
Abenteuer 4/5
Vielfalt 3/5

WIE & WANN

Asphalt-, Wald- und Feldwege; zu jeder Jahreszeit möglich.

HIN & WEG

Auto: Parkplatz im Gewebegebiet, Mainburger Straße 28, 84072 Au in der Hallertau (GPS: 48.56347, 11.73998)
ÖPNV: Haltestelle Au, Hopfenhalle

ESSEN & ENTSPANNEN

5 **Biergarten der Schlossbrauerei Au-Hallertau,** Schloßbräugasse 2, 84072 Au in der Hallertau, Tel. (0 87 52) 8 63 20, www.auerbier.de

Abseits der Route empfehlenswert:
Gasthaus Spitzer, Lohweg 10, 84072 Au in der Hallertau/Osterwaal, Tel. (0 87 52) 74 55, www.gasthaus-spitzer.de

ENTDECKEN & ERLEBEN

1 **Weiher**
2 **Trasse der Bockerlbahn**
3 **Wegkreuz**
4 **Kapelle Maria Eich**

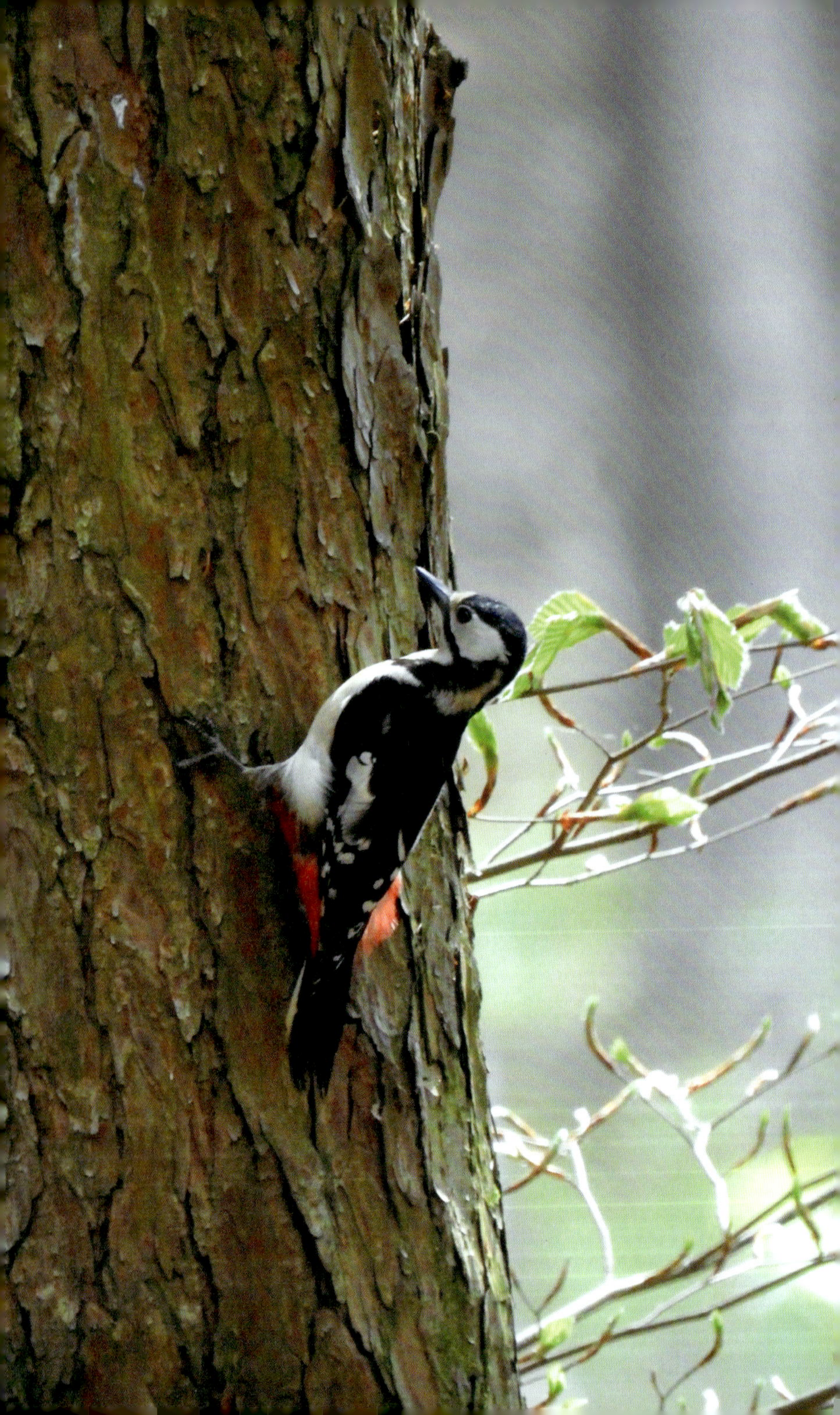

Zu Berg & Tal

Vor den Toren Landshuts

Am südöstlichen Rand der Hallertau liegt die alte Residenzstadt Landshut mit der Burg Trausnitz und dem höchsten Backsteinkirchturm der Welt. Alle 4 Jahre wird hier in einer mehrwöchigen Feier eine Fürstenhochzeit nachgespielt. Welch ein stilles und andächtiges Naturparadies sich direkt vor den Toren dieser quicklebendigen Stadt befindet, wollen wir erkunden.

Unser Auto parken wir in der Nähe des **Further Waldkindergartens,** den Waldfüchsen (wochentags am Vormittag bitte nicht in der Eltern-Taxi-Zone), und biegen am Haus der Waldfüchse nach links zur ❶ **Waldkapelle.** Schon bald entdecken wir das kleine Gebäude zwischen den Stämmen. Auf einer der vielen Bänke haben wir Muße, um uns alles anzusehen: Ein Halbkreis aus Kreuzwegstationen umschließt das weiße Gotteshaus in seinem Zentrum, das mit unzähligen Devotionalien ausgeschmückt ist und den Eindruck lebendigen Glaubens vermittelt.

Vor etwa 10 Millionen Jahren wurde hier im Tertiär von den damaligen Flüssen ***Kies*** *abgelagert, der heute als qualitativ hochwertiger Baustoff gebraucht wird. Nach seiner Entnahme wird der Berg wieder renaturiert und ändert so ständig sein Aussehen.*

Derart inspiriert wandern wir nach links weiter und halten auf eine Weggablung zu. Hier streben wir mit der rechten Alternative gen Tal und erreichen die Ausläufer eines großen ❷ **Kieswerks.** Wir bestaunen die riesigen Erd- und Kieshaufen in ihren unterschiedlichen Farbschattierungen.

Am Ende des Weges schwenken wir nach rechts in den asphaltierten Radweg ein. Kurz vor dem nächsten Gehölz weist uns eine Tafel nach rechts auf den ❸ **Weg der Installationen.** Neugierig folgen wir dieser Einladung und erblicken nach Kurzem in der Sonne leuchtende

Kilometer: 9,5

Höhenmeter: 120

Stunden: 3

RUNDWEG

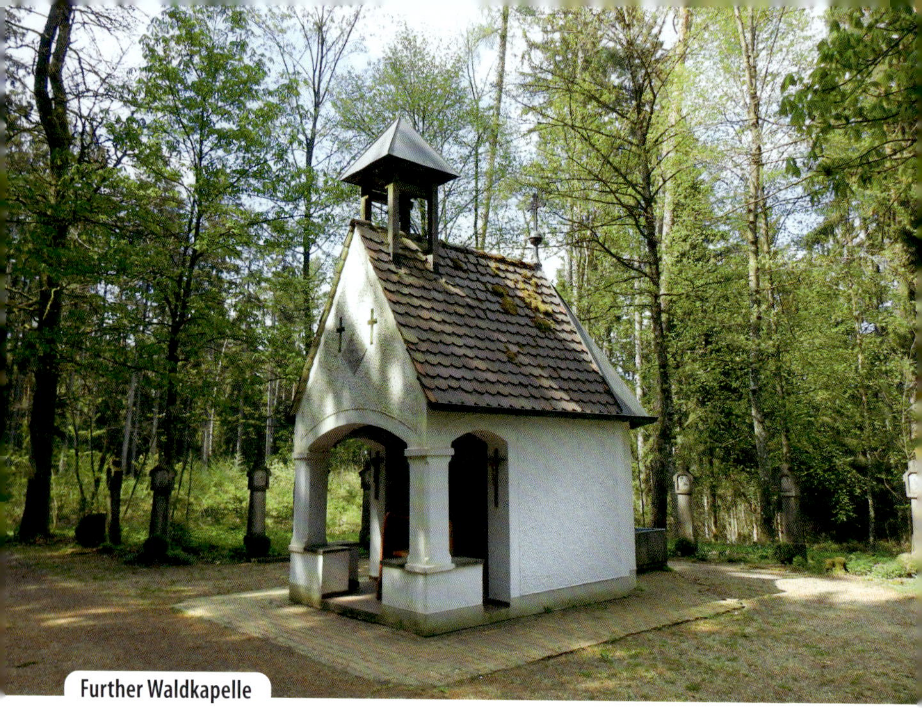

Further Waldkapelle

Glasscheiben. Eine große Infotafel erläutert wie ein kleiner Lehrpfad Wissenswertes rund um das Thema Kies. Ein Stück über uns entdecken wir ein *Marterl,* das wir uns näher ansehen: Unter einer Mariendarstellung findet sich der Text der Bayernhymne. Daneben aber fesselt eine weitere Besonderheit unsere Aufmerksamkeit: Eine **hohe Schaukel** lässt uns direkt in den Himmel fliegen. Ein berauschendes Gefühl!

Anschließend kehren wir zum Asphaltradweg zurück und folgen ihm weiter nach rechts. Hinter dem Wäldchen öffnet sich der Blick in das weite Tal, in dem der Further Bach fließt. Über ausgedehnte Butterblumenwiesen zeigt uns der Kirchturm von Arth mit seiner markanten Turmzwiebel die richtige Richtung. Wir bleiben auf dem Radweg, bis sich von links die Schienen der alten **Bockerlbahn** unserem Weg nähern. Einst führte sie von Landshut nach Rottenburg und brachte zuerst die Gastarbeiter aus dem Bayerischen Wald zum Hopfenzupfen und dann die Säcke mit den duftenden Dolden in alle Welt. Heute wird die Strecke vom Verein der Eisenbahnfreunde betreut. Hier liegt rechts über uns der 4 **Landgasthof Linden.** Am Sonntagmittag werden wir dort mit regionaler Küche verwöhnt.

Wir bleiben auf der rechten Seite der Schienen und folgen dem alten **Bahndamm** Richtung Altdorf. Wie im Kinderbuchklassiker „Das fliegende Klassenzimmer" wurde neben den Gleisen ein alter Waggon zu einer Wohnstatt umgearbeitet. Schließlich erreichen wir den stillgelegten 5 **Bockerlbahnhof** von Pfettrach. Das Ziegelgebäude ist in die Denkmalliste eingetragen. Alles wirkt, als ob die Zeit stillstehen würde.

Für die Seele

Weite Auen, stille Waldwege, ein munteres Bächlein und einzigartige Marterl laden zu besinnlichem Verweilen.

Kurz vor dem alten Bahnübergang biegen wir nach rechts in die Straße mit dem bezeichnenden Namen **Hochsteig** und folgen dann links dem Waldweg an den Häusern vorbei den Berg hinauf. Nach 200 Metern zweigen wir mit dem Schotterweg wiederum nach links. An der folgenden **Wegkehre** bleiben wir

Bockerlbahnhof

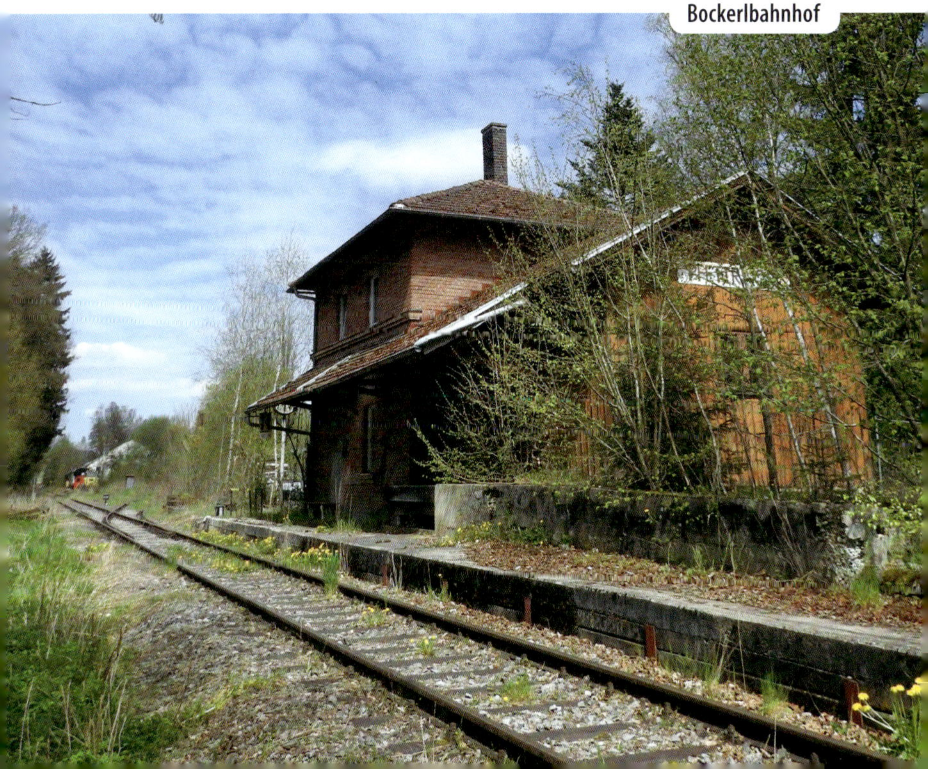

zunächst ein Stück geradeaus. Dort finden sich im Waldboden deutliche Spuren von Graben und Wall der **6 Schanzanlage Abensberg,** die vom Weg durchbrochen werden. Hier stand wohl eine Fliehburg, in die sich die Bevölkerung vor den anstürmenden Ungarn retten konnte. Wie froh wir sind, dass wir statt der Trommeln das Hämmern eines Spechts vernehmen. Nun kehren wir zur Kehre zurück und streben weiter bergauf. An der Lichtung folgen wir dem Weg durch eine Holzlagerstatt bis zum Waldrand, biegen dann nach rechts und stoßen auf den **Wanderweg 1,** in den wir nach links einbiegen. In einem mystischen Waldstück, wo sich Eichen und Kiefern wie ein Dach über den Weg wölben, steht eine vom Zahn der Zeit angenagte Bank.

*Der **Bucher Graben** gilt mit seinen Mäandern als ein besonderes Juwel der Natur. Durch die gute Wasserqualität leben darin sogar Muscheln und Krebse. Auch seltene Blumen wie Kreuzenzian, Waldgoldstern und Wolfseisenhut fühlen sich hier wohl.*

Bei der Kreuzung mit dem Weg 3 bleiben wir zunächst noch geradeaus Richtung Altdorf und nehmen erst den folgenden Schotterweg nach rechts. Der Abstieg schlängelt sich recht steil durch einen Taleinschnitt. Wir erreichen grüne Wiesen, die den von Bäumen gesäumten **Bucher Graben** flankieren, und halten uns kurz rechts. Dann überqueren wir die Brücke nach links und biegen nach rechts in die Schotterstraße.

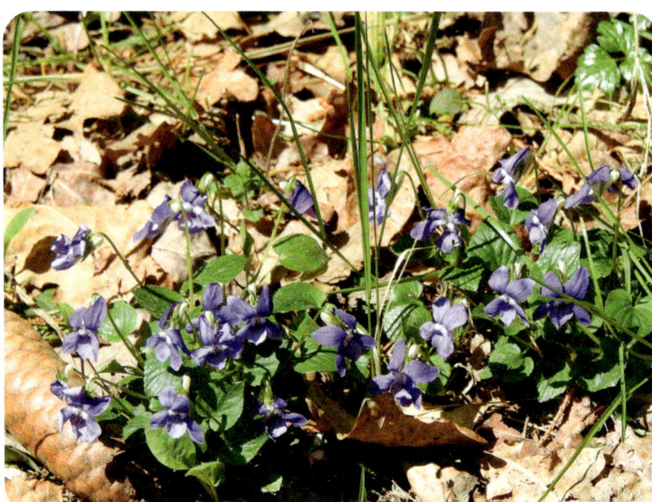

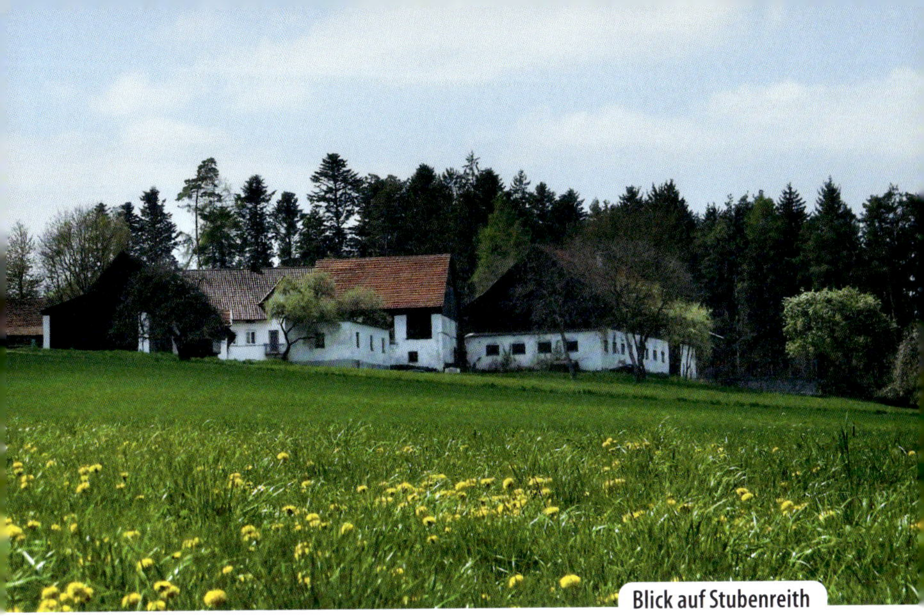

Blick auf Stubenreith

Samtig grün schimmert das Wasser, das von Sumpflilien gesäumt ist, zu uns herüber, bevor wir wieder in den Wald treten und einen stillgelegten Parkplatz erreichen. Hier folgen wir dem Weg mit der Nummer 3 nach rechts und erreichen die **7 Furt durch den Bucher Graben.** Bei Trockenheit ist es nur ein größerer Schritt, um trockenen Fußes über das Wasser zu kommen, ansonsten nehmen wir die Brücke links des Wegs.

Ab jetzt übernimmt der Weg mit der Nummer 1 wieder unsere Führung geradeaus den Bachlauf entlang. Nach etwa einem halben Kilometer erreichen wir einen Bildstock mit einer interessanten Interpretation der **8 Schutzmantelmadonna.**

Etwa 700 Metern weiter biegen wir nach einem kurzen Anstieg mit dem Weg Nummer 1 nach links, überqueren das Bächlein an einer weiteren **Furt** mithilfe einiger Trittsteine und schwenken auf die große Schotterstraße nach rechts ein. Diese verlassen wir kurz darauf hinter dem **roten Kreuz** nach rechts. Relativ bald zweigen wir wiederum nach rechts – immer dem Weg Nummer 1 folgend – auf einen Waldpfad ab. Wir durchqueren das Gehölz, hinter dem wir einen schönen Blick über die Wiese zum kleinen Weiler **Stubenreith** haben. Hier bleiben wir bis zum Ende der Bäume

*Die Vorstellung einer Mutter, die alle Menschen unter ihrem **Mantel** schützt – wie eine Glucke, die ihre Brut bei Gefahr unter ihrem Federkleid birgt –, hat etwas Tröstendes. Auch in der nahen Altdorfer Frauenkirche findet man so eine Darstellung.*

geradeaus und folgen diesen dann nach rechts, um anschließend mit dem Wegweiser zur Waldkapelle die Wiese parallel zum Buchgraben am Fuß des Hügels zu durchwandern.

Dann taucht der Pfad in den Wald. Weil der Untergrund hier bisweilen recht feucht ist, hat sich eine Alternativroute durch die Bäume gebildet. Der weiche Waldboden ist im Frühling mit den weißen Blüten des Sauerklees verziert. Am Ende biegen wir nach rechts in den Wirtschaftsweg, mit dem wir das Bächlein zum letzten Mal überschreiten. Jetzt heißt es Abschied nehmen von unserer lieb gewordenen, feucht-fröhlichen Freundin. Mit ihr im Rücken beginnt unser Aufstieg. An der Ruhebank, von der der mit 0 bezeichnete Weg abzweigt, machen wir einen Abstecher nach rechts zu einem besonderen Kuriosum: Aus dem Baum, der an der Linkskurve des Weges steht, scheint ein **9 Kruzifix** herauszuwachsen. Kopf und Arme des Heilands ragen aus dem Bauminneren heraus, als ob er die Wanderer segnet, und ein Gedicht lädt zu staunendem Betrachten ein. Die Wegschleife bringt uns zu unserem Weg Nummer 1 zurück, mit dem wir nach rechts den Berg weiter erklimmen.

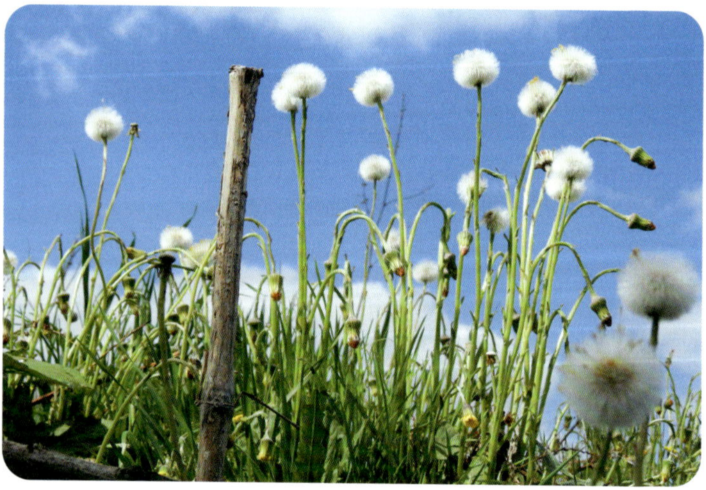

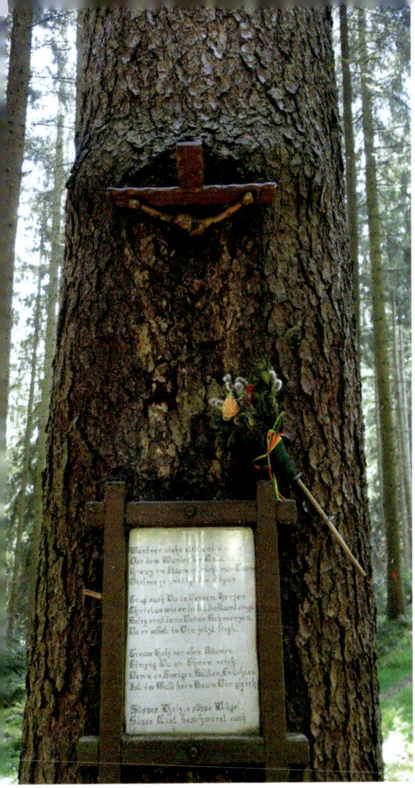

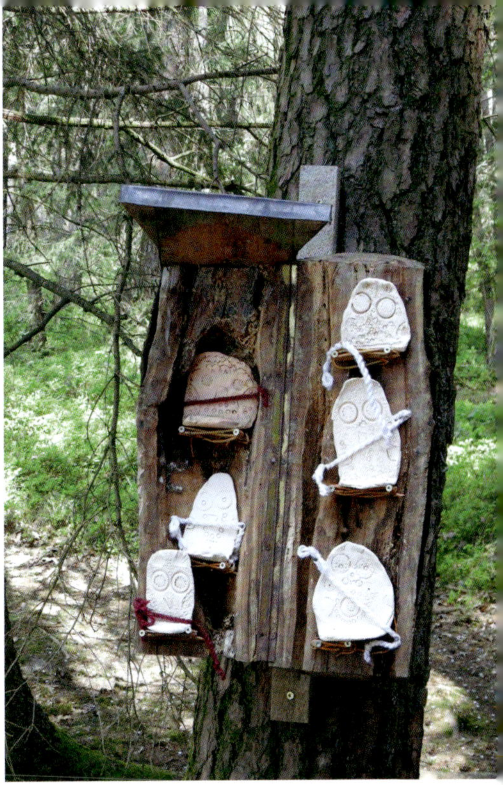

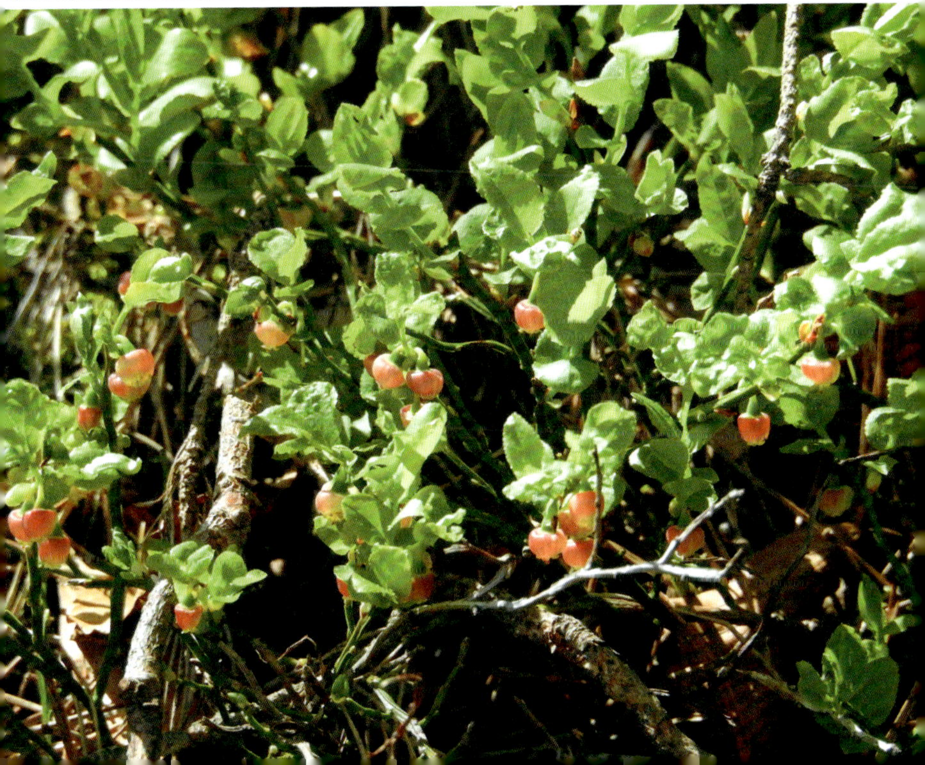

Dann verraten uns die zwischen den Bäumen hängenden Reifen und Kunstwerke, dass wir uns wieder den Waldfüchsen, unserem Ausgangspunkt, nähern. Mit herrlichem Ausblick über ihre Heimat dürfen sich die Kleinen hier in der Natur austoben. In Furth haben wir nun verschiedene Möglichkeiten, die Wanderung ausklingen zu lassen: Das ⑩ **Klosterbräustüberl** des ehemaligen Maristenklosters, das auf eine jahrhundertealte Geschichte zurückblicken kann, präsentiert sich heute in modernem Gewand. Der ⑪ **Jägerwirt** hingegen überzeugt mit seinem traumhaften Biergarten und bodenständiger bayerischer Wirtshaustradition.

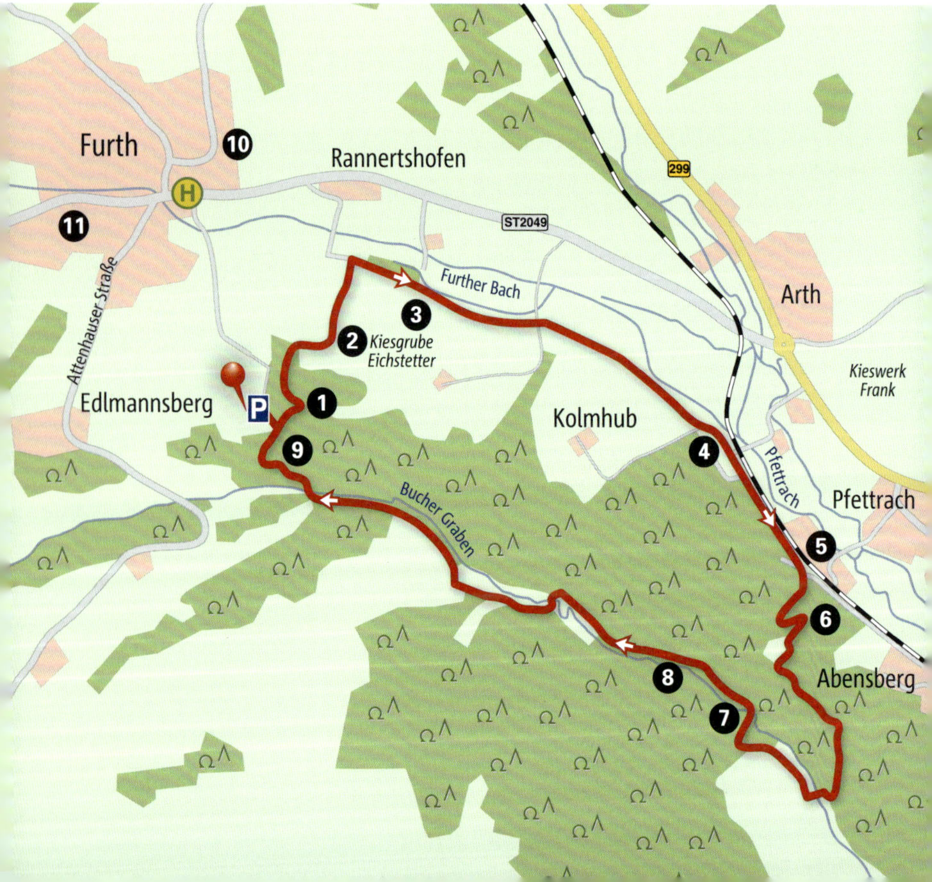

ALLES AUF EINEN BLICK

Entspannung ●●●●○

Abenteuer ●●●●○

Vielfalt ●●●●●

WIE & WANN

Asphaltstraße, Wald-, Schotter- und Wiesenwege; das ganze Jahr über reizvoll, am Wochenende bei Radlern beliebt.

HIN & WEG

Auto: Parkplatz am Waldkindergarten, 84095 Furth (GPS: 48.58038, 12.03041)
ÖPNV: Haltestelle Furth, Staatsstraße

ESSEN & ENTSPANNEN

4 **Landgasthof Linden,** Linden 8, 84095 Furth/Linden, Tel. (0 87 04) 9 21 20, www.landgasthof-linden.de

10 **Klosterbräustüberl,** Am Klosterberg 5, 84095 Furth, Tel. (0 87 04) 9 20 90 29, www.klosterbräustüberl-furth.de

11 **Jägerwirt,** Hauptstraße 49, 84095 Furth, Tel. (0 87 04) 9 29 16 85, www.jagerwirt-furth.de

ENTDECKEN & ERLEBEN

1 **Waldkapelle**
2 **Kieswerk**
3 **Weg der Installationen**
5 **Bockerlbahnhof**
6 **Schanzanlage Abensberg**
7 **Furt durch den Bucher Graben**
8 **Schutzmantelmadonna**
9 **Kruzifix im Baum**

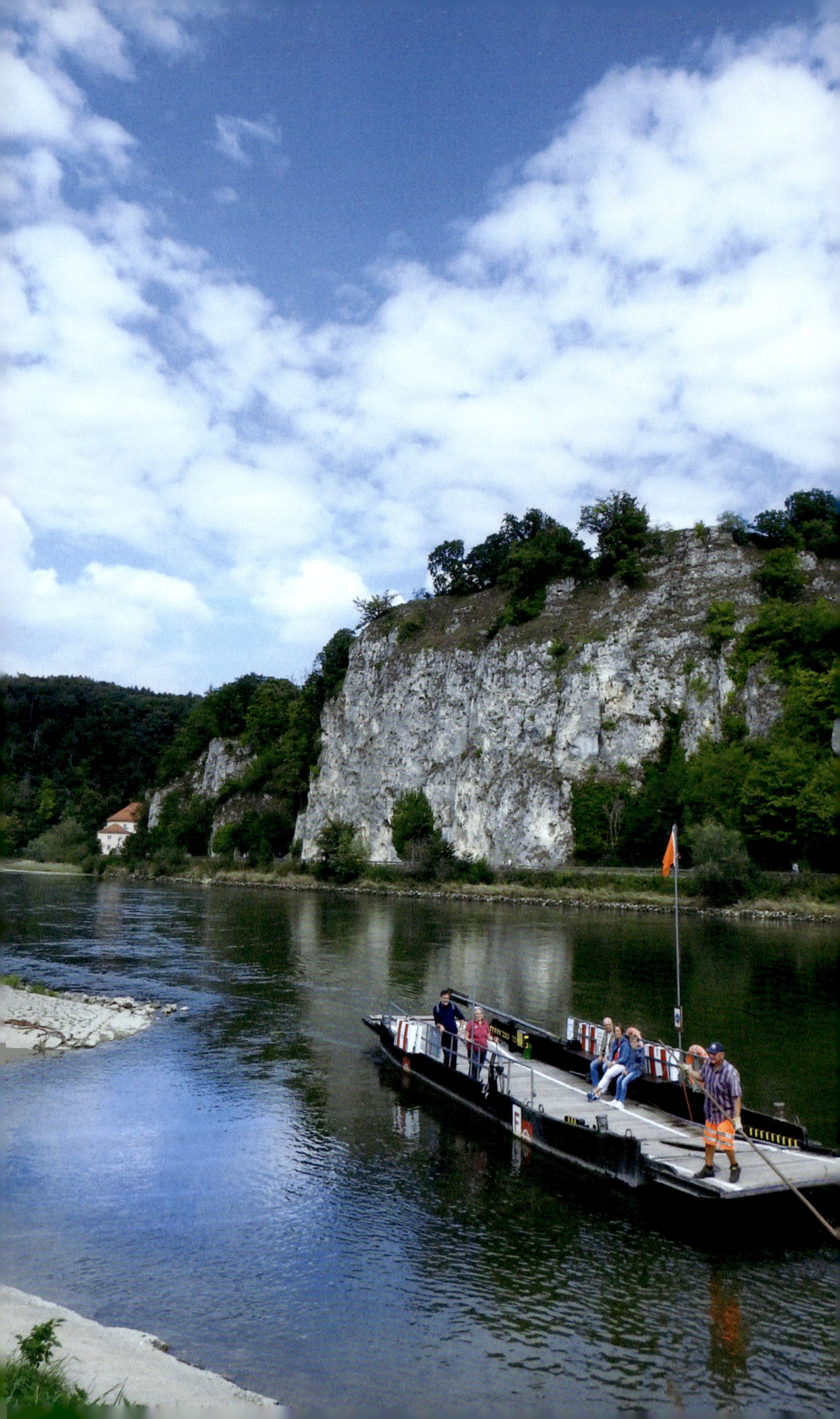

Hüben & Drüben

Zwischen Weltenburg und Eining

Kaiser Hadrian übernahm die Herrschaft im Römischen Reich, als es seine größte Ausdehnung erreicht hatte. Er sicherte das Gebiet mit beeindruckenden Grenzanlagen wie dem Limes quer durch das heutige Deutschland. Unsere Tour beginnt an dem Punkt, an dem der trockene Limes, also die Grenzmauer, in den nassen Limes, die Donau, überging. Seit Kurzem sind beide Scheidelinien zum UNESCO-Weltkulturerbe erklärt worden. Schon König Maximilian II. von Bayern war von der Antike so begeistert, dass er an vielen Stellen seines Reiches Gedenksteine zur Erinnerung an die Leistung der Römer errichten ließ. Die sogenannte **❶ Hienheimer Säule,** der Ausgangspunkt unserer Tour, weist auf die Überreste des Limes hin, steht sie doch direkt auf dem Wall, der noch nach fast 2000 Jahren in seinem Verlauf klar nachvollziehbar ist.

Um uns vorweg einen Überblick über unser Wandergebiet zu verschaffen, überqueren wir die Staatsstraße beim Parkplatz und folgen dem Wegweiser zum etwa 300 Meter entfernten **❷ römischen Wachturm.** In der Nähe eines antiken Fundaments rekonstruiert bietet er einen herrlichen, weiten Blick ins Donautal und wir fühlen uns in die Vergangenheit zurückversetzt, als Wachposten von hier aus die Lage im „wilden Germanien" beobachteten und dem Lager jenseits des Flusses bei Gefahr Meldung machten. Erstaunt bemerken wir, dass auch heute noch die „römische" Seite landwirtschaftlich genutzt wird, während die „germanische" bewaldet ist. Dann kehren wir auf dem Limes zur Hienhei-

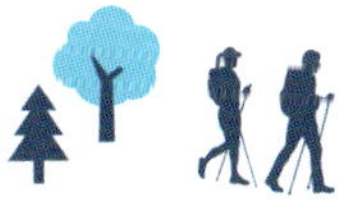

Kilometer: 16

Höhenmeter: 120

Stunden: 5

RUNDWEG

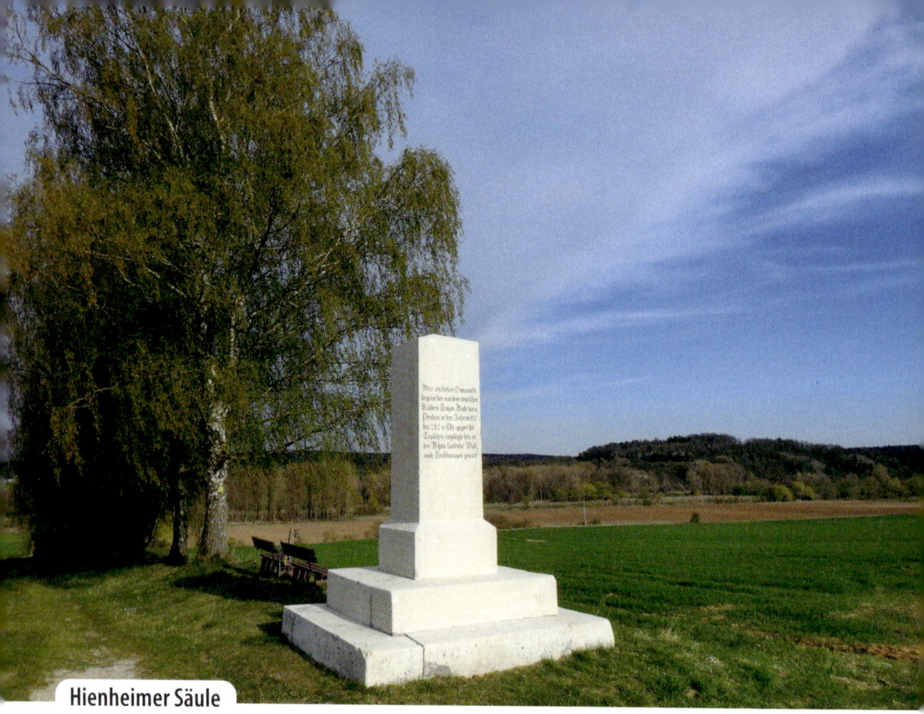

Hienheimer Säule

mer Säule zurück und folgen dem Wall abwärts. Am Ende des Weges biegen wir mit dem **Jakobs-Rückweg** (blaue Muschel auf gelbem Grund) nach links in die Schotterstraße. Diese macht kurz darauf eine Rechtskurve und führt uns Richtung Donau. Wir bleiben zunächst auf der ehemals germanischen Seite und folgen mit der Wegbiegung dem Fluss stromabwärts nach links auf dem Uferweg. Hier empfängt uns ein Auenwald mit seinen typischen Pappeln und Weiden. Rechts von uns wälzt sich die Donau wie ein silberner Spiegel träge entlang. Uns fallen große, grüne Schilder auf, die mit Zahlen beschrieben sind und uns angeben, wie weit die Entfernung von hier bis zur Flussmündung ist. Wie lange wohl ein Rindenschiffchen, das wir hier zu Wasser lassen, für die 2423 Kilometer bis zum Schwarzen Meer benötigt und was es alles erleben würde, sinnieren wir gedankenversunken.

Zwei Rehe genießen vor uns auf der Wiese das frische Grün, während

Römischer Wachturm

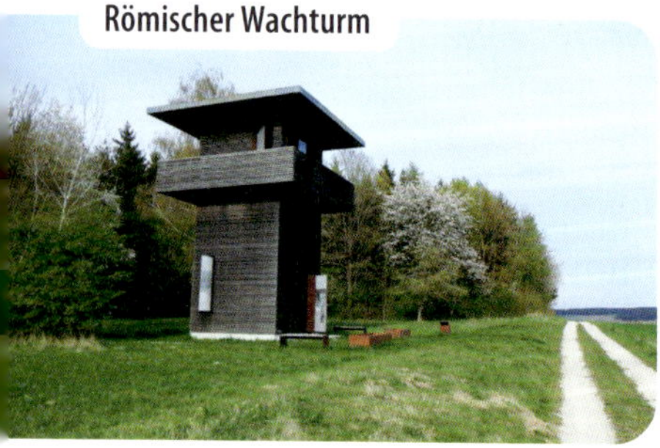

sich ein Reiher krächzend erhebt und mit schweren Flügelschlägen davonfliegt. Hier umrundet unser Weg das Auengehölz und wir erreichen ❸ **Haderfleck,** einen kleinen abgeschiedenen Weiler malerisch direkt an der Donau. Auf der Zugangsstraße gehen wir nach links ein paar Meter durch die Häuser und erklimmen dann mit dem Jakobsweg den kleinen Jurapfad rechts den Berg hinauf. Jetzt beginnt der stärkste Anstieg unserer Tour. Am Wegesrand fallen uns etliche Abbruchstellen mit geschichteten ❹ **Kalkplatten** auf. Früher verwendete man diese dünnen Steine als Ziegel und deckte die für die Gegend typischen Jurahäuser damit.

Für die Seele

Bei unserer „Fährfahrt ins Glück" überqueren wir mühelos alte Grenzen und begegnen denkwürdigen Gestalten.

Mit dem Jakobsweg bleiben wir zunächst geradeaus, dann macht der Hohlweg eine Rechtskurve. Wir erreichen eine Waldwegkreuzung und halten uns rechts entlang der Lichtung. Im Herbst leuchten orangerote Lampionblumen am Wegesrand und die Wiese ist mit Herbstzeitlosen übersät. Hier kann der Untergrund matschig sein, aber davon lassen wir uns angesichts neuer Abenteuer nicht abschrecken. Der Jakobsweg geleitet uns zuverlässig durch das Gehölz. Welch herrlicher Weitblick erwartet uns, wenn wir den Wald verlassen. Über Wiesen, Felder und Wälder erspähen wir mächtige Felsen, die aus den Bäumen ragen – Vorboten des bekannten **Donaudurchbruchs.**

Durch schroffe, hoch aufragende Felsen hat sich das Wasser im Laufe der Jahrtausende seinen Weg gebahnt. Besonders eindrucksvoll lässt sich der ***Donaudurchbruch*** *vom Bord einer Zille aus erleben. Diese warten im Sommer beim Kloster auf Mitfahrer.*

Zum Abstieg ist unser Weg nun asphaltiert und endet an der Zugangsstraße nach **Stausacker,** in die wir nach rechts einschwenken und kurz darauf das Ortsschild passieren. Der **Gießgrabenweg** in der Ortsmitte führt uns zurück an die Donau, wo wir nach links in die **Uferstraße** einbiegen. Nun können wir die mächtig aufragenden Felsen am anderen Ufer bestaunen. Im ❺ **Gasthaus Steinbeck** kann man es sich an Wochenenden bei hausgemachtem Kuchen oder einer Brotzeit gut gehen lassen.

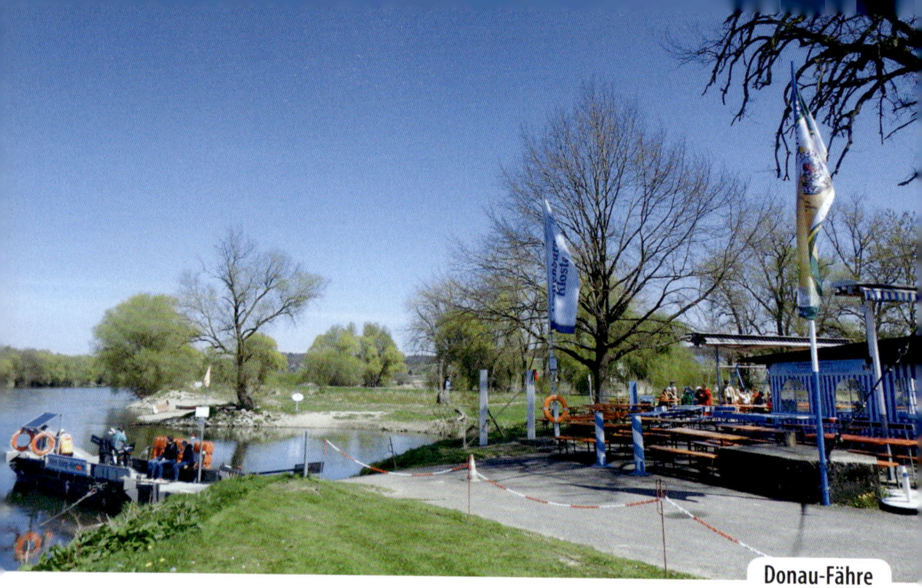

Donau-Fähre

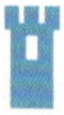

*Die barocke **Klosterkirche** in Weltenburg wurde von den Gebrüdern Asam gemeinsam konzipiert und ausgestaltet. Dieses geniale Gesamtkunstwerk aus Architektur, Malerei und Licht darf man sich keinesfalls entgehen lassen. Hier wird Glaube lebendig.*

Vor uns entdecken wir jetzt das dicke Seil, das über den breiten Fluss gespannt ist, und die **Donau-Fähre,** die beide Ufer miteinander verbindet. Für einen Obolus setzt uns der Fährmann über – und wir überqueren zugleich die Grenze ins alte Römische Reich. Es ist ein erhebendes Gefühl, wenn das flache Gefährt leise glucksend hinübergleitet, während es nur von der Strömung angetrieben wird. Flussabwärts entdecken wir bereits das Tor des weltberühmten **6 Klosters Weltenburg.** Der kurze Abstecher dorthin ist ein unbedingtes Muss. Über den Kiesbänken pittoresk an einer Donauschlinge gelegen umschließen die Gebäude den malerischen Biergarten der **7 Klosterschenke Weltenburg,** in dem unter Schatten spendenden Bäumen das dunkle Bier direkt aus der ältesten Klosterbrauerei der Welt gezapft wird. Ein anschließender Besuch der Kirche setzt diesem Erlebnis das i-Tüpfelchen auf.

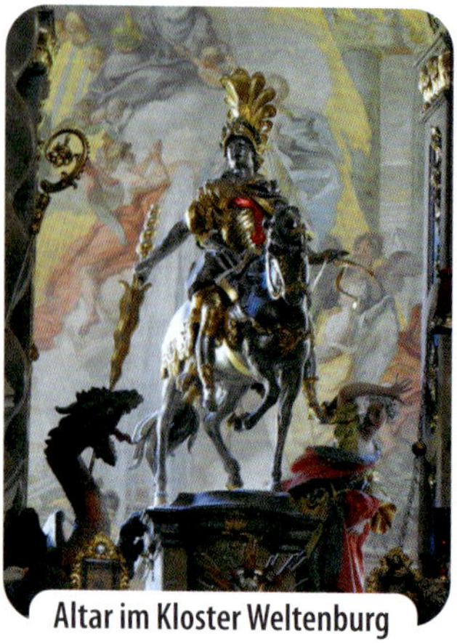

Altar im Kloster Weltenburg

Dann setzen wir unseren Weg an der **Seilfähre** vorbei weiter fort. Neben den beeindruckenden, von Höhlen zerklüfteten Felsen, die weit über die Straße ragen, fühlen wir uns wie Zwerge. Wenn wir die Hochwassermarke weit über unseren Köpfen erspähen, wird uns die Macht der Natur besonders deutlich. Im Sommer ist es kaum vorstellbar, welche Wassermassen der Fluss bisweilen mit sich führt, die sich dann vom Donaudurchbruch hierher zurückstauen.

Hinter der Hochwasserschutzmauer biegen wir nach rechts auf den Parkplatz, den wir am rechten Rand queren und an dessen Ende wir auf den **Donau-Panoramaweg** nach Eining treffen. Am Sportplatz vorbei wandern wir auf dem Schotterweg flussaufwärts, biegen mit dem Radweg nach links, um kurz darauf über ein Brücklein wieder nach rechts zu schwenken. Nun sehen wir den gelben Turm der barocken Stephans-Kirche von **8 Staubing** auf einer Erhöhung vor uns auftauchen. Der Ort selbst wird häufig von Hochwassern heimgesucht und gilt als Überschwemmungsgebiet. Deshalb wird heftig um Schutzmaßnahmen bis hin zur Absiedelung gerungen.

Nachdem wir das Auwäldchen umrundet haben, kommen wir an die Donau zurück. Auf lang gezogenen Kiesinseln ruhen etliche Wasservögel und putzen sich oder gründeln mit ihren Schnäbeln nach Nahrung. Für mehr als 6 Kilometer lassen wir uns auf dem erfrischenden Uferweg treiben – Zeit, die Seele baumeln und die Augen schweifen zu lassen. Der Untergrund wechselt von Schotter zum naturbelassenen Wiesenweg und kehrt irgendwann zur Schotterver-

*In Staubing leben auf dem **Bizzlhof** Alpakas, die gerne mit auf Wanderungen gehen. Zudem baut die Familie Köglmaier herrlich saftige bayerische Wassermelonen an, die sie im Sommer im Hofladen verkauft. Welch eine Wandererfrischung!*

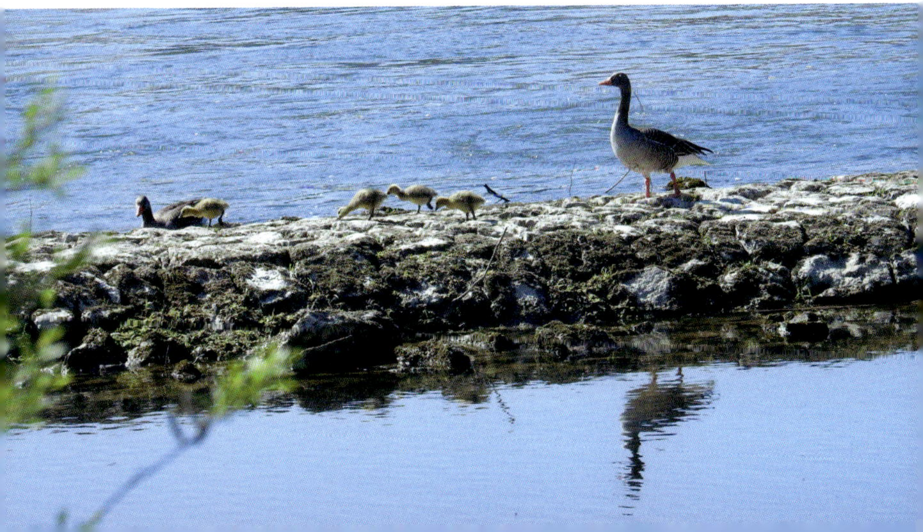

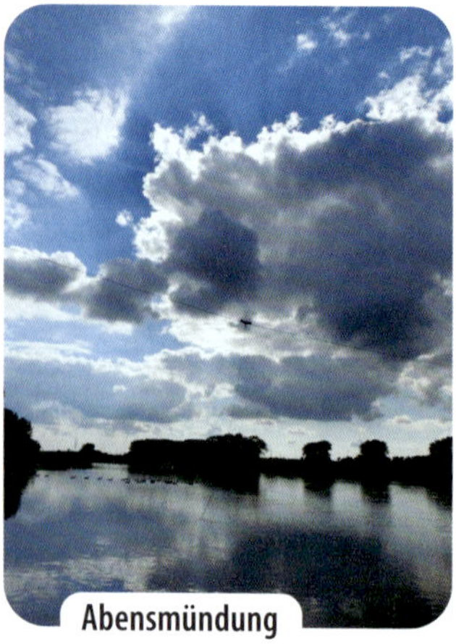
Abensmündung

stärkung zurück. Wir erkennen die Gebäude von Haderfleck auf dem gegenüberliegenden Ufer wieder. Links öffnet sich eine weite Wiesenfläche, die mit kleinen Bauminseln durchsetzt ist. Dahinter erheben sich Trockenrasenhänge – welch eine grüne Wohltat.

Schließlich endet unser Pfad direkt im Eininger **9 Biergarten an der Fähre.** Dankbar erfrischen wir uns mit einem kühlen Getränk. Die frisch gebratenen Fische sind hier sehr zu empfehlen. Gestärkt machen wir uns nun zum Endspurt auf zur **Fähre.** Noch einmal dürfen wir für ein kleines Entgelt diese entschleunigende und zugleich energieeffiziente Art der Fortbewegung genießen. Aus der Abensmündung gleiten Wildgänse majestätisch an uns vorüber und lassen sich stromabwärts treiben.

Am anderen Ufer angelandet, wenden wir uns nach rechts am Fährwartehäusel vorbei. Die **bemalten Kalkplatten** mit passenden Motiven erheitern uns. An der scharfen Linkskurve biegen wir nach rechts in den

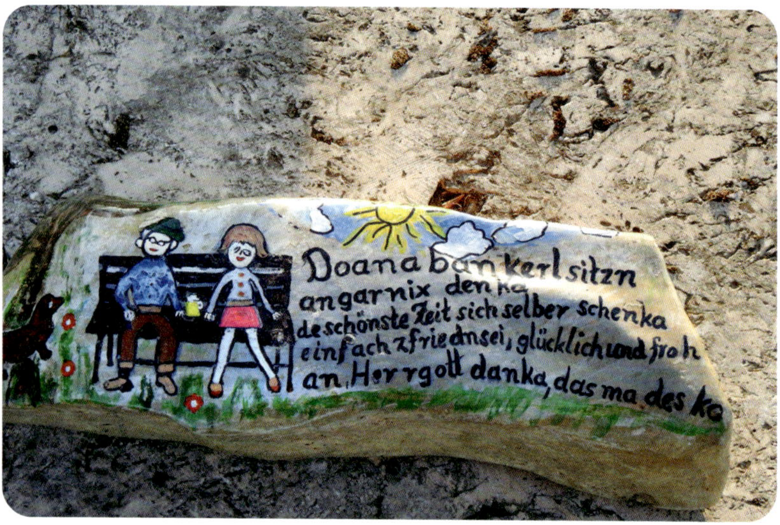

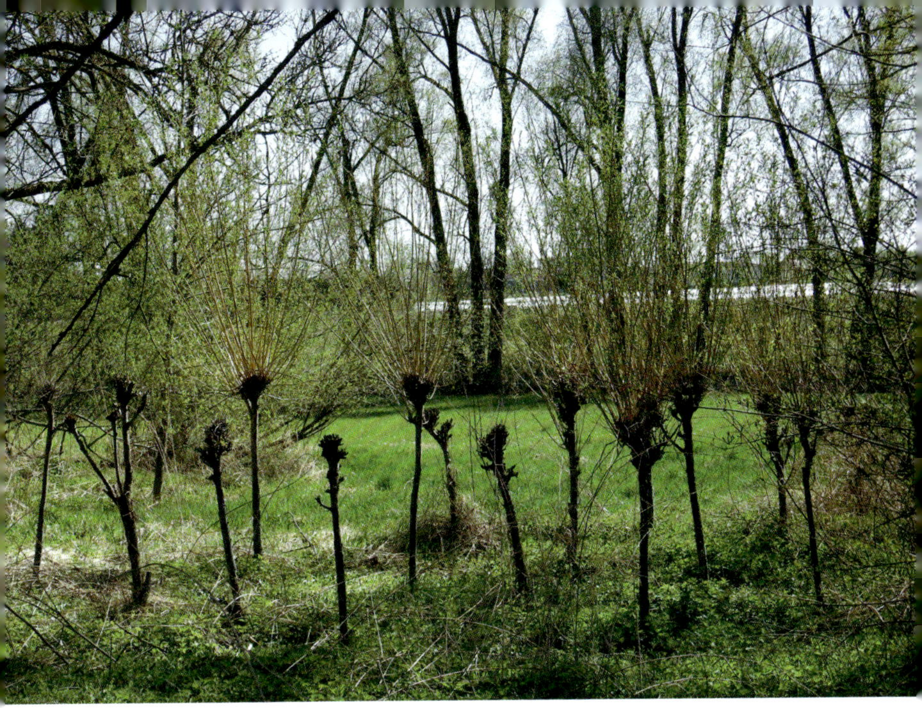

Donauuferweg ein. Nun haben wir einen schönen Blick auf den Turm der **Georgskirche von Hienheim,** die auf einem Hügel thront und weit in die Lande blickt. Storch und Reiher geben sich davor ein Stelldichein und wir tauchen in den Auwald ein.

Die dicken Stämme alter Weiden sind mit Drahtgeflecht vor den Nagezähnen des eifrigen Bibers geschützt, der wieder heimisch geworden ist. Am Ende des Gehölzes überqueren wir die Asphaltstraße, die dereinst zur Donau-Überfuhr führte, und setzen unseren Uferweg fort. Dieser leitet nun am Rande einer Wiese entlang und verjüngt sich immer mehr, bis er als bloßer Trampelpfad ein kleines Wehr überquert. Direkt dahinter biegen wir nach links und am Ende des Gehölzes nach rechts. Dieser Wiesenweg macht eine scharfe Linkskurve und endet an einem Feldweg. In einiger Entfernung blinkt uns ein weißes *Marterl* entgegen, das sogenannte **eiserne Handerl.** Der Sage nach hat hier ein Wolf ein Mädchen gefressen, das ihn sonst gefüttert hat. Die Hand aber, die ihm das Futter gereicht hatte, ließ er zurück.

*Der Friedhof um die **Hienheimer Kirche** ist mit einer starken Mauer gesichert. Vermutlich stand an dieser markanten Stelle im Mittelalter eine Burg. Die Kapelle hat im Gegensatz zur Festung die Zeiten überdauert und dient heute als Pfarrkirche.*

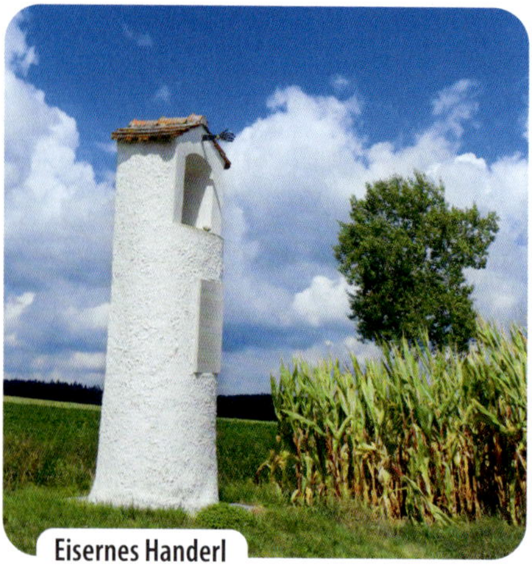

Eisernes Handerl

Wir biegen nach rechts ab und erkennen bereits wieder die Hienheimer Säule. Nun lassen wir uns von der Ausschilderung des Limesweges im Links-rechts-links-Zickzack um die Felder zu unserem Ausgangspunkt zurückführen. Zum Abschluss nehmen wir auf der Limesbank Platz und lassen die Tour nochmals an unserem geistigen Auge vorüberziehen und stellen fest, wie erfrischend ein Perspektivwechsel sein kann – je nachdem, von welcher Seite man schaut.

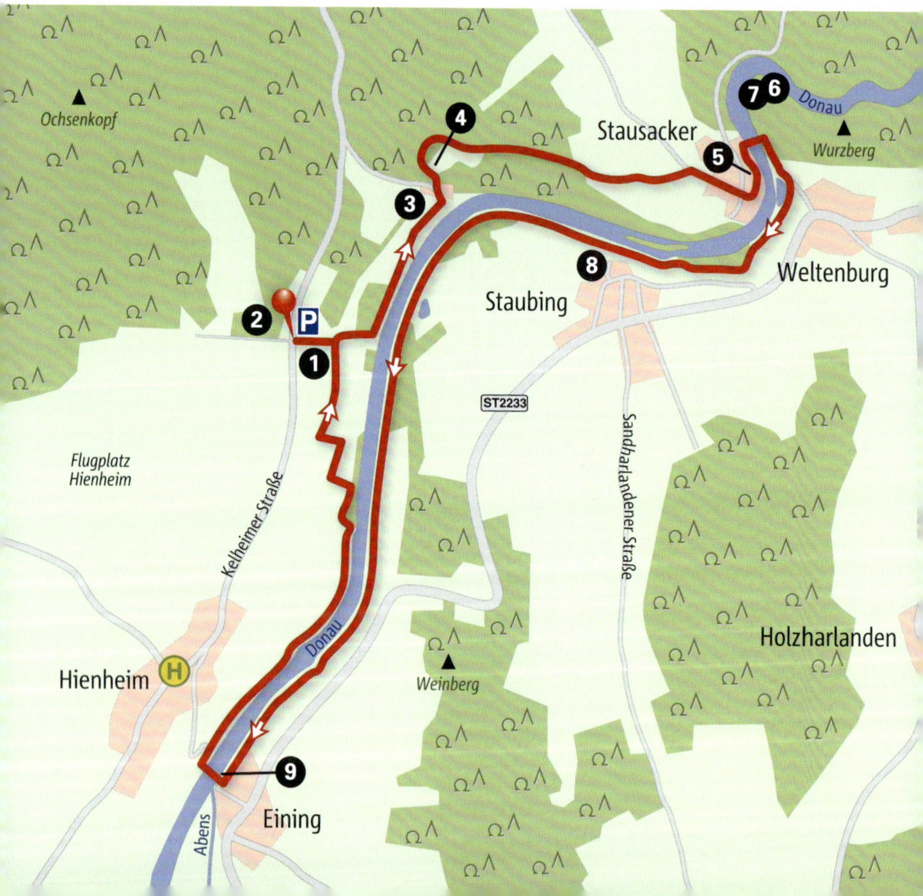

ALLES AUF EINEN BLICK

Entspannung
Abenteuer
Vielfalt

WIE & WANN

Asphaltstraße, Wald-, Schotter- und Wiesenwege; von Mitte April bis Anfang Oktober, nicht montags, unbedingt auf Fährzeiten achten! (Infos unter www.donaudurchbruch.org/donaufaehre.html und www.neustadt-donau.de/freizeit/faehre-eining)

HIN & WEG

Auto: Parkplatz Limesturm, Kelheimer Straße, 93333 Neustadt an der Donau/Hienheim (GPS: 48.88403, 11.77735)
ÖPNV: Haltestelle Hienheim, Parkplatz Ortsmitte; hier Einstieg in die Wanderung

ESSEN & ENTSPANNEN

5 **Gasthaus Steinbeck,** Uferstraße 8, 93309 Kelheim/Stausacker, Tel. (0 94 41) 96 81, www.gasthaus-steinbeck.de
7 **Klosterschenke Weltenburg,** Asamstraße 32, 93309 Kelheim/Weltenburg, Tel. (0 94 41) 6 75 70, www.klosterschenke-weltenburg.de
9 **Biergarten an der Fähre Eining,** Zur Überfuhr 15, 93333 Neustadt an der Donau/Eining, Tel. (0 94 45) 84 43, www.biergarten-eining.de

ENTDECKEN & ERLEBEN

1 **Hienheimer Säule**
2 **Römischer Wachturm**
3 **Haderfleck**
4 **Kalkplatten**
6 **Kloster Weltenburg**
8 **Staubing**

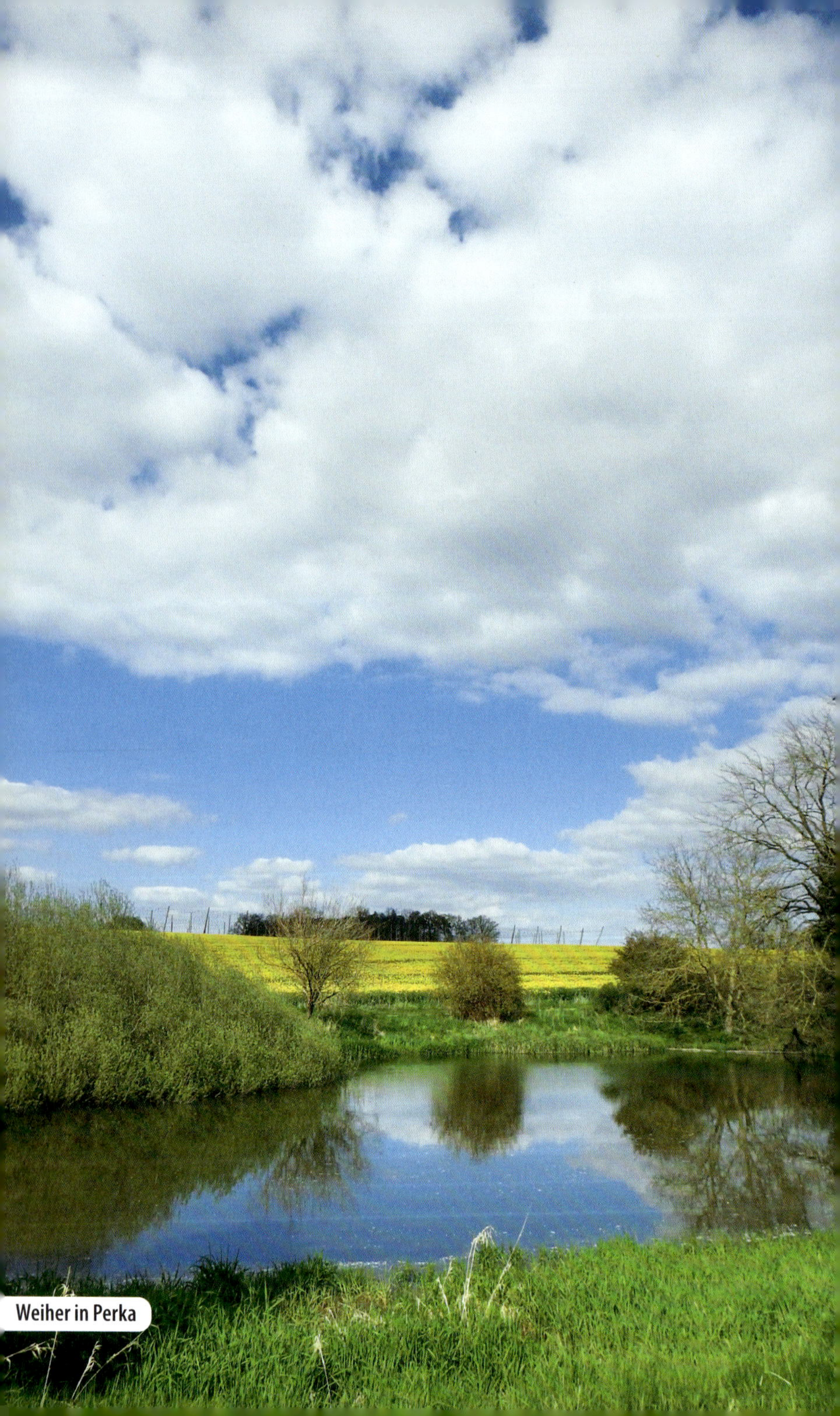

Weiher in Perka

KirchenWiesenWeg

Von Siegenburg nach Biburg

Die Abens ist das Flüsschen der Holledau – hier entspringt sie, durchquert den Landstrich wie eine feuchte Lebensader und mündet schließlich nach vielen Kilometern fröhlichen Dahinplätscherns in die Donau. Sie wird uns auf unserer Tour Begleiterin und Wegweiserin sein.

Wir starten am Parkplatz der BUERGO.FOL in Siegenburg und unterqueren dort die Bundesstraße. Unmittelbar anschließend biegen wir nach rechts. Beim ❶ **Kratzlhof,** an dem wir uns im Frühjahr mit leckerem Spargel versorgen können, schwenken wir zweimal nach links in den Schotterweg ein, der uns zunächst ein Stück rückwärts, dann aber in einer Rechtskurve in die Wiesenlandschaft der ❷ **Abensauen** bringt. Langsam ebbt der Lärm der Bundesstraße ab und das zarte Frühlingsgrün erweckt die Frische in uns. Das Wiesenschaumkraut macht seinem Namen alle Ehre und setzt den Halmen eine weiße Blütenkrone auf. Dicke Hummeln und flinke Bienen tanken hier Nektar.

Wir ignorieren alle Abzweigungen und bleiben auch da geradeaus, wo sich der Hauptweg nach rechts in eine Asphaltstraße wendet. Hier nähern wir uns einem Schilfstreifen, dem Zeichen von feuchtem Boden. Viele Frösche und Kleintiere leben dort und dienen Wiesenbrütern wie Störchen und Reihern als willkommener Leckerbissen. Doch auch seltenere Vögel wie der Brachvogel und die Bekassine ziehen bei diesem Angebot gerne ihre Küken groß. Um sie nicht zu stören, darf man die Wiesen nur auf den ausgewiesenen Pfaden betreten.

Kilometer: 11
Höhenmeter: 45
Stunden: 3
RUNDWEG

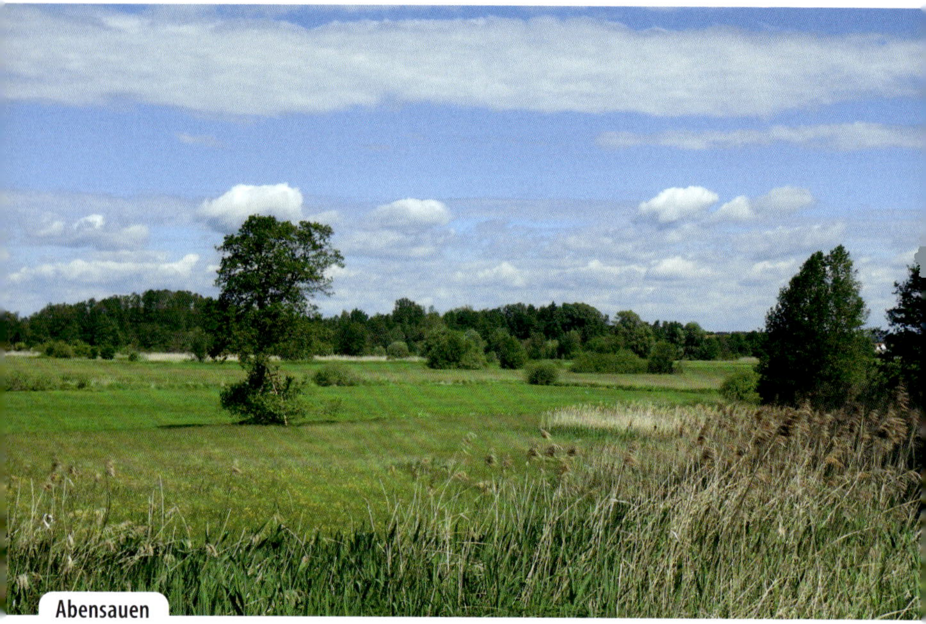

Abensauen

Dass sich die Rehe daran nicht halten, merken wir, als eine Gruppe bei unserem Anblick die Köpfe hebt und uns mit großen Augen betrachtet.

Nun geht es einen Abhang hinauf und wir erspähen den weißen Kirchturm von 3 **Perka,** unserem nächsten Etappenziel, zu unserer Rechten. Kurz vor der Ansiedelung mündet unser Weg in eine Asphaltstraße. Wir biegen nach links und gehen den Perkabach entlang, den wir an der Brücke nach rechts überqueren – und halten nun direkt auf Perka zu. Die sanft hügelig gewellte Landschaft lässt uns an das Voralpenland denken. Wir erklimmen die Anhöhe und biegen am Ende unseres Weges nach links, umgehen das vor uns liegende Gehöft und den Dorfweiher und wenden uns gleich anschließend nach rechts, um zum Gotteshaus zu gelangen. Zwei verwitterte **Steinkreuze** am Wegesrand erregen unsere Aufmerksamkeit.

Ein Blick in die kleine Kirche ist durch Guckfenster möglich. Besonders reizvoll ist die geschnitzte Darstel-

Der Sage nach erinnern die beiden ***Steinkreuze*** *an zwei Männer, die sich um eine Frau stritten. Dies endete mit beider Tod. Klopft man an das eine Kreuz, klingt es hell. Das ist der Verlobte des Mädchens. Das andere klingt dunkel und dumpf.*

lung der 14 Nothelfer in der Predella des rechten Seitenaltars. Nun kehren wir ein Stück des Wegs zurück, biegen hinter den Steinkreuzen mit der **Via nova** nach rechts auf ein weiteres Feldkreuz zu und wenden uns davor nach links. Dann verlassen wir die Via nova, gehen geradeaus am Hopfenfeld weiter und halten im Anschluss daran rechts auf das kleine Waldstück zu. Ein spektakulärer Ausblick über die weiten Abensauen bis nach Abensberg belohnt unseren Aufstieg. Wir sehen verschiedene Kirchen wie die hübsche Frauenkirche in **Allersdorf** auf ihrem kleinen Hügel, aber auch den berühmten Hundertwasserturm, dessen vergoldete Kuppel in der Sonne funkelt.

Für die Seele

In den grünen Weiten der Auenlandschaft empfangen wir einen himmlischen Vorgeschmack auf das Paradies.

Nun geht es am Waldrand abwärts weiter. Am Ende des Feldes biegen wir talwärts nach links und queren unten an der Biogasanlage die Straße, umrunden die Gebäude und nehmen auf deren Rückseite den Weg, der uns rechts ans Ufer der Abens bringt. Kurz vor dem Ortseingang von **Biburg** überbrücken wir das Flüsschen und halten uns gleich anschließend rechts. Am Ende

*Die kleine **Wallfahrtskirche Mariä Himmelfahrt** bei Allersdorf direkt über der B 16 an der Abens ist ein wahres Kleinod und gehört zu den frühesten Barockkirchen Bayerns. Innen wirkt sie leicht durch die farbenfrohe Ausstattung. Zehn Kapellen umrunden sie.*

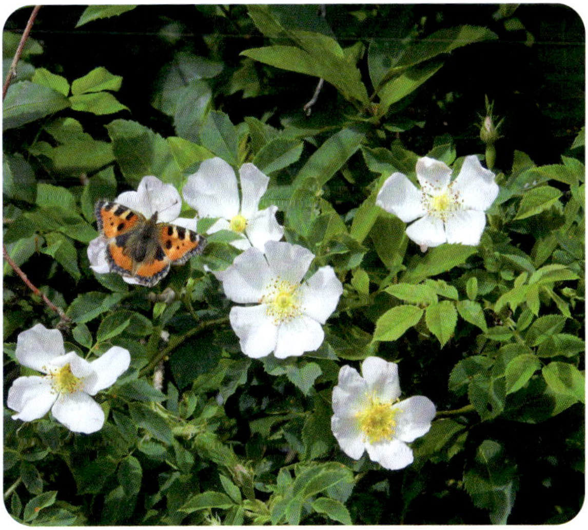

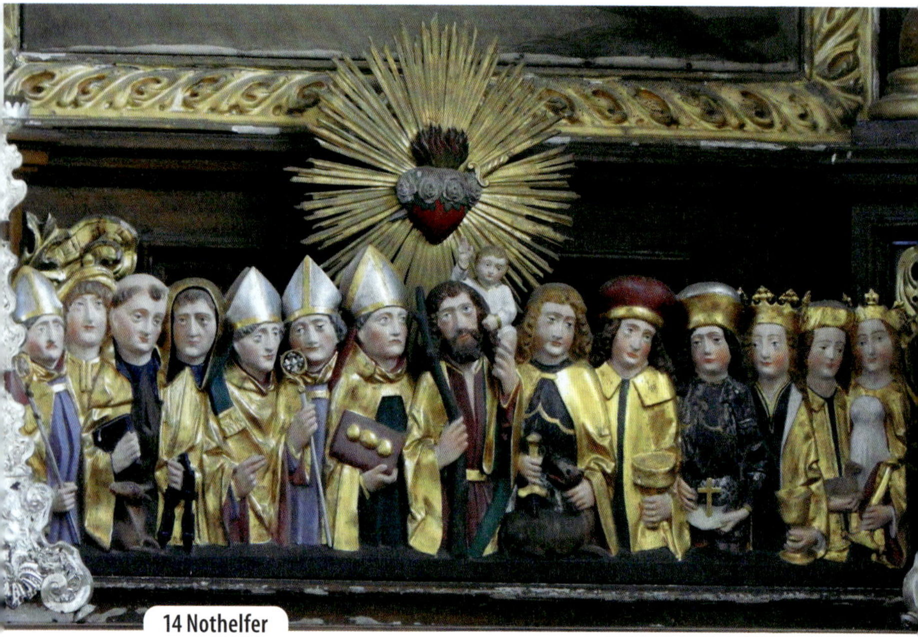

14 Nothelfer

*Die **Klosterkirche Biburg** gehört zu den bedeutendsten romanischen Kirchen Bayerns. Trotz zahlreicher Umbauten spürt man hier den Geist vergangener Zeiten und findet Schutz und Geborgenheit in Gottes Haus.*

der **Abensstraße** biegen wir rechts in die **Hauptstraße** und haben die mächtigen Türme der **4 romanischen Kirche** vor uns. Ihr Rundbogenportal ist mit etlichen sagenhaften Gestalten geschmückt, über denen Christus die Eintretenden segnet. Das Innere wirkt in seiner Schlichtheit meditativ und beruhigend.

In den frisch renovierten Klostergebäuden findet sich das **5 Klostercafé,** in dem es sich vorzüglich frühstücken lässt, und der überregional beliebte **6 Klosterbiergarten,** in dem wir eine gemütliche Halbzeitpause einlegen, bevor wir über den lang gestreckten Eberhardplatz vor der Kirche wieder an der Feuerwehr vorbei zur Abensstraße zurückkehren. An dieser Stelle fällt uns ein kleines Gebäude vor einem liebevoll renovierten hohen Bauernhaus auf, dessen Eingangstor ein großes Kreuz ziert. Neugierig treten wir näher und erblicken im Inneren eine surreale Szene: Menschenfiguren streben zu einem bunten Glasfenster, vor dem Jesus am Kreuz hängt. Diese **7 Erlöserkapelle** hat der bekannte

Künstler Angerer der Ältere gestaltet. Fasziniert betrachten wir die vielen Einzelheiten und entdecken immer neue Details, die sich in den Ecken verstecken.

Anschließend gehen wir die Abensstraße weiter bis zum kleinen Brücklein zurück. Dieses Mal bleiben wir aber auf der rechten Abensseite und biegen kurz darauf mit der Via nova nach links auf den gepflasterten Wiesenweg. Diesem folgen wir über einige Entfernung, bis wir hinter dem Marcushof, einer Tierklinik am Dorfrand von Dürnhart, nach links abbiegen. Hier erwartet uns an der 8 **Abensbrücke** eine nette Sitzgelegenheit, wo wir dem Flüsschen und den Fröschen lauschen und uns verzaubern lassen können. Voll im Ruhemodus überqueren wir anschließend die Brücke, biegen kurz darauf in die Straße nach rechts in Richtung Siegenburg ein und lassen uns von ihr gemächlich über die Wiesen entlang der Abens zurück zu unserem Auto

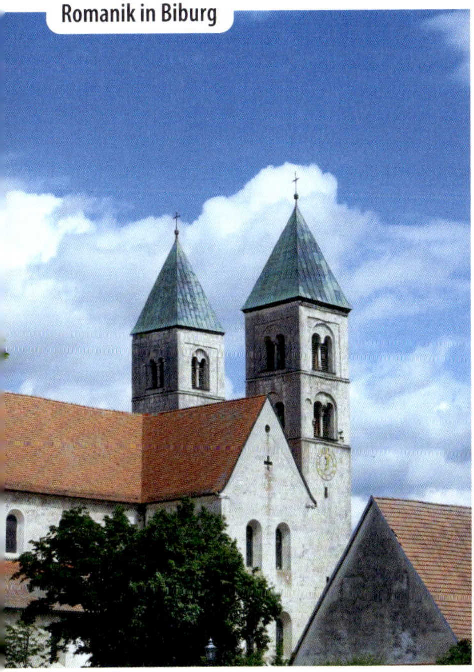

Romanik in Biburg

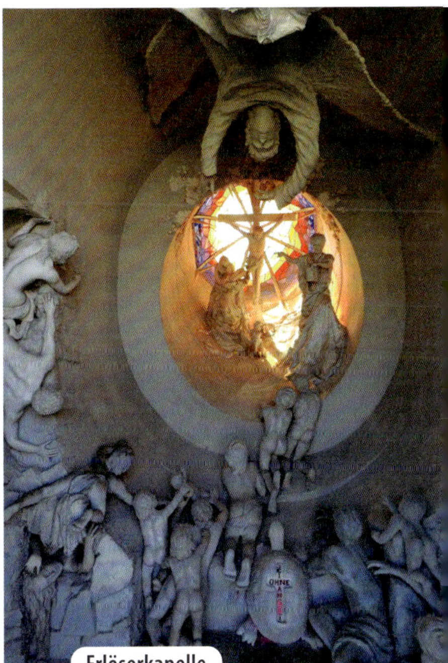

Erlöserkapelle

Eine Führung durch die ***Brauerei Schmidmayer*** *ist unbedingt empfehlenswert. Neben einer kurzweiligen Einführung in das Brauwesen kommt man zudem in jahrhundertealte, geheimnisvolle Keller tief unter dem Marktplatz.*

leiten, das auf der anderen Seite der Bundesstraße auf uns wartet.

Doch um noch nicht vollständig Abschied von dieser Traumgegend zu nehmen, besuchen wir im Herzen Siegenburgs den 9 **Dom der Hallertau,** einen eindrucksvollen neubarocken Kirchenbau auf der Anhöhe über dem Marktplatz, und statten anschließend dem gegenüberliegenden 10 **Bergbräu Schmidmayer** einen genussvollen Besuch ab. Traditionell gehen in Bayern Kirche und Wirtshaus eine gelungene Symbiose für das Wohl von Seele und Leib ein. Und wenn der Storch uns vom Turm der Brauerei aus zu klappert, fühlen wir uns rundum wohl und zufrieden.

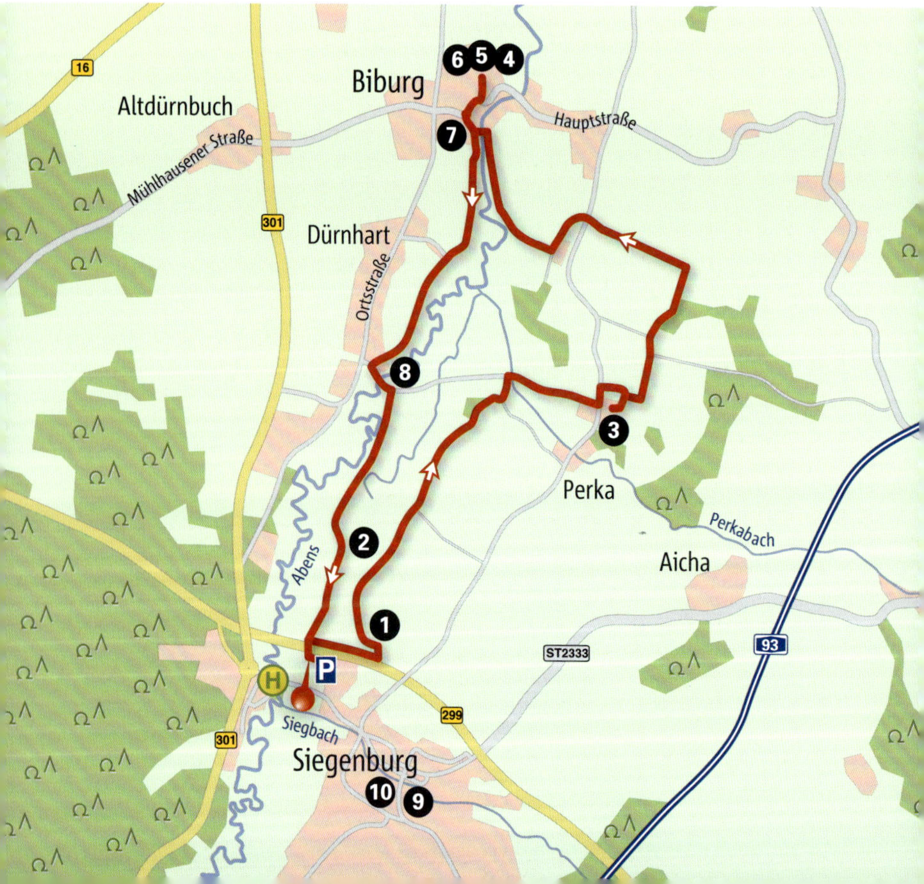

ALLES AUF EINEN BLICK

Entspannung 5/5
Abenteuer 4/5
Vielfalt 4/5

WIE & WANN

Asphalt- und Waschbetonstraßen, Schotter- und Sandwege; ganzjährig möglich.

HIN & WEG

Auto: Parkplatz an der Jahnstraße 14, 93354 Siegenburg (GPS: 48.76195, 11.84276)
ÖPNV: Haltestelle Siegenburg, Daßfeld

ESSEN & ENTSPANNEN

5 **Klostercafé,** Eberhardplatz 1 a, 93354 Biburg, Tel. (0 94 43) 9 99 90 99, www.klosterbiergarten-biburg.com
6 **Klosterbiergarten,** Eberhardplatz 1 a, 93354 Biburg, Tel. (01 71) 7 51 84 69, www.klosterbiergarten-biburg.com
10 **Bergbräu Schmidmayer,** Hopfenstraße 3, 93354 Siegenburg, Tel. (0 94 44) 97 22 22, www.schmidmayer.de

ENTDECKEN & ERLEBEN

1 **Kratzlhof**
2 **Abensauen**
3 **Perka**
4 **Romanische Kirche von Biburg**
7 **Erlöserkapelle**
8 **Abensbrücke**
9 **Dom der Hallertau**

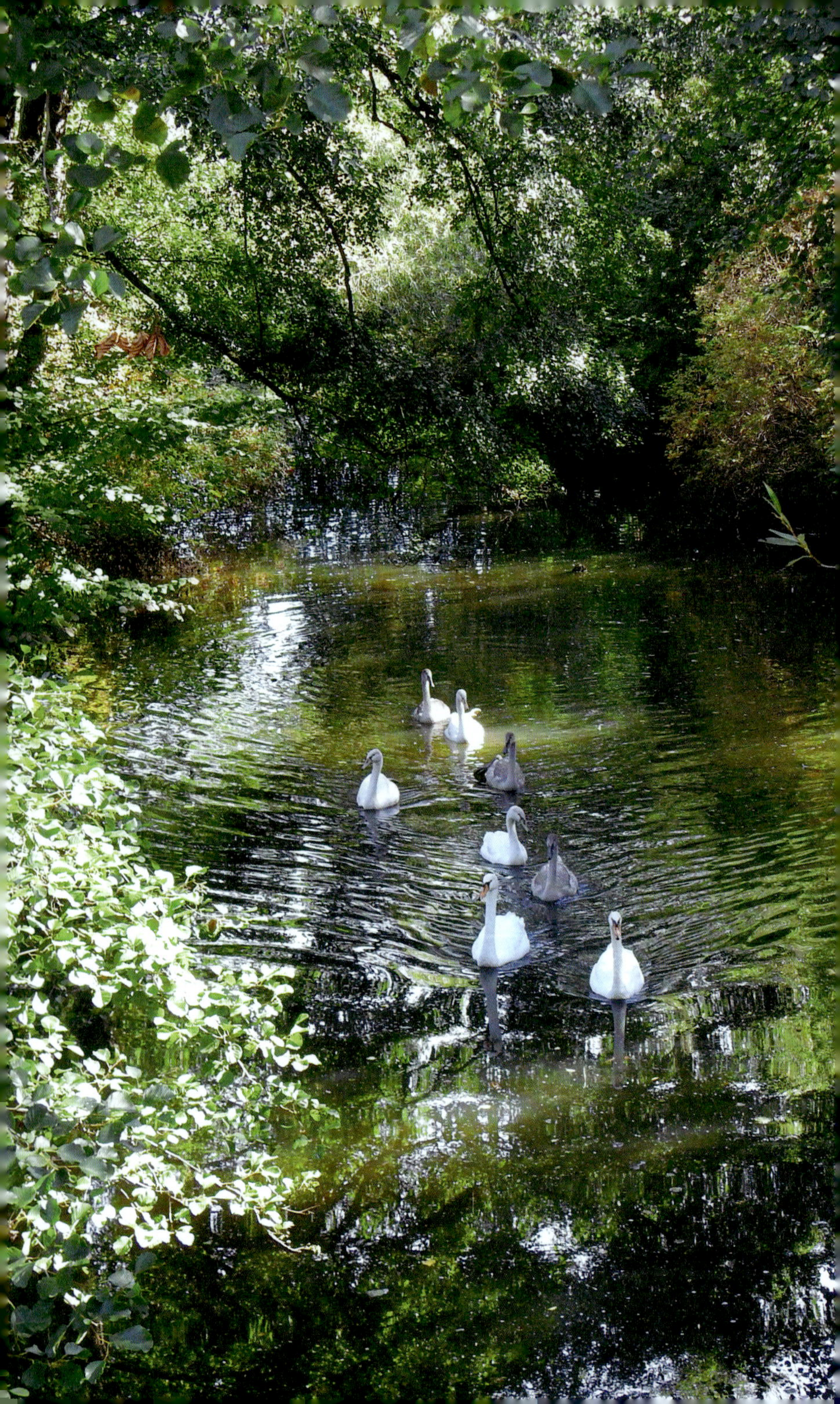

Paarweise

Bei Hohenwart im Paartal

Hoch über dem Paartal thront das Kloster Hohenwart und macht seinem Namen alle Ehre, indem es von weit oben über die Lande schaut. Unter diesem Schutz drehen wir eine Wanderrunde durch ein Tal, in dem das Flüsschen wieder mäandrieren darf und dessen Altwasser vielen Tieren wertvollen Lebensraum bieten. (Allerdings darf die Kernschutzzone in der Wiesenbrüterzeit nicht betreten werden.) Außerdem wurde dieses Gebiet als Öko-Modellregion ausgezeichnet und verfügt über eine Vielzahl regionaler Vermarkter und Hofläden.

Wir starten an der ❶ **Marktkirche Mariä Verkündigung** in Hohenwart – über 600 Jahre ist sie bereits alt. Ein Blick in das zweischiffige und dadurch etwas aus dem Gleichgewicht geraten wirkende Gotteshaus lohnt sich allein schon, um das herrliche Ambiente mit dem mittelalterlichen Stadttor und dem Spital erleben zu können – dieses pittoreske Bauensemble steht sogar unter Denkmalschutz. Wir entdecken weitere kleine Häuschen und sind überrascht, auf einem Handymast ein Storchennest zu erblicken, auf dem die Storchenmutter sich eifrig um ihren Nachwuchs sorgt. Nun nehmen wir den kleinen Fußweg rechts neben dem Tor und wenden uns nach rechts, um mit den zwei blauen Brücken die Paar zu überqueren. Ein Schwanenpaar gleitet majestätisch auf dem glitzernden Wasser auf uns zu – in Begleitung seiner sechs fast erwachsenen Kinder. Prachtvoll erhebt sich der Klosterberg über uns, in deren Zentrum der Kirchturm die übrigen Gebäude

Kilometer: 9
Höhenmeter: 45
Stunden: 2,5
RUNDWEG

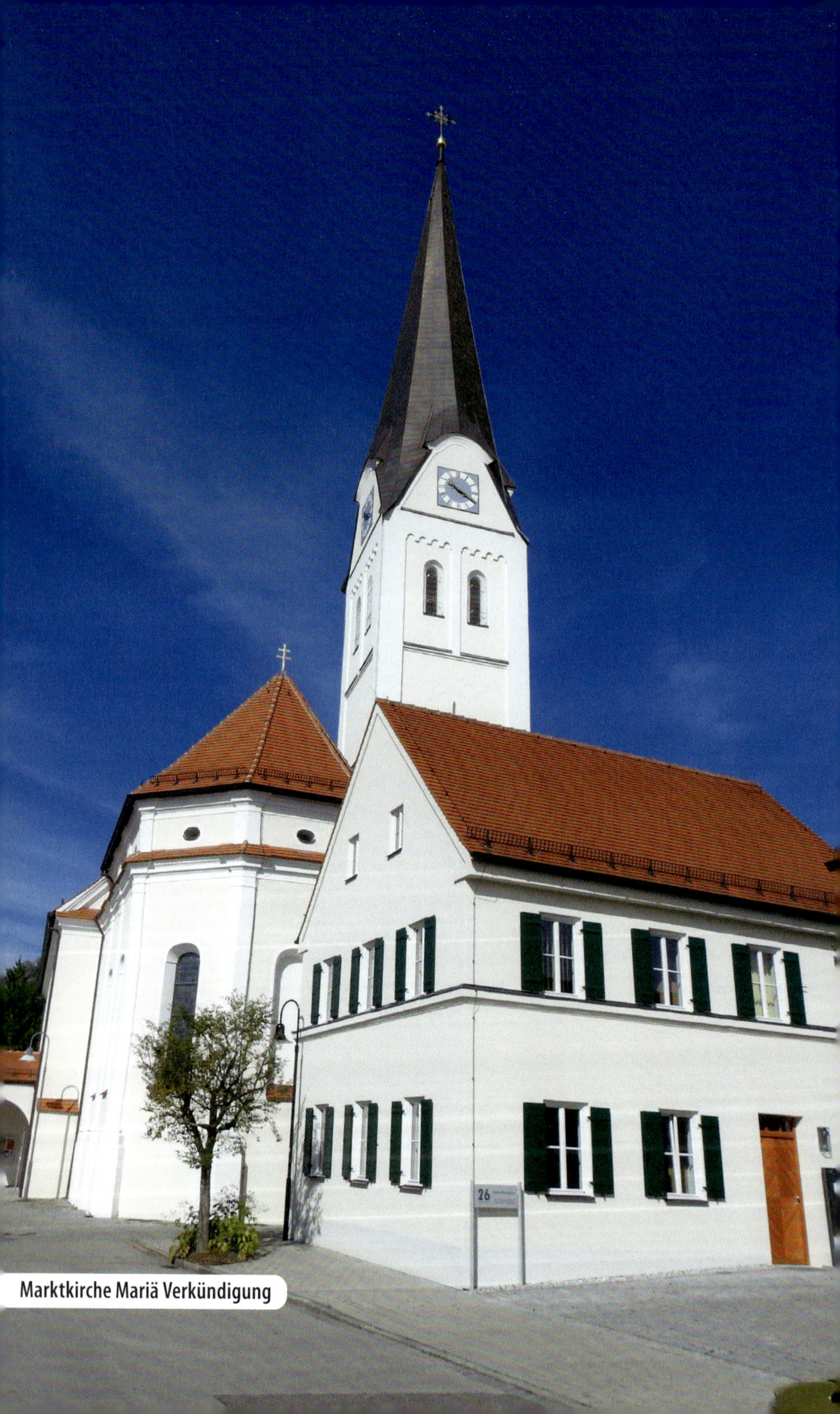

Marktkirche Mariä Verkündigung

überragt. Wie ein Leuchtturm wird er uns auf unserem Weg zur Orientierung dienen.

Wir bleiben an der Linkskurve der Straße geradeaus und erklimmen die Treppen zum ❷ **Denkmal der Liebe,** einer außergewöhnlichen Durchgangskapelle, von der aus sich ein Blick auf den Ort Hohenwart bietet. Anschließend klettern wir die restlichen Stufen hinauf und stehen direkt unterhalb der mächtigen ❸ **Georgskirche.** Wir umrunden sie, um einen Blick in ihr neugotisches Inneres zu werfen, und lassen den prachtvoll kühlen, hellen Innenraum mit seinem imposanten modernen Deckengemälde auf uns wirken. Beim Verlassen des Gotteshauses fällt uns an der gegenüberliegenden Wand das Bild mit der Klostergeschichte auf. An der rechten Seite dieses Gebäudes führt ein schmaler Durchgang zu einigen Treppen, die uns zur **Brunnerstraße** bringen. Wir biegen links ab und am Ende der Straße wieder nach links. So umrunden wir den Klosterberg. Kurz bevor wir auf die Hauptstraße zurückstoßen, verlassen wir etwa in der Mitte des Sportplatzes den Fußweg mit einer kleinen Treppe nach rechts, überqueren die Eichenstraße und halten mit dem Asphaltweg aufwärts auf den Waldrand und eine Ruhebank zu. Mit markantem Schrei schrauben sich über uns vier Bussarde nach oben. Nun weicht der Asphalt dem Schotter und hohe Bäume umschließen uns. Wie in einem Dom streben die Baumsäulen gen Himmel empor und der zarte Gesang der Vögel geleitet uns kaum spürbar bergan. An der großen Kreuzung bleiben wir geradeaus. Kurz darauf gelangen wir an den Waldrand mitten in die ❹ **Spargelfelder.** Je nach Jahreszeit können wir diesem königlichen Gemüse beim Wachsen auf den lang gezogenen Erdwällen und bei der Ernte zusehen; ab dem 24. Juni dürfen die Triebe dann sprossen und tragen auf den fedrigen Zweigen scharlachrote Beeren. Spargel galt früher sogar als Aphrodi-

Für die Seele

Ganz nach dem Motto „Stadt-Land-Fluss“ erleben wir die Schönheit menschlicher Baukunst und genießen Natur pur.

Das ehemalige Benediktinerinnenkloster Hohenwart beherbergt heute die ***Regens-Wagner-Stiftung,*** *in der man Menschen mit Behinderungen jeden Alters fördert. Hier finden sich Schulen, Ausbildungs- und Arbeitsstätten und auch eine Gärtnerei.*

Diese Gegend ist berühmt für ihren leicht nussigen ***Spargel.*** *Im Frühjahr werden damit kulinarische Köstlichkeiten gezaubert – bis hin zu Spargeleis. Sogar ein eigenes Museum ist dem Gemüse im benachbarten Schrobenhausen gewidmet.*

siakum und wurde bereits zur Zeit der Römer kultiviert.

Neben dem Stangengemüse werden aber auch Karotten, Kürbis, Kohl und Kartoffeln auf dem fruchtbaren Sand angebaut – und sogar Rollrasen wird hier geerntet. Nachdem wir den Waldrand verlassen haben, wandern wir mitten durch Felder und Wiesen – im Sommer ist hier ein Sonnenschutz dringend empfohlen. Bei der zweiten Waldannäherung vollführt unsere Schotterstraße eine Linkskurve um ein **Spargelfeld.** Links über den Bäumen weist der Klosterkirchturm in den Himmel und schenkt uns Orientierung. Kurz bevor der Weg in einem Hohlweg etwas steiler abwärtsführt, haben wir einen schönen Blick über das Paartal.

Dort, wo der Weg nochmals auf den Waldrand trifft, verlassen wir die Schotterstraße und nehmen die rechte Gabelung in den Wald hinein. Wie angenehm sich der weiche Nadelboden unter unseren Füßen an-

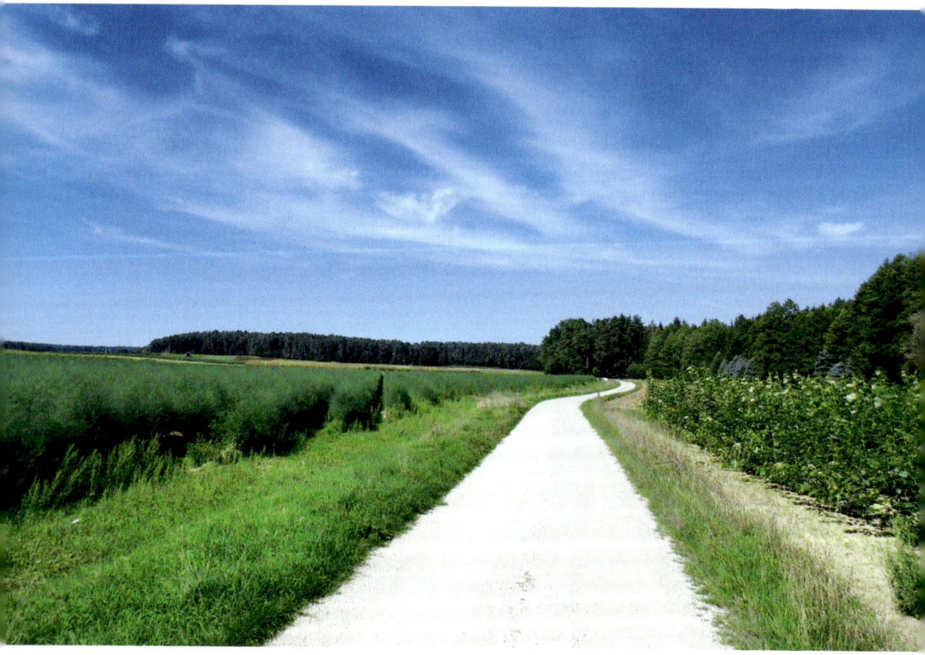

fühlt. (Achtung: Vom 01.03. bis 15.07. bleiben wir an dieser Stelle zum Schutz der Wiesenbrüter auf der Schotterstraße, bis wir den Ortseingang von Wangen erreichen. Hier gehen wir nach links in den Ort und biegen an der kleinen Kapelle nach rechts, überqueren die Paarbrücke und steigen bei der **Wangener Mühle** wieder in die beschriebene Tour ein.)

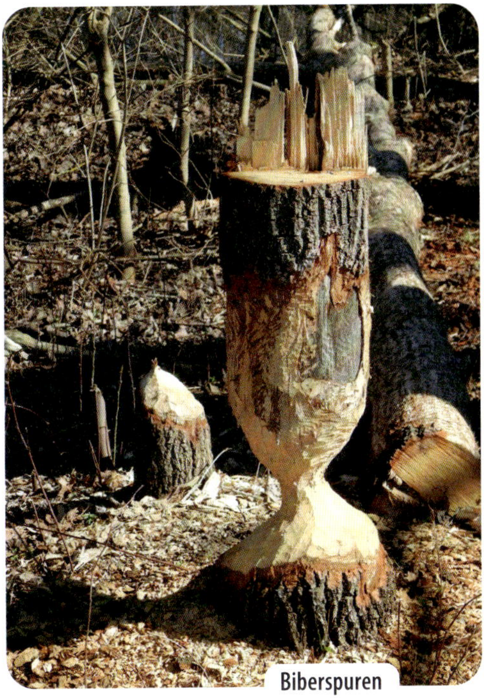

Biberspuren

Ab jetzt wandern wir geradeaus, bis wir die befahrene Verkehrsstraße erreichen. Diese queren wir aufmerksam, biegen nach links und halten am Sportplatz vorbei auf den Kreisverkehr zu. Hier nehmen wir die zweite Ausfahrt und müssen ein kurzes Stück den Weg entlang der Kreisstraße in Kauf nehmen. Wir passieren die **Mergertsmühle** und erreichen die Paarbrücke. Dahinter queren wir die Straße erneut, verlassen sie nun und folgen dem Flüsschen auf dem Uferweg nach links. Hier haben wir die weiten **5 Paarwiesen** vor uns. Im Frühling ziehen seltene Wiesenbrüter ihren Nachwuchs groß und wollen dabei nicht gestört werden.

In vielen Biegungen windet sich das Wasser und vertieft sein Bett in den sandigen Untergrund. An diesem Steilufer findet auch der Eisvogel ideale Lebensbedingungen. Wie ein blauer Blitz saust er im Sonnenlicht glänzend an uns vorüber. Dass auch der Biber hier lebt, erkennen wir an vielen typischen Nagespuren. Der Wiesenweg führt uns mal nah am Fluss entlang, sodass wir sein munteres Plätschern hören, mal durch das frische Wiesengrün mit dem Blick über die flachen Auen

Um frisches Fleisch nach Bayern liefern zu können, wurden Tausende von ungarischen ***Ochsen*** *aus der Puszta über 600 Kilometer lebend nach Bayern gebracht. Ihr Fleisch galt als Delikatesse. Heute erinnern Wander- und Radwege an die alten Triebwege.*

und immer wieder an kleinen Altwassern vorbei, die teilweise von Schilf und Weiden umstanden sind. Hier am Rande der Hallertau geht wilder Hopfen eine Lebensgemeinschaft mit dem Holunder ein und überklettert dabei nackte Baumskelette. Kurz vor Wangen treffen wir auf den **Altbaierischen Oxenweg** und biegen beim Ortsschild nach rechts ab.

Von der **6 Wangener Mühle** tönt das Klappern des Mühlrads zu uns herüber. Nun haben wir wieder eine Schotterstraße erreicht. Nach etwa 800 Metern zweigen wir hinter einer Bank mit dem Oxenweg nach links. Jetzt schiebt sich auch der Klosterberg zwischen den Bäumen wieder in unser Sichtfeld. An einigen Stellen hat der Biber Zugänge zum Flussufer geschaffen, die wir als romantische Fotopunkte mit herrlichem Blick auf einen der Kirchtürme nutzen können.

Kurz bevor wir die ersten Häuser von Hohenwart erreichen, steht eine Bank am linken Wegesrand. Von hier aus haben wir einen Blick auf ein von hohen Bäumen umstandenes Altwasser. Einst befand sich an die-

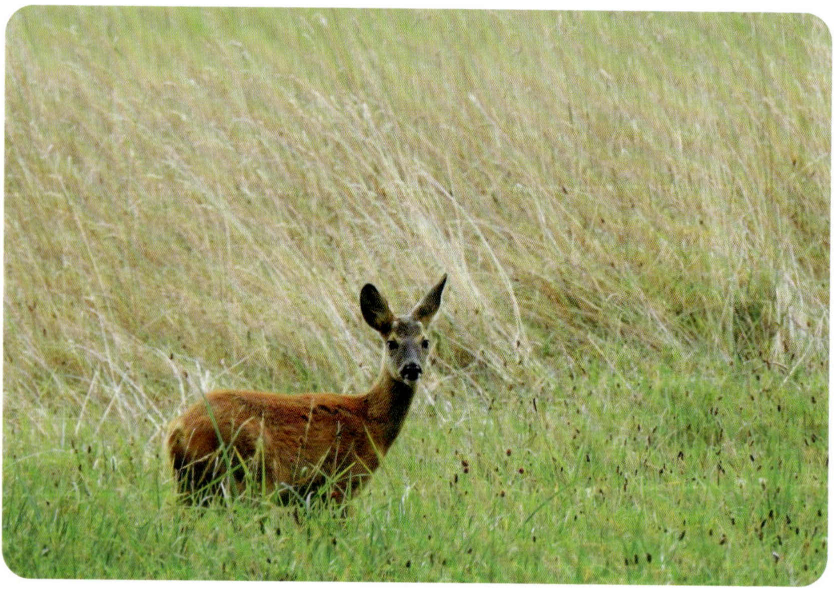

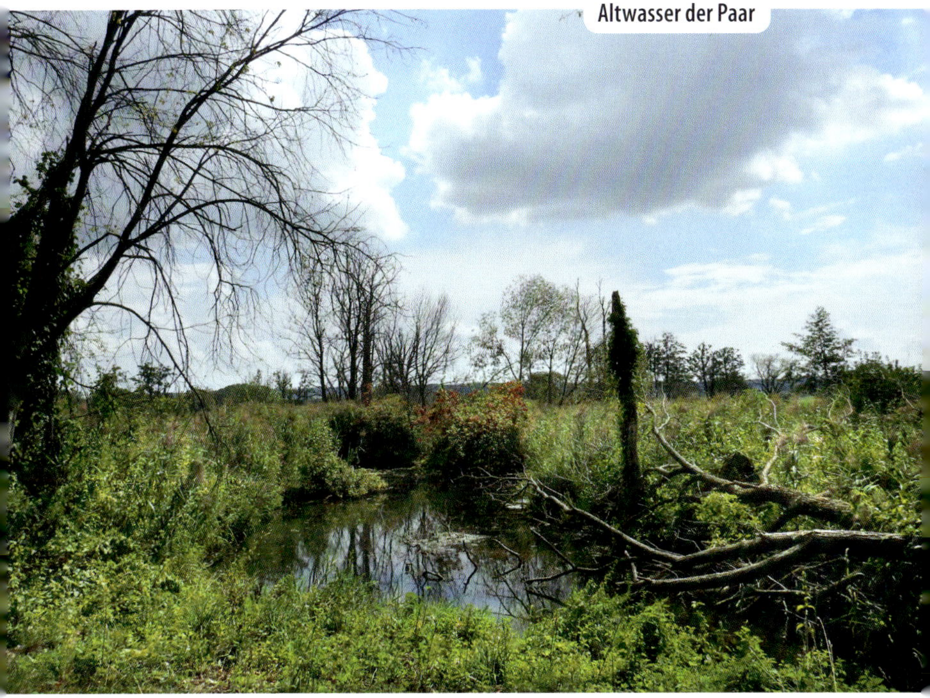

Altwasser der Paar

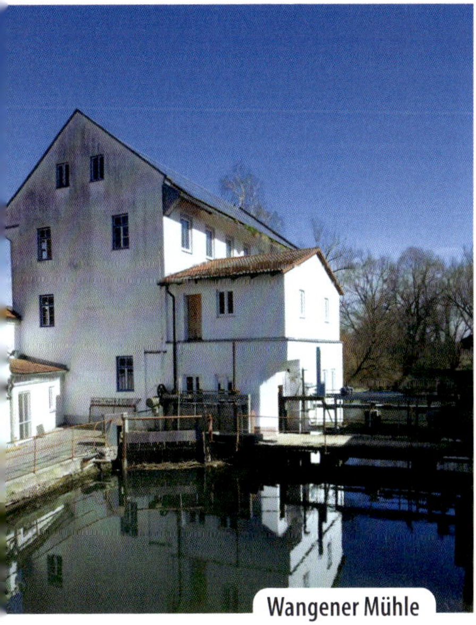

Wangener Mühle

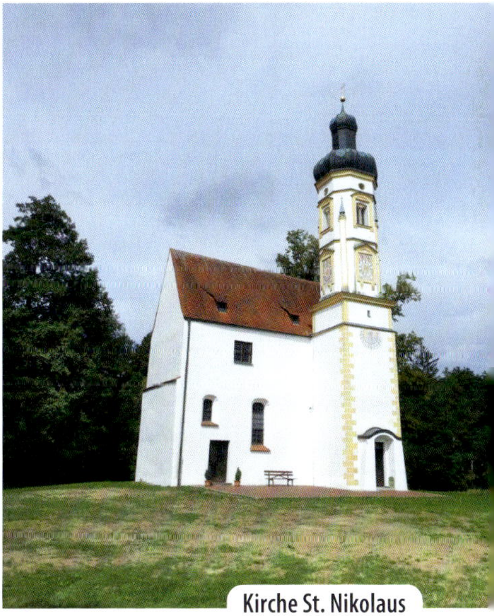

Kirche St. Nikolaus

ser Stelle das Wasserschloss Schenkenau, von dem nur noch die alte, sagenumwobene **Kirche St. Nikolaus** und wenige Gebäude stehen. Anschließend vollzieht der Weg eine Linkskurve und hinter dem Bienenstand biegen wir mit dem Oxenweg wieder nach rechts. Nun überqueren wir die Paar auf einer Brücke, haben die 7 **Breimannkapelle** direkt vor Augen und sind wieder zurück an unserem Ausgangspunkt.

Die Tour lässt sich schön im Biergarten vom 8 **Metzgerbräu** ausklingen. In der Spargelsaison können wir uns in einem der ortsansässigen Spargelhöfe, zum Beispiel 9 **Sigllechner,** 10 **Wagner** oder 11 **Pichler,** das weiße oder grüne Gold und andere regionale Spezialitäten feldfrisch mit nach Hause nehmen.

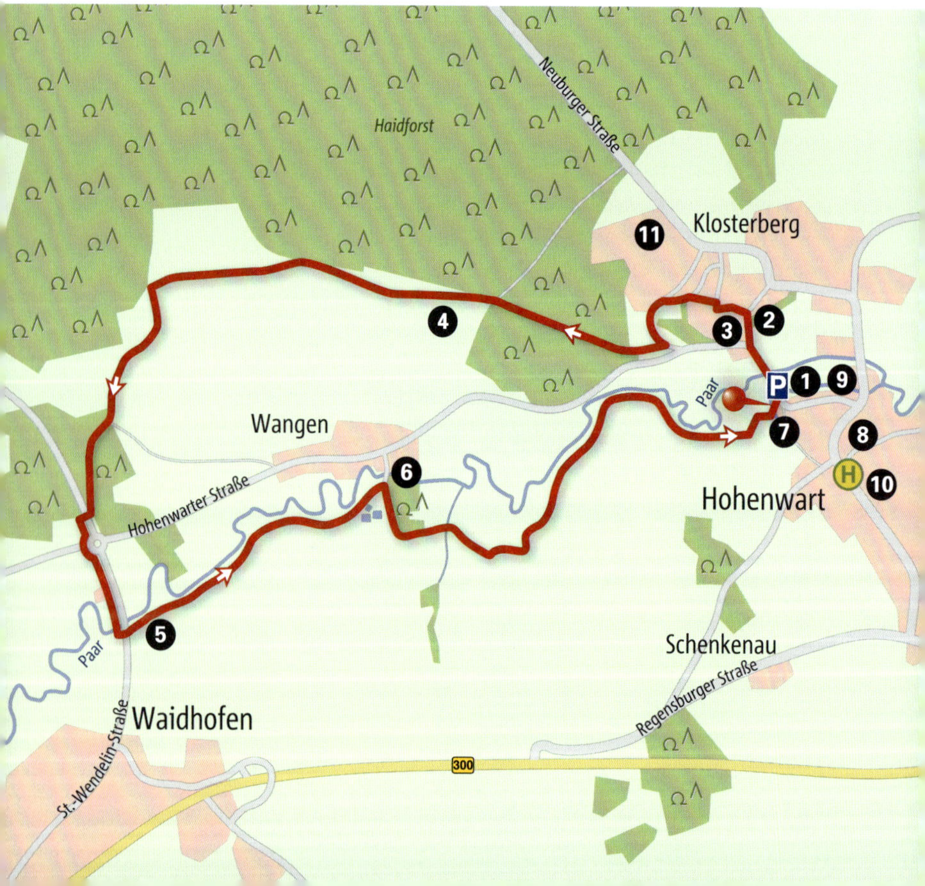

ALLES AUF EINEN BLICK

Entspannung
Abenteuer
Vielfalt

WIE & WANN

Asphaltstraße, Schotter-, Wald-, und Wiesenwege; ganzjährig möglich. Vom 1. März bis 15. Juli ist aber die Alternativroute zum Umgehen des gesperrten Wiesenbrüter-Schutzgebiets zu wählen.

HIN & WEG

Auto: Parkplatz am Freigraben hinter der Marktkirche, Kirchenweg, 86558 Hohenwart (GPS: 48.59421, 11.37891)
ÖPNV: Haltestelle Hohenwart, Hopfenhalle

ESSEN & ENTSPANNEN

8 **Gaststätte Metzgerbräu**, Metzgerbräustraße 2, 86558 Hohenwart, Tel. (0 84 43) 2 19, www.metzgerbraeu.de
9 **Spargelhof Sigllechner**, Kapellenstraße 2, 86558 Hohenwart, Tel. (0 84 43) 2 52, www.spargelhof-sigllechner.de
10 **Spargelhof Wagner**, Pfaffenhofener Straße 5 a, 86558 Hohenwart, Tel. (0 84 43) 86 01, www.spargelhof-wagner.de
11 **Spargelhof Pichler**, Waldstraße 28, 86558 Hohenwart/Klosterberg, Tel. (0 84 43) 3 54

ENTDECKEN & ERLEBEN

1 **Kirche Mariä Verkündigung**
2 **Denkmal der Liebe**
3 **Georgskirche**
4 **Spargelfelder**
5 **Paarwiesen**
6 **Wangener Mühle**
7 **Breimannkapelle**

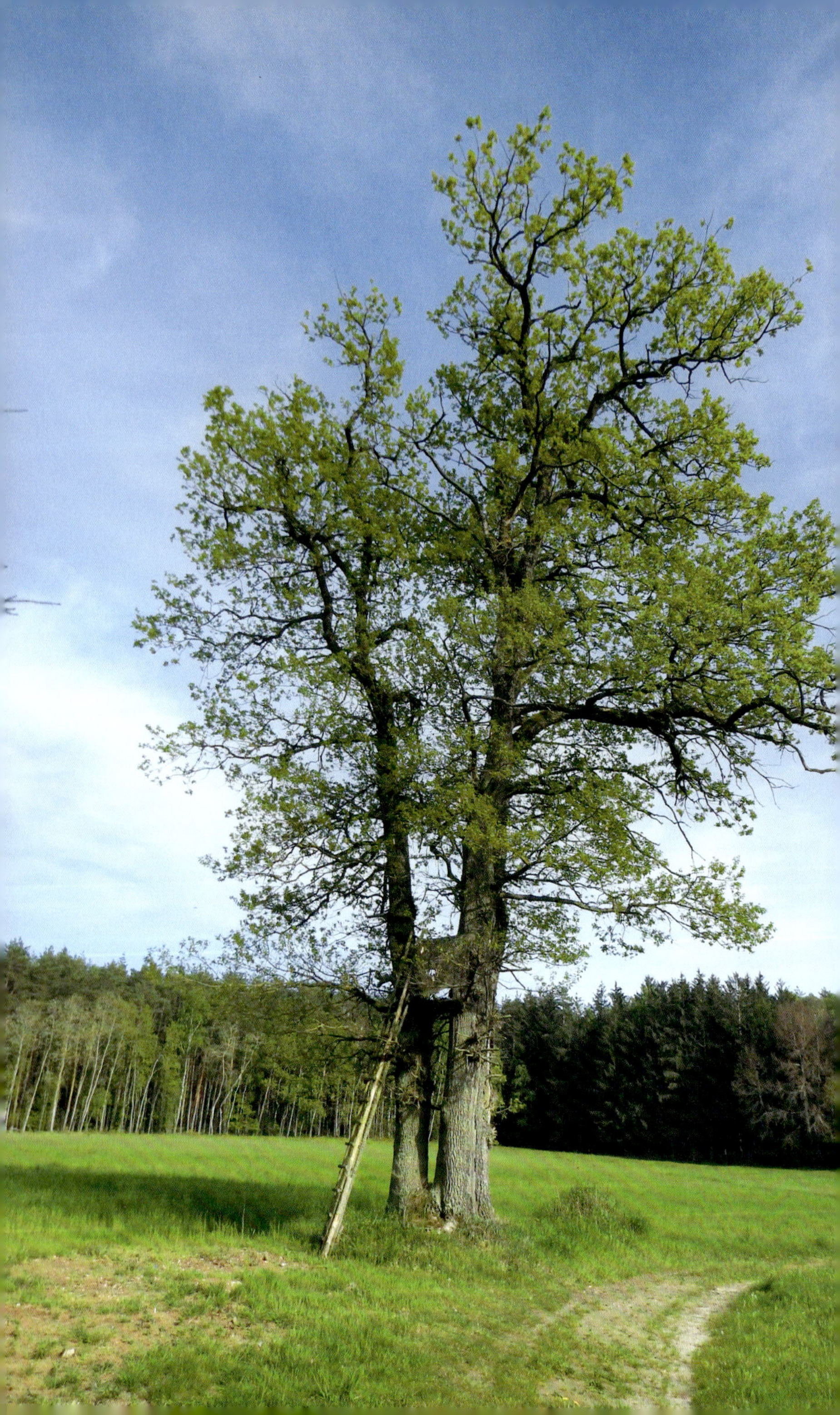

Moor and more

Niederleierndorf & St. Johann

Da Langquaid lange als eigener Hopfensiegelbezirk galt, blühten bis vor etlichen Jahren der Hopfenanbau und die Bierbrautradition. Mittlerweile haben sich die Landwirte vom zeitraubenden Anbau des grünen Goldes abgewandt und Alternativen gefunden. Doch in einem Ortsteil ganz im Osten der kleinen Gemeinde, direkt an der Grenze zur Oberpfalz, entdecken wir auf einem ehemaligen Hopfenhof noch Spuren dieser prägenden Zeit.

Mitten im Naturschutzgebiet ❶ **Niedermoor** südlich von Niederleierndorf befinden sich der Sportplatz und das solarbeheizte Freibad des Dorfes. An deren Parkplatz beginnen wir unsere Rundtour. Direkt rund um die Freizeitanlagen erstreckt sich die Kernzone des Naturschutzgebiets. Weil hier in der Aue der Grundwasserspiegel recht hoch liegt, stand die Gegend früher ständig unter Wasser und war so für eine intensive Nutzung ungeeignet. Mit der konsequenten Entwässerung verlor sich dieser Lebensraum an vielen Orten. Heute versucht man, das Nass wieder in den Wiesen zu halten und so seltenen Wiesenbrütern wie dem Brachvogel eine Heimat zu bieten. An der ❷ **Brücke über die Große Laber** können wir uns über die frühere Bedeutung dieses heute so beschaulichen Ortes informieren. So trieben im Mittelalter die Ungarn an diesem Flüsschen Tausende ihrer Ochsen zum Schlachten in die damaligen Großstädte wie Augsburg. Zudem stand hier einst ein wehrhaftes kleines Wasserschloss und bewachte den Flussübergang.

Kilometer: 9,8
Höhenmeter: 65
Stunden: 2,5
RUNDWEG

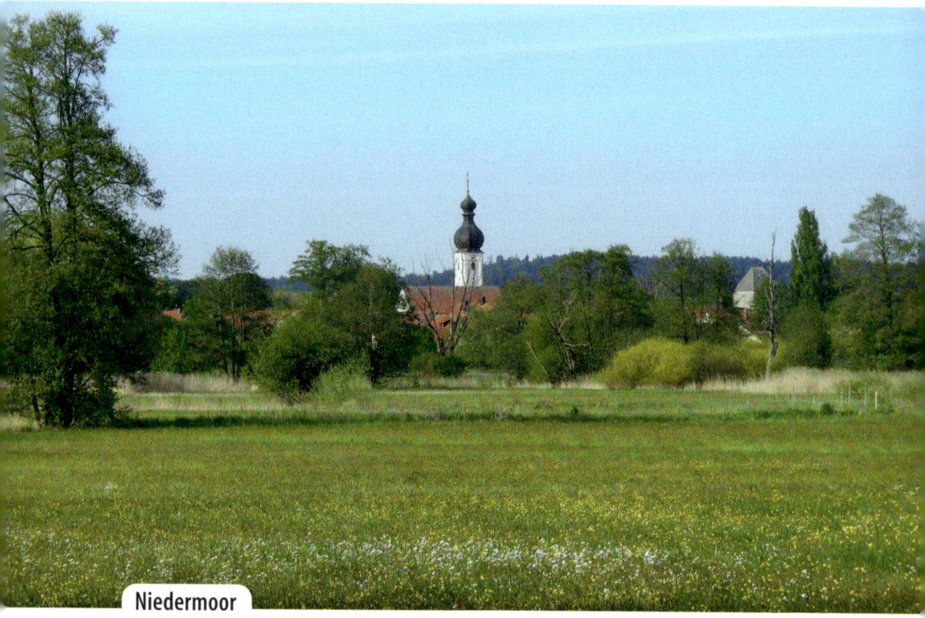

Niedermoor

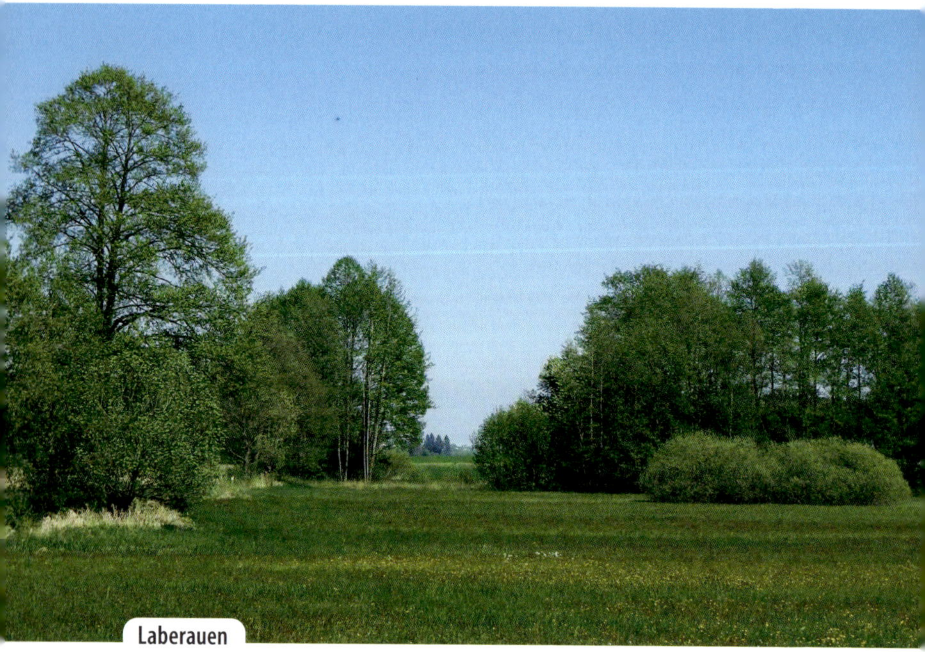

Laberauen

Den Auftakt unserer Wanderung vollziehen wir ganz entspannt mit einem Rundgang durch die kleine Kneippanlage, die direkt mit dem lebendigen und erfrischenden Laber-Wasser gespeist wird. Welch eine Wohltat, die Wanderschuhe auszuziehen und die Füße ins kühle Nass zu tauchen! Anschließend folgen wir dem Flussverlauf am Schwimmbad entlang mitten in die **Laberauen** hinein und halten uns an der folgenden Weggabelung links. Wie zur Begrüßung muhen uns einige Rinder entgegen, die gegen Kost und Logis für den Erhalt des Moores und seiner unzähligen Bewohner sorgen.

Für die Seele

Zwischen Moor und Dünen entdecken wir verborgene, lang vergessene Kleinode und erleben lebendiges Landleben.

Nach einer Rechtskurve haben wir die Weite des Labertals vor Augen und in der Ferne grüßt uns über das flache Land das Zwiebelturmköpfchen von St. Koloman (Tour 7). Bei nächster Gelegenheit biegen wir nach links ab und folgen anschließend dem querenden Radweg nach rechts. Nach der kleinen Holzbrücke verlassen wir ihn bereits wieder und wenden uns auf den Wiesenweg nach links, bis wir den Waldrand erreichen. Hier lädt ein **Flurkreuz** mit einer Ruhebank zu einer kleinen Pause ein. Der Boden hinter dem Kruzifix ist im Frühjahr mit Schneeglöckchen übersät.

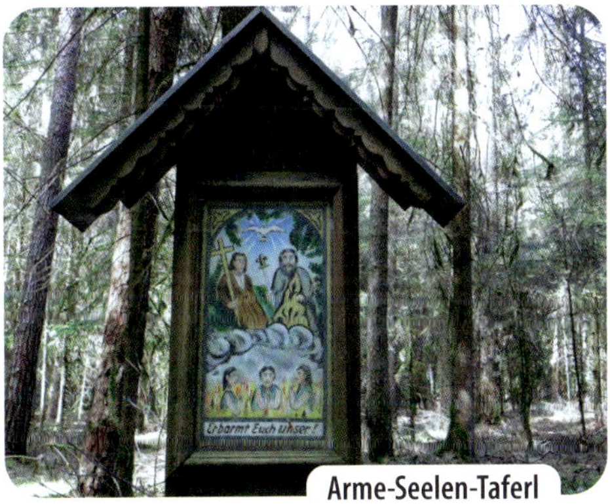

Arme-Seelen-Taferl

Mit dem Weg Nummer 5 halten wir uns links und tauchen nach einigen Schritten in den Wald ein. Wir bleiben auf dem Hauptweg und ignorieren mögliche Abzweigungen. Sattgrünes Moos verwandelt den Waldboden in einen weichen Teppich. Nachdem der Pfad leicht nach links führt, erinnert uns mitten in dieser Abgeschiedenheit ein **3 Arme-Seelen-Taferl** daran, dass auch unser Leben endlich

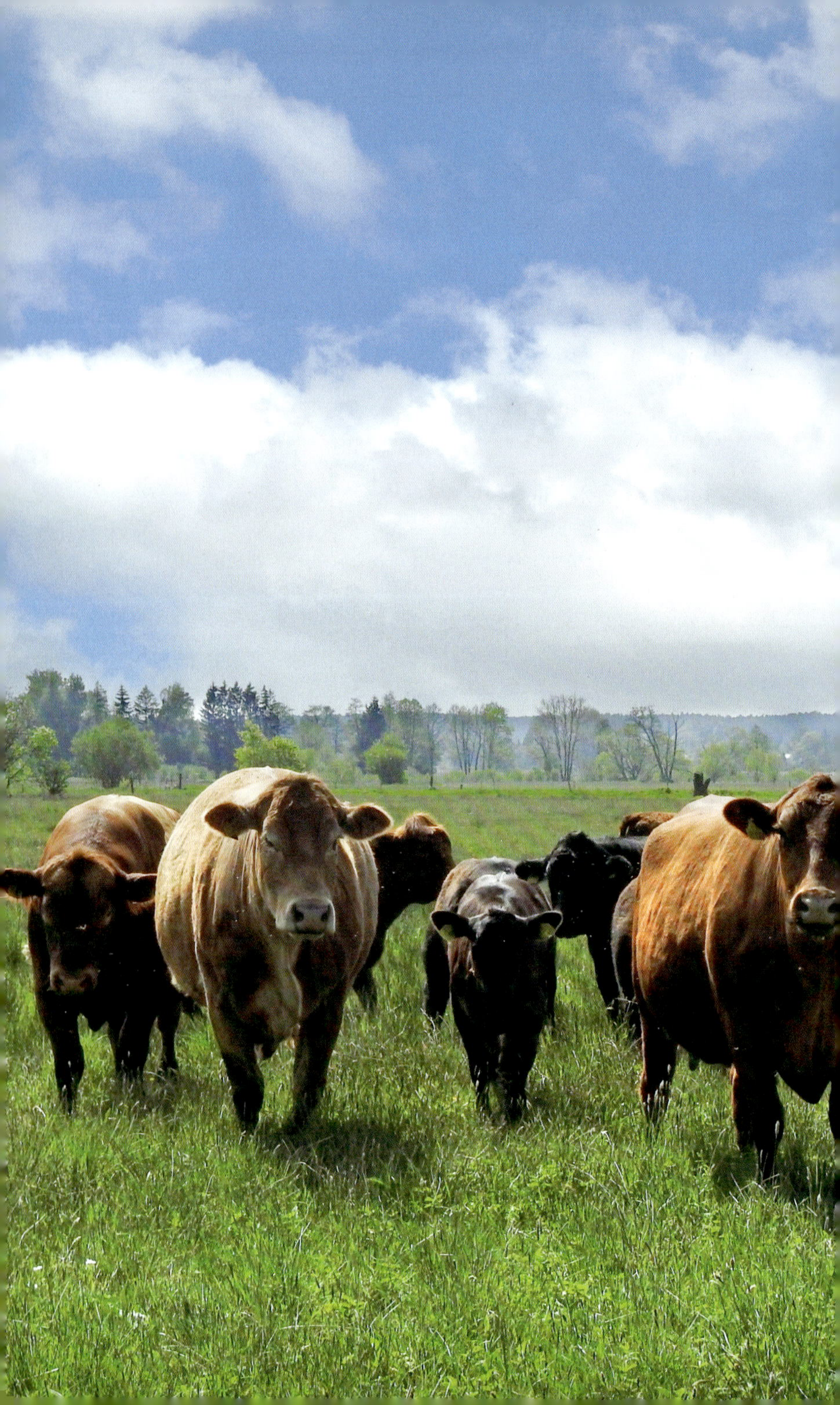

ist. Nach einem kurzen Linksschwenk biegen wir an der Lichtung rechts in die breite Waldstraße ein. Hinter dem folgenden schmiedeeisernen Kreuz erhebt sich deutlich sichtbar ein baumbestandener Wall, der ein großes Rechteck umschließt. Diese Überreste einer alten **4 Keltenschanze** zeugen davon, wie belebt diese Gegend dereinst gewesen sein muss.

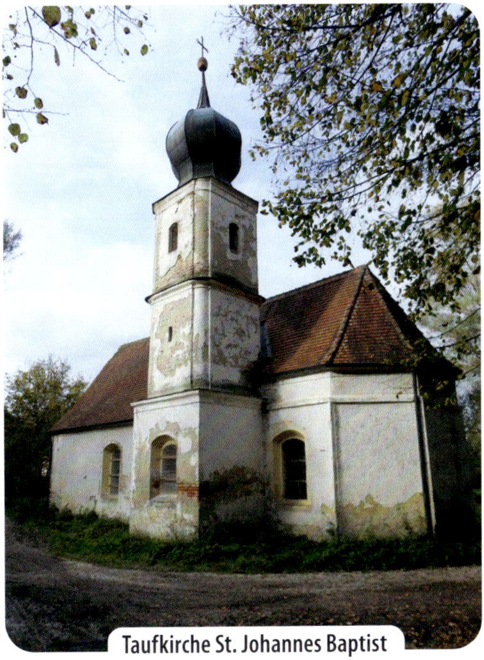

Taufkirche St. Johannes Baptist

Wir schreiten an ihrer Längsseite entlang und bleiben dann weiter geradeaus. Hier steigt das Gelände stetig an; wir gelangen an den Waldrand und erreichen den höchsten Punkt unserer Tour (436 Meter). Ab jetzt führt unser Weg mitten durch die Felder; der Blick reicht über die Bäume und wird im Hintergrund von den Höhen des Bayerischen Waldes beschlossen. Dort, wo Hecken ein wenig Schutz bieten, biegen wir nach links und bei nächster Gelegenheit nach rechts ab. Nun halten wir direkt auf die Hofstelle von St. Johann zu. Wir überqueren die Straße und folgen dem Hinweisschild zum Waldkindergarten.

Die **5 Taufkirche St. Johannes Baptist** ist nun nicht mehr zu verfehlen. Der Putz bröckelt von den Wänden und verleiht dem Gotteshaus ein morbides Aussehen. Durch ein offen stehendes Fenster werfen wir einen Blick ins Kirchenschiff. Mit der barocken Kanzel und den Kirchenbänken wirkt es, als sei es in einen Zauberschlaf gefallen und warte auf einen Prinzen, der es wachküsst – welch ein romantischer Kraftort! Im alten Gewölbe des Gehöfts wurde vor etlichen Jahren das **6 Hofcafé Sentehanser** eingerichtet. Nach Voranmel-

*Der Name **Sentehanser** ist der Hofname des Anwesens und leitet sich vom Kirchenpatron, dem heiligen Johannes, ab. In ländlichen Gegenden war der Hofname früher wichtiger als der Familienname der Besitzer, die er überdauerte.*

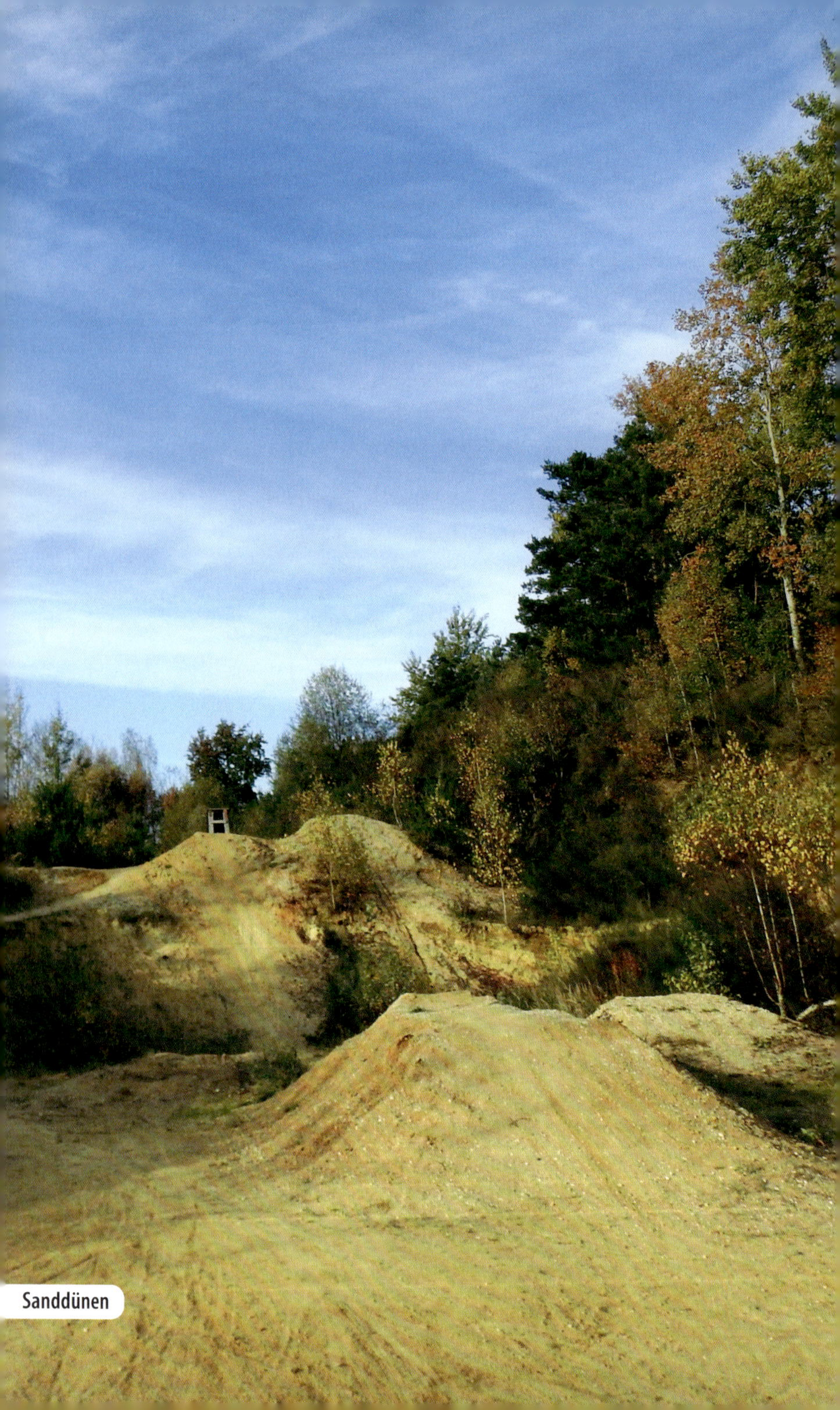

Sanddünen

dung kann man hier leckere selbst gebackene Kuchen und Torten im ehemaligen Stall genießen.

Sehenswert ist auch der einmalige, achteckig gemauerte Taubenkobel vor dem Gutshaus. In Erinnerung an die langjährige Hopfenbautradition haben die Besitzer den Eingang ihres Anwesens mit etlichen Stangen gestaltet, an denen sich die Pflanzen im Sommer emporranken, und halten so die Erinnerung an die vergangenen Zeiten lebendig.

Wir wenden uns hinter der Kirche nach links und folgen dem Waldrand. In einem steilen Hohlweg windet sich der Weg schließlich in den Wald. Oben angekommen, nehmen wir die linke Abzweigung und genießen für knapp 1 Kilometer die reine, stille Waldluft. Dann erreichen wir wieder die Straße, überqueren sie erneut und wandern am Waldrand weiter. Etwa 50 Meter, bevor der Weg auf einen Acker trifft, biegen wir nach rechts unter das Baumdach ab. Wir durchqueren dieses Waldstück, indem wir uns an der Gabelung nach etwa 300 Metern zweimal links halten. Am Ende der Lichtung wenden wir uns nach rechts. Kurz darauf endet der Waldweg an einer breiteren Forststraße und wir haben einen malerischen Blick auf die **Wallfahrtskirche Mariä Himmelfahrt** von Niederleierndorf.

Nun passieren wir links den Holzschuppen mit seinen vielen Vogelhäuschen und bleiben bis zu einer großen Wiesenlichtung auf diesem Weg. An der alten **Doppeleiche** halten wir uns rechts. Bereits hier ist der sandige Untergrund überall zu sehen: Tief hat sich der Weg in den Boden eingeschnitten und der lockere Untergrund hat die Baumwurzeln freigelegt, die dadurch wie Feenwohnungen wirken. Bei nächster Gelegenheit biegen wir rechts ab und durchschreiten nun den Rand einer **7 ehemaligen Sandgrube.** Golden leuchten die Dünenabhänge unter mächtigen Kiefern und uns beschleicht das Gefühl, hinter der nächsten Biegung den Ozean sehen zu können. Mittlerweile erobert sich die Natur langsam ihr Reich zurück und setzt grüne,

*Der Legende nach soll ein Kaufmann ein Gnadenbild Mariens, mit dem ein protestantisches Kind spielte, aus Regensburg gerettet, nach Niederleierndorf gebracht und dort in einen Baum gestellt haben – der Ursprung der **Wallfahrtskirche Mariä Himmelfahrt.***

blühende Inseln in das sandige Meer. Die übrig gebliebenen Sandhügel dienen heutzutage als Sprungschanzen für wagemutige Zweiradfahrer.

An den folgenden Gabelungen bleiben wir zweimal links und erreichen schließlich verfallende Verwaltungsgebäude. An diesen Ruinen – einem wahrhaftigen Lost Place – vorbei gelangen wir durch die Felder abwärts auf den Radweg, der am Rande des Niedermoores entlangführt. Mit etwas Glück können wir hier Familie Storch beim Mittagessen beobachten. Nach links gewandt erreichen wir bald darauf eine Baumgruppe, die unter sich ein Wegkreuz birgt. Hier sind es nur noch wenige Hundert Meter nach rechts zu unserem Ausgangspunkt zurück.

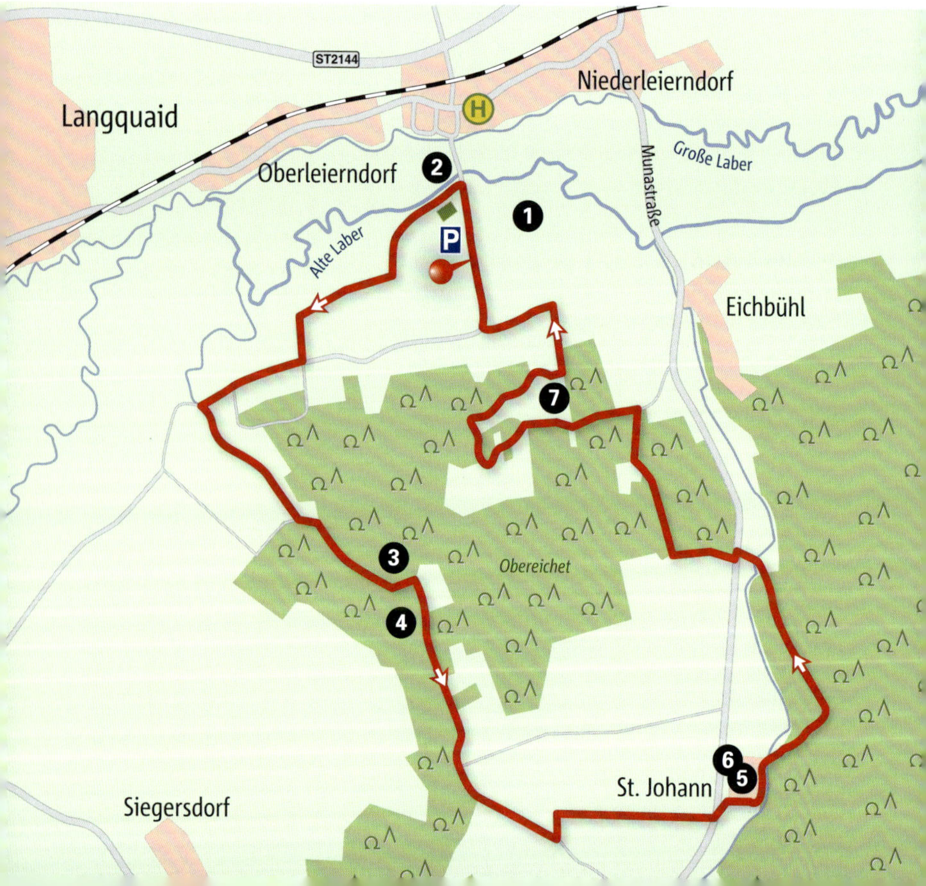

ALLES AUF EINEN BLICK

Entspannung 5/5
Abenteuer 4/5
Vielfalt 3/5

WIE & WANN

Asphaltstraße, Wald-, Schotter- und Wiesenwege; ganzjährig möglich.

HIN & WEG

Auto: Parkplatz am Sportplatz, Wiesenweg, 84085 Langquaid/Niederleierndorf (GPS: 48.82500, 12.08201)

ÖPNV: Haltestelle Niederleierndorf, Weinbergstraße

ESSEN & ENTSPANNEN

6 **Hofcafé Sentehanser** (Öffnungszeiten telefonisch anfragen!), St. Johann 1, 84097 Herrngiersdorf/St. Johann, Tel. (0 94 52) 25 21, www.sentehanser.de

ENTDECKEN & ERLEBEN

1 **Niedermoor**
2 **Laberbrücke**
3 **Arme-Seelen-Taferl**
4 **Keltenschanze**
5 **Taufkirche St. Johannes Baptist**
7 **Ehemalige Sandgrube**

Die GPS-Daten zu jeder Tour gibt es auf
www.droste-verlag.de

Konzeption/Satz: Droste Verlag, Düsseldorf
Einbandgestaltung: Britta Rungwerth, Düsseldorf, unter Verwendung von Bildern von © Fotolia.com: Andrey Kuzmin, undrey, dabost, niroworld; © Katrin Berger
Fotos: Katrin Berger
Textlektorat: Stephanie Mattner, Castrop-Rauxel
Karten: Angelika Solibieda, Karlsruhe
Druck und Bindung: LUC GmbH, Greven

Alle Angaben in diesem Buch wurden sorgfältig recherchiert und geprüft. Für die Richtigkeit der Angaben, für etwaige Unfälle und Schäden jeglicher Art kann keine Haftung übernommen werden; die Nutzung erfolgt auf eigenes Risiko. Abweichungen, die nach Redaktionsschluss erfolgten, konnten im Buch nicht mehr berücksichtigt werden. Hinweise und Änderungen nehmen wir gern entgegen.

MIX
Papier | Fördert gute Waldnutzung
FSC® C011279
www.fsc.org

ISBN 978-3-7700-2460-5
www.droste-verlag.de